Herbert A. Löhlein
Sterne, Schicksal, Charakter

Herbert A. Löhlein

Sterne, Schicksal, Charakter

Aus der Werkstatt eines Astrologen

Lizenzausgabe 1986 für
Manfred Pawlak Verlagsgesellschaft mbH, Herrsching
© by Kindler Verlag GmbH, München
Umschlaggestaltung: Graupner & Partner, München
Printed in Germany
ISBN: 3-88199-307-X

Inhalt

Begegnung mit der Astrologie – fünfzig Jahre Aufklärungsarbeit

Ursprünglich vom Studium der Psychologie herkommend, geriet ich zwangsläufig auch in die Randgebiete der angewandten Psychologie: Graphologie, Phrenologie und damit an C. G. Jungs Typenlehre sowie sein Buch: »Seelenprobleme der Gegenwart« sowie an die Astrologie (Jung hatte sie ebenfalls studiert und errechnete auch Kosmogramme, nachdem er zu seiner Typenlehre Parallelen in der Astrologie fand).

Begegnungen mit Büchern sind schicksalhaft! Wer kennt nicht jene »geheime Anziehungskraft des Bezüglichen«, wenn er mit einem Problem, einer Frage beschäftigt ist und die Antwort darauf in einem Buch liest, dessen Titel im Schaufenster eines Buchladens ein seltsam zwingendes Interesse fordert. Solche Zufälle sind nicht selten ein Meilenstein neuer Erfahrungsabschnitte.

Es war im futuristisch aufgemachten Buchladen des stimmgewaltigen Verlegers Otto Wilhelm Barth in Münchens literarischem Zentrum Schwabing. Der Laden war grellrot und blau bemalt, und wer ihn einmal betreten hatte, kam nicht mehr ohne einen Stoß okkulter Bücher heraus. Wenn Otto Wilhelm Barth rezitierte oder deklamierte (und dies mitten auf der Straße), wobei er einen aus seinen zentimeterdicken Brillengläsern beobachtete, hätte man gerne die Flucht ergriffen. Diese einmalige und ungewöhnliche Buchhandlung nannte sich »Asoktebu« (Astrologie, Okkultismus, Theosophie, Buddhismus). Es war 1922, als mir dieser erste Weltbürger und Kosmopolit das »Reisetagebuch eines Philosophen« von Graf Herrmann Kayserling sowie ein damals neu herausgekommenes Buch »Der Geist der Astrologie« von Oskar A. H. Schmitz in die Hand drückte. »Lesen Sie das mal«, sagte Barth, »Sie kommen bestimmt wieder.«

Um es kurz zu machen: Ich kam wieder. Es lag an der überzeugenden Darstellung des uralten Sternenweistums von Oskar A. H. Schmitz, der seinerzeit als erster Autor Astrologie als Erfahrungswissenschaft und Astropsychologie in einer vollendeten philosophischen Weise beschrieb, wie ich das später in meiner umfangreichen Astrobibliothek nie wieder fand. Das nächste war das Geburtsstundenbuch von Martin Pegius, eine bibliophile Seltenheit, die nur in fünfhundert Exemplaren herauskam.

Wie alle Anfänger lernte ich damals bei Altmeister Brandler-Pracht (1864-1945), einem Pionier der Astrologie, und schließlich bei Alfred

Max Grimm (dem zweiten Altmeister jener Zeit). Ihnen voraus gingen aber bereits die Astrologen Albert Kniepf und Alexander Bethor mit astrologischen Fachzeitschriften. Dr. Hubert Korsch gründete den »Zodiak«, und bald darauf folgten wissenschaftliche Fachbücher über die Astrologie, wie etwa von Dr. Walter Koch, Dr. Lomer (Nervenarzt), Dr. Schwab, Dr. H. A. Strauß, Studienrat Saenger, Erich Winkel. Alle diese Fachgelehrten gehörten zwischen 1920 bis 1930 zu den Pionieren der Astrologie. In England kam um diese Zeit bereits die bekannte Serie von Fachbüchern von Alan Leo heraus.

Um 1925 hatte ich bereits die ersten hundert Horoskope berechnet, analysiert und durchgetestet. Die Trefferzahlen waren überzeugend. Der zeitliche Aufwand aber ungeheuer und natürlich zum Nulltarif. Vom Chefarzt eines Krankenhauses bekam ich die Geburtsdaten von Patienten, die an ganz bestimmten Erkrankungen gestorben waren (damals entstanden bereits die Anfänge zu meiner Karzinomstatistik). 1929 schrieb ich dann mein erstes astrologisches Fachbuch: »Charakter und Schicksal im Horoskop«, dem 1930 der zweite Band, »Die Gezeiten des Schicksals«, folgte.

In den Jahren danach schrieb ich weitere acht astrologische Bücher, aber der Kampf ging immer noch weiter. Der Gaukeleiparagraph der Bayerischen Regierung allerdings war längst gestrichen und die geistige Forschung wieder frei. Aber dann kamen die alten Gegner in neuer Auflage wieder. Sie verstanden samt und sonders von Astropsychologie so gut wie nichts, redeten aber in Rundfunk und Fernsehen vollendeten Unsinn über dieses Fachgebiet, wie sich das beispielsweise ein Laie über Relativitätstheorie, Molekularbiologie oder Quantentheorie niemals geleistet hätte, wenn er von dieser Materie nichts verstand.

Im umgekehrten Verhältnis zu diesen Presse- und Fernsehangriffen auf die Astrologie wuchs das Interesse der Bevölkerung derart, daß sich längst sechsundfünfzig Prozent der Bevölkerung (laut demoskopischer Umfrage) mit Astrologie beschäftigen. Es gibt übrigens auch eine ganze Reihe astrologischer Fachverbände, die Prüfungen vornehmen.

Nach einem fünfzigjährigen Kampf um die Astrologie steht fest: Man kann sie nicht umbringen. In den USA und England ist sie offiziell anerkannt, wie dies auch der englische Psychologe Dr. Eysenck (London) berichtet. Dr. Eysenck ist Fachgelehrter im Institut für Psychiatrie in London und hat statistische Forschungen über die Tierkreiszeichen herausgebracht. In einem Brief schrieb er, daß diese öffentlichen Angriffe in Deutschland auf die Astrologie einer absoluten Diffamierung gleichkommen.

Glücklicherweise gibt es aber auch aufgeschlossene Wissenschaftler, die diese Materie genauer untersuchen. So hatte ich vor einigen Jahren mit meinem Freund, Dr. Rolf Müller, Leiter des Sonnenobservatoriums am Wendelstein, ein beiderseits erfolgreiches Gespräch über wissenschaftliche Astrologie, die ihn an Hand meiner Fakten und Bücher überzeugte. Solche Gespräche mit orthodoxen Wissenschaftlern (wie es die Astronomen sind) sind nur dann möglich, wenn es sich um geistig aufgeschlossene Menschen handelt, weitab von böswilligen Ignoranten mit festgefahrenen Meinungen.

Aber selbst auf den astrologischen Kongressen gab es bis 1930 vielfach ein Hickhack der streitenden Astrologen untereinander. Die Vielfalt der fanatisch verteidigten Systeme wirkte verwirrend, und die Altmeister lagen im Kampf mit den Neuerern. Schon vor der Hitler-Ära gehörte die Astrologie und die damals in den Anfängen befindliche Parapsychologie zum Tabu der Wissenschaften. Astrologische Literatur wurde nur unter dem Ladentisch verkauft, ausländische Autoren (wie etwa Alan Leo) waren eher zu haben als deutsche. Nach Rudolf Hess' Flug nach England (der Führerstellvertreter hatte sich mit Astrologie beschäftigt) wurden sämtliche astrologischen Bücher erfaßt, eingezogen und verbrannt. Neben vielen anderen Astrologen wurde ich damals zur Polizeidirektion zitiert und vernommen. Der Kommissar deutete auf einen riesigen Stoß astrologischer Bücher auf seinem Schreibtisch, auf dem sich auch mein erstes Buch »Charakter und Schicksal im Horoskop« befand. Da es aber in der Schweiz erschien, konnte man es nicht konfiszieren. Lachend meinte der Kriminalkommissar zu mir: »Ich kenne fast alle Bücher auf diesem Gebiet und beschäftige mich seit einigen Tagen auch mit dieser Sache. Aus Ihrem Buch habe ich viel gelernt.« Wir schieden in größtem Einvernehmen. Dieser ersten Vorladung folgte eine zweite, als die Amerikaner 1946 in Literatur und Kultur »Ordnung« schafften. Wieder befand ich mich bei einem Verhör. Der Major meinte kurz angebunden: »You're looking for stars?« markierte mit der Hand ein Fernrohr und deutete damit zum Himmel. »No«, sagte ich, »I am a writer – astronomical books.« Nach einigen Auseinandersetzungen strich er mich aus der Liste wissenschaftlich und politisch verdächtiger Bücher und meinte: »Well, that's okey«. Die Anleihe bei der Astronomie ersparte mir längere Ausführungen, daß astrologische Bücher nicht staatsschädlich seien.

Abgesehen von gelegentlichen Presseangriffen und der staubaufwirbelnden Astro-Show der Madame Teissier ist es Ignoranten wie fanatischen Gegnern nicht mehr möglich, die wissenschaftliche Astrologie als eine Ausgeburt von geistigen Idioten zu bezeichnen. Die Zahl anerkannter Fachgelehrter und Autoren spricht für sich.

Was die Verifikation der Astrologie betrifft, sind bereits seit vielen Jahren von ausländischen Psychologen und Fachgelehrten großangelegte Statistiken veröffentlicht worden, wie etwa von dem Franzosen Michel Gauquelin, André Barbault und dem Engländer Eysenck sowie einer ganzen Reihe von amerikanischen Fachwissenschaftlern, die die Astrologie im Sinne von Astropsychologie längst als ein brauchbares Teilgebiet der angewandten Psychologie bezeichnen, wobei übrigens auch schon astrologische Dissertationen in den USA möglich wurden. In den letzten zehn Jahren wurde der Autor mit Briefen, Anfragen, Aufträgen und Aufforderungen für Rundfunk- und Fernsehsendungen überschüttet, so daß keine Demoskopie mehr nötig ist, um dieses ungeheure Interesse an der Astrologie zu bestätigen. Daß sich hierbei achtzig Prozent aller Anfragen auf Scheidungen beziehen, im ganzen überhaupt auf Partnerschaft und Ehe, zeigt auf, daß die astrologische Beratung von wirklichen Könnern auf diesem Sektor eine ausgesprochene Hilfe für zwischenmenschliche Beziehungen darstellt.

Teil I
Analyse eines Kosmogramms

Von der Anatomie eines Horoskops oder:
»Geprägte Form, die lebend sich entwickelt«

Neue Wege zur Analyse
des Menschenbildes

Es ist kein Wunder, daß sich so manchem Realisten ein mitleidiges Lächeln aufdrängt, wenn man heute – im Zeitalter der Atomphysik und Raumfahrt – von der Astrologie als einer psychologisch fundierten Erkenntniswissenschaft spricht. Die Handhabung der Vulgär-Astrologie als kommerzialisierter Aberglaube hat das verschuldet.

Die Frage nach dem Tierkreiszeichen ist schon beinahe stereotyp, so daß sich schon Ehevermittlungsinstitute auf diese neue Psychologie umgestellt haben und unter anderem auch den gemäß Sonnenzeichen »richtigen kosmischen Partner« vermitteln wollen.

Ähnlich wie die Grippewelle hat die Sternzeichenwelle schon fast epidemische Ausmaße angenommen und füllt Zeitungen, Illustrierte, Bücher und Broschüren. Der Blick richtet sich nicht mehr auf das Auge des Nächsten, sondern auf sein Geburtsdatum! Im neuesten Party-Quiz werden alle Teilnehmer durch den Sternenkakao gezogen. Zielstrebige Investmentverkäufer suchen sich schnell entschlossene, gläubige Sterne, sexbewußte Teens greifen nach potenten Sternen wie Stier und Skorpion. Sehr bald wird man neuartige Injurien hören, wie: mieser Fisch oder verlogener Zwilling! Seit Computer Horoskope ausspucken, programmiert von cleveren Sterndeutern, ist das Sternzeichen der Geburt beinahe eine Art Ersatz für das Paßbild oder die Erkennungsmarke geworden. In den Heiratsinseraten sucht man sich längst schon unter Tierkreisen. Man weiß um die Antipoden, und wer sich selber genau kennt, meidet seinen eigenen Stern wie die Pest. Wenn das weiter Schule macht, wird man seinen Anwalt, seinen Blinddarm-Operateur und die Kosmetikerin nur noch nach dem passenden Zeichen wählen! Wenn das der Freiherr von Knigge damals schon gewußt hätte – welch ungeahnte Möglichkeiten reibungsloser Kontakte von Stern zu Stern hätte es da gegeben!

Fortgeschrittene Hobby-Astrologen wissen allerdings schon längst, daß ein Löwe nicht immer ein echter Löwe sein muß, denn er kann ja in seinem individuellen Horoskop drei bis vier Gestirne im Zeichen Fische aufweisen. So etwas wertet einen Löwen sichtlich ab, kann ihn möglicherweise bis zum Bettvorleger schrumpfen lassen. Solche Schrumpflöwen leben dann im Büro von der autoritären Glorie ihres fürstlichen Sterns, während sie zu Hause nur unterm Tisch leise fauchen. So warnt beispielsweise die Verfasserin Linda Goodman in ihrem Band »Astrologie – sonnenklar« vor solchen Reinfällen: »Machen Sie nie den Fehler, oberflächlich und flüchtig zu urteilen, wenn Sie die Sonnenzeichen zu erkennen versuchen. Nicht alle Steinböcke sind bescheiden, nicht alle Löwen herrschsüchtig, nicht alle Jungfrauen sind Jungfrauen! Gelegentlich findet man einen Widder mit einem Sparbuch, einen ruhigen Zwilling und sogar einen praktischen Fisch.« Als letzter Schrei darf das Buch eines Engländers (William Fairchild) gelten; es trägt den Titel: »Astrologie für Hunde und Hundefreunde«. Doch es steht zu befürchten, daß die Astrologie, wenn der Boom mit den vermarkteten Sternen weiterhin solche Blüten treibt, eines Tages mit Sicherheit selbst auf den Hund kommt. Diese Befürchtungen waren der Anlaß, der ernsthaften Astrologie noch einmal eine Chance zu geben.

Dazu ist zunächst folgendes zu sagen: Es gab eine Astrologie aus historisch geformtem Regelmaterial, das fatalistische Thesen enthielt und dem Sternenweistum, wie es echte Forscher nennen, mehr geschadet als genützt hat. Beim Wegräumen des mittelalterlichen Ballastes waren viele ernsthafte Forscher beteiligt, darunter Kepler, der freilich auch warnte, das Kind mit dem Bade auszuschütten.

Gegenüber der stürmischen Entwicklung der Naturwissenschaften blieb die einstige Sterndeuterei (ähnlich den völlig unwissenschaftlichen Dogmen der Kirchen) besonders rückständig. Längst war eine neue Erkenntniswissenschaft herangewachsen, die sich immer mehr der modernen Tiefenpsychologie näherte, weshalb C. G. Jung den bekannten Ausspruch tat, daß die Astrologie vernehmlich an die Pforten der Universitäten anklopfe. Das neue Weltbild wie auch die neue Kosmologie schufen neue Erkenntnisse, die aus einer tiefgehenden Entsprechungslehre zwischen Makrokosmos und Mikrokosmos resultierten. Damit wurde der Trennungsstrich zur fatalistischen Wahrsagerei offenbar. Sterndeuterei alten Stils wandelte sich zur Kosmopsychologie: Alles, was aus Planeten aussagbar ist, erweist sich letzten Endes als Äußerung inwendiger Kräfte des Lebendigen. Konstellationen und Tierkreiszeichen sind nichts anderes als Entsprechungen (Analogien). Planeten schließlich sind Signaturen. Die Wirkungen dieser Signaturen auf menschliche Physiognomie, auf Körperfigur, auf deutbare Strukturen nicht nur der seelisch-geistigen Veranlagung, sondern auch des sozialen Verhaltens, ferner auf Beruf und Begabung sind überzeugend und lassen sich in frappanter Weise deuten.

Ein mathematisch exakt berechnetes Horoskop (auf der genauen Geburtsminute beruhend) ist gemäß den modernen Forschungsergebnissen der wissenschaftlichen Astrologie eine wertvolle Lebenshilfe: es fördert die Selbsterkenntnis, ist Grundlage für Berufs- und Begabungsanalyse, für psychologische Beratung hinsichtlich Partnerschaft,

Liebe und Ehe und kann der rechtzeitigen Erkennung von Erkrankungssymptomen dienen.

Daß die Meisterung unseres Schicksals in diesen heil-losen Zeiten nicht mehr dem Zufall überlassen werden kann, beweisen mir schon die zahllosen Zuschriften, die ich tagtäglich erhalte. Nichts könnte den Umbruch unserer Zeit deutlicher markieren als die Ratlosigkeit des Menschen, sich in dieser völlig verändernden Umwelt zu behaupten. Veraltete Dogmen ringen mit neuen religiösen und wissenschaftlichen Dimensionen angesichts einer hochtechnisierten, den Menschen seiner Substanz beraubenden Umwelt. So schreibt einer der seriösesten Astrologen – Thomas Ring – im besten seiner bisher vier Werke (»Existenz und Wesen in kosmologischer Sicht«): »Zur Meisterung unserer Existenz, in die wir hineingeboren sind, haben wir lediglich die uns in unserem irdischen Dasein gebotenen Handhaben. Wie wir damit umgehen, ist eine Frage unseres Bewußtseins. Die Rationalität gilt einem großen Teil der Menschheit heute als Richtschnur. Gehen wir doch in bezug auf uns selbst über das Wie und Woher hinaus, fragen wir nach dem Wohin und nach dem Warum, dann greift etwas anderes ein: Das Wesen selbst oder die übergeordnete geistige Potenz.«

Über die individuelle Perspektive des Daseins findet der Mensch erst Grund in einer elementaren Ordnung: dem Kosmos. Um dieses Abenteuer unserer Existenz heute zu bestehen, bedarf es völlig neuer Weisungen für unseren Lebenskompaß. Diese Aufrichtung zu erfahren, dienen die Erkenntnisse der vom mittelalterlichen Ballast der einstigen Astrologie gereinigten Kosmopsychologie. Deutlich zeigt die Magnetnadel auf ein übergeordnetes Bezugssystem: die Verbundenheit des Menschen mit dem Kosmos!

Vielfach gelästert, als Unfug gebrandmarkt, von der offiziellen Wissenschaft ignoriert, ist die Kosmopsychologie im Kommen.

Längst wurde diese moderne Erkenntniswissenschaft in Testverfahren eingesetzt. Im Zeitalter der Automatisierung werden völlig neue Anforderungen an den arbeitenden Menschen gestellt. Der junge Mensch von heute muß so früh wie möglich wissen, auf welchem Spezialgebiet seine wahren Fähigkeiten, Begabungen und Neigungen liegen. Gewiß – es gibt heute ausgeklügelte Testverfahren zur Feststellung der Intelligenz etwa, von Führungseigenschaften, Begabungsschwerpunkten, Persönlichkeitsstrukturen und Denkanalysen. Sie alle versuchen, den wirklichen Standort eines Menschen zu eruieren – vorwiegend über seine psychischen Reaktionen, gedanklichen Fähigkeiten.

Diese Ergebnisse erscheinen dann in Kurven, Tabellen, Zahlen und Prozentziffern. Was indessen längst wissenschaftlich bekannt ist, aber von den heutigen, mehr technisch orientierten Psychologen völlig vernachlässigt wird, ist die Anthropologie oder die Wissenschaft vom Menschen als Naturwesen unter besonderer Berücksichtigung seines Körpers und alles dessen, was seine Signatur ausmacht, also sein Erscheinungsbild betrifft. Es ist nicht allzu bekannt – wenigstens nicht unter den amerikanischen Geschäftspsychologen, die auf diesem Sektor führend sind –, daß die geistige wie seelische Struktur eines Menschen auch aus seinem äußeren Erscheinungsbild ablesbar ist. Forscher wie Carus, Lavater, Kretschmer, Friedemann und im Altertum bereits Hippokrates und Galen haben Persönlichkeitstests geliefert, wie sie heute kein moderner Karriereberater erstellen könnte. Die dem Menschen aufgeprägte Signatur kündet all das auf Anhieb, was die Psychologen erst mühsam mit Hilfe von Punktzahlen und Testprofilen herausarbeiten müssen.

Wer heute auf Glück wartet, setzt einen irrationalen Faktor als Prämisse in seine Lebensbilanz ein. Kein vernünftiger Mensch kann sich dies leisten. Viele sind der Meinung, der Wille allein sei Wegbereiter allen Erfolges. Aber gerade die Willensriesen trifft man besonders häufig in der Gilde der Pleitegeier an.

Gesetzt den Fall: Ein Mensch wüßte schon sehr früh und sehr genau, was er will bzw. kann, so wäre dies eine echte Chance zum Erfolg. Aber damit hätte er noch nichts weiter als den Start zu seiner Laufbahn gefunden.

Glück oder Schwierigkeiten sind keine Gradmesser mehr für Erfolg oder Mißerfolg! Hier gelten mehr denn je ureigenste Gesetze, und es gibt Leute, die diese Gesetze erforscht, analysiert und in ein System gebracht haben. Quintessenz dieser Erkenntnis ist die Tatsache, daß jeder Mensch grundsätzlich zu einer optimalen Leistung innerhalb seines Berufes fähig ist. Es wäre an der Zeit, daß Schulen, Universitäten, Psychologen oder Lehrer dem jungen Menschen diese Grundschulung für den Lebenserfolg angedeihen ließen. Viel später, wenn der Mensch bereits ins Wasser geworfen wurde und notgedrungen Schwimmen lernen muß, kommt man ihm mit Begriffen von Betriebspsychologie und Menschenführung, Rationalisierung und Begabungstests.

Das Pauken schematischer Wissensstoffe und das Schleifen des Gedächtnisses mit traditionellem Lehrstoff hat zwar dem jungen Menschen ein Allgemeinwissen eingebracht, aber was weiß er beispielsweise von den Funktionen seiner Seele, von der Automatik des Denkens und Wollens, von Zwangsvorstellungen und Angstkomplexen, von Fehlassoziationen und Wunschveränderungen, von der Psychosomatik und der Flucht in die Krankheit? Er hat zwar ein Abitur, aber er ist blind gegenüber sich selbst und neurotischen Störungen hilflos ausgeliefert. Er hat einen Beruf, aber er wird ihm nicht zur Berufung, zum Hobby.

Die moderne Psychologie weiß: Erfolg ist ein Entwicklungs- und Entfaltungsprozeß, der den schöpferischen Menschen zum Ziel hat! Dieser Mensch ist eine psychosomatische Einheit und somit etwas Fließendes. Tagtäglich wird er zu neuen Entscheidungen, zu veränderten Handlungs- und Verhaltensweisen aufgerufen. Dies verlangt von ihm ein exaktes Wissen um seine geistigen wie seelischen Kräfte, denn Erfolg bedeutet letzten Endes nicht schlechthin Karriere, sondern Fähigkeit zum Glück, geistige Balance und Einklang der Persönlichkeit mit ihrem Werk. Aus diesem Zusammenklang erwächst ganz von selbst auch Erfolg.

Die moderne Astropsychologie ist in der Lage, jene Pfunde festzustellen, mit denen ein Mensch wuchern muß. Hierbei sind uralte planetarische Symbole nebst Tierkreiszeichen die sogenannten Schlüsselworte. Ihre Entzifferung (also die Analyse des Kosmogramms) zeigt den seelischen und geistigen Standort, insbesondere die Emotionen und Reaktionen – insgesamt also den Fundus eines Menschen an. Dieser dient aber nur als Ausgangsbasis, als Start ins Leben. Jede Veränderung dieses Standorts (im Sinne der Entwicklung wie auch der Selbstdisziplin etwa durch Autogenes Training) verändert sein Schicksal nach dem uralten Grundsatz, den die seriöse Astrologie seit jeher vertreten hat: Charakter ist Schicksal!

Die unbekannten Größen im Horoskop

Die mathematischen Grundlagen für ein individuelles Horoskop sind leicht errechenbar. Sie zeigen »die geprägte Form, die lebend sich entwickelt«. Hierzu gehören in erster Linie der Aszendent oder die Horizontalachse des Kosmogramms, die Berufsachse, die Felderspitzen, die Planetenkonstellationen, die Planetenbilder (Schnittpunkte oder Halbsummen) und schließlich die Aspekte.

Der Aszendent wäre der individuellste Punkt und zeigt die Nahtstelle auf, die den Mikrokosmos mit dem Makrokosmos verbindet. Aber diese Verbundenheit mit dem Kosmos ist kein starres Abbild der an den Himmel projizierten Göttermythologie. Die Götter sind vielmehr in uns selbst. Charakter und Wesenskern (über das individuelle Horoskop erfaßbar und deutbar) sind nur eine Prämisse des Schicksals und beinhalten in keiner Weise den ganzen Menschen. Es fehlen noch eine ganze Reihe der wichtigsten Imponderabilien:

Die Erbanlage (also der biologische Fundus aus den Genen der Eltern-paare),

die individuellen Umwelteinflüsse zur Zeit der Geburt: sozialer Stand der Eltern, die Ausbildungsmöglichkeiten, die Erziehungsfaktoren und deren formende Einflüsse auf das geistige Ego. Genauer gesagt: Das Niveau der Persönlichkeit;

schließlich noch Land oder Landschaft, aus der der Mensch stammt (grob gesagt: die anthropologischen Gegensätze zwischen Völkern des Nordens und des Südens).

Kein Horoskop vermag Auskunft zu geben über diese irrationalen Faktoren.

Man täusche sich nicht: Auch die intellektuelle Stufe eines Menschen, der sogenannte Intelligenzquotient und die seelische Differenziertheit sind keineswegs aus dem Horoskop zu deuten! Diese Dinge gehören zu den Handikaps der Astrologie und müssen über sorgfältiges Grundlagenmaterial erst einmal abschätzbar werden.

Wer sich jahrzehntelang mit gewissen Konstellationen und Aspektwirkungen (beispielsweise mit den Positionen des Merkur und seiner Aspektierung) beschäftigt hat, könnte zwar gewisse Rück-schlüsse auf den geistigen Fundus eines Menschen ziehen, aber diese wären größtenteils subjektiv und wissenschaftlich nicht mehr vertret-bar.

In solchen Zweifelsfällen hilft die Handschrift eines Menschen, die auf Anhieb wenigstens das geistig-seelische Gesamtniveau eines Schrei-bers, seine Gefühls- und Willensbeschaffenheit, die Komponenten zwischen Antrieb und Widerstand ersehen läßt. Ausübenden Astrolo-gen müßte daher das Studium der Graphologie empfohlen werden.

Als wertvolle Ergänzungswissenschaft für die körperlichen Signatu-ren eines Menschen zeigen sich ferner noch die Chirologie sowie die modernen Erkenntnisse der Phrenologie – alles Teilgebiete der An-thropologie des Menschen.

Das zweite Handikap, das demjenigen begegnet, der astrologisches Neuland betritt, liegt in der Wertung der Tierkreiszeichen, und hier stößt man sofort auf eine Überbewertung dieser Zeichenanalysen in der Öffentlichkeit. Es ist vielfach verbreitet, sich selbst mehr oder min-der als gewisser Typ – sei es Widder, Stier oder Skorpion – einzustu-fen. Dies führt uns nun zu einer weiteren notwendigen Korrektur astrologischer Vulgärdeutungen:

Schon vor vierzig Jahren hatte der Autor mit einer Flut von Leserzuschriften zu kämpfen, die leider auch in der Folgezeit niemals wieder aufhören sollte. Diese Briefe, die alles in allem nur wenig variierten, brachten zum Ausdruck, wie sehr sich die Fehlbeurteilungen in der Astrologie bereits eingebürgert hatten. Eine Auswahl aus solch gängigen Beschwerden mag diesen Sachverhalt aufzeigen:

»Ich bin angeblich gemäß meinem Geburtsdatum vom 20. April noch ein Widder, aber nichts davon trifft auf mich zu. Bin ich nun etwa schon ein Stier vom 21. April? Ich möchte aber nicht mit Hitler am gleichen Tag geboren sein. Oder bin ich vielleicht ein astrologischer Bastard?«

Geradezu empört war eine Leserin über ihr Sonnenzeichen Skorpion: »Was ich da alles in einem Zeitungsartikel über mich als Sexbiene lesen muß, ist geradezu penetrant! Ich bin Witwe und hätte gar keine Verwendung dafür. Ich bin vielmehr eine aktive Geschäftsfrau und hätte gar keinen Bedarf für einen Playboy!«

»In einem astrologischen Kalender las ich, daß ich ein hartnäckiger Stier sei, und daß meine Lieblingsblumen Hundertmarkscheine wären. Ich muß sagen, daß ich im Leben weit öfter hereingelegt wurde und zu solchen Zornesausbrüchen (wie sie unterm Stier vorkommen sollen) gar nicht die Kraft hätte. Jetzt muß ich also als geldgieriger, zu Wutausbrüchen geneigter Stier durchs Leben gehen. Wenn man mich nach meinem Tierkreiszeichen fragt, bekomme ich nahezu Hemmungen.«

Eine junge Dame, die sich auf Zimmersuche begab, schreibt: »Als ich neulich mein möbliertes Zimmer bezog, suchte meine Vermieterin als erstes in meinem Paß das Geburtsdatum. Sie sah mich mißtrauisch an und meinte: »So, so – ein Stier sind Sie – das darf ich Ihnen aber gleich sagen: Mit Besuchen von Freunderln tut sich hier nichts!«

Interessant in diesem Zusammenhang ist auch die Tatsache, daß man das Geburtsdatum der englischen Königin von Amts wegen um einen Tag veränderte, weil ihr Geburtsdatum mit jenem von Hitler keine Gemeinsamkeiten aufweisen sollte.

Wer jahraus, jahrein eine wahre Flut von Leserzuschriften ähnlicher Art zu verkraften bzw. zu beantworten hat, kommt unweigerlich einmal an jene Grenze, an der er zu resignieren beginnt. In unzähligen Aufklärungsartikeln und auch in all seinen Büchern hat der Verfasser immer wieder aufs neue tauben Ohren gepredigt:

1. Es gibt keine Widder-, Stier- oder sonstige Typen, die von diesem Tierkreiszeichen regiert werden.

2. Es gibt nur ein Sonnenstandszeichen – eben jenes Zeichen, in dem sich die Sonne zum Zeitpunkt der Geburt befand.

3. Dieses Sonnenstandszeichen ist nur ein einziger Bezugspunkt unter einer ganzen Reihe weiterer und oft viel wichtigerer Zusammenhänge!

4. Das Sonnenzeichen ist niemals so individuell wie etwa jenes Zeichen, in dem sich der Aszendent (also das aufsteigende Zeichen zur Zeit der Geburt) befindet! Der Grund liegt darin, daß ja unzählige Menschen ebenfalls in diesem Sonnenzeichen geboren wurden.

5. Selbst die Unterscheidung zwischen 1., 2. und 3. Dekade eines Sonnenzeichens bringt keine individuellen Aussagen.

6. Es gibt grundsätzlich keine guten oder schlechten Horoskope oder positive und negative Tierkreiszeichen. Außer dem Sonnenzeichen, dem Aszendentengrad wäre schließlich auch noch der Mondstand zur Zeit der Geburt eine überaus wichtige Ergänzung, die insbesondere die seelischen Reaktionen aufzeigt. Hierbei wäre der Mond in seinen Aussagen für das weibliche Horoskop, die Sonne aber mehr für das männliche Horoskop zuständig.

Zusammenfassend benötigt also ein wissenschaftlich erarbeitetes Kosmogramm vier individuelle Faktoren:

1. Die Position der Sonne im jeweiligen Tierkreiszeichen samt der Aspektierung von allen übrigen Gestirnen sowie der Felderstellung im Kosmogramm selbst. Diese Sonnenposition liefert wichtige Aussagen über ihren individuellen Wesenskern, Ihre Handlungsweise, Ihre Zielrichtungen und Begabungen.

2. Die Position des Mondes in den jeweiligen Tierkreiszeichen, seine Aspektierung und Felderstellung im Kosmogramm. Seine Aussage ermöglicht Analysen über die Gefühlslage, die psychische Verfassung, die Gemütsreaktionen.

3. Die Position des Aszendenten (oder der Spitze I des Kosmogramms). Der Aszendent symbolisiert die Persönlichkeitsachse, die engere Umwelt. Der Aszendent gibt Aufschluß über die Vitalität, über das Verhältnis zur Umwelt und das persönliche Durchsetzungsvermögen.

4. Die Position des Meridians (oder der Berufsspitze X des Kosmogramms). Er symbolisiert die soziale Lage, die Berufsbegabungen, die Aufstiegschancen im Leben. Wassermann

Mit diesen vier individuellen Punkten des Kosmogramms ist bereits eine umfassende Analyse von Charakter, Wesenskern, Reaktionen, Umweltbeziehungen möglich. Fehlt die Geburtsstundenangabe, sind die Positionen drei und vier nicht errechenbar.

In meinem »Handbuch der Astrologie« habe ich unter den jeweiligen Sonnenzeichen eine Aufstellung von prominenten Personen gebracht, die alle unter demselben Sternzeichen geboren wurden. Damit sollte aufgezeigt werden, welch grundsätzliche Verschiedenheiten unter einem einzigen Zeichen möglich sind. Man vergleiche beispielsweise die Wesensmerkmale des im Zeichen Krebs geborenen Herbert Wehner (11. Juli 1906) mit einem anderen Krebs-Geborenen, Gustav Knuth (7. Juli 1901), oder dem »Krebs-Typ« Hermann Hesse.

Diese Tabelle führt die Sonnenstandsastrologie allein schon ad absurdum.

Um dem Anfänger oder Hobby-Astrologen nun eine bessere Möglichkeit der Zeichenanalyse anzubieten, möchten wir in den folgenden Kombinationstesten eine Synthese aufzeigen zwischen Sonnenstandszeichen und dem individuellen Aszendenten. Dies setzt freilich voraus, daß der Anfänger seinen Aszendenten berechnen kann.

Eine ausgezeichnete Ergänzung zum Kombinationstest ermöglichen die sogenannten astrologischen Elemente: Feuer, Erde, Luft und Wasser. Wer die Symbolsprache dieser vier grundlegenden Elemente beim Kombinationstest mitberücksichtigt, erhält bereits treffsichere, vor allem sehr individuelle Einblicke in die Wesensart, die Handlungsbereitschaft, die psychische Veranlagung und die Reaktionsweisen der einzelnen Zeichenkombinationen.

Zeigt sich im Kosmogramm beispielsweise eine starke Betonung in einem einzigen Element, so gelten nachfolgende Ausführungen:

1. Das Feuerelement:
Widder, Löwe, Schütze

Symbol: der Tatmensch.
Widder: Handlungsbereitschaft, Führungstalent, Aufstiegsstreben, Ehrgeiz, Impulsivität. Energie und Einsatzbereitschaft, spontane Gemütsreaktionen, schnelle Handlungen.
Löwe: Ich-Betonung, autoritäres Verhalten, Verlangen nach Geltung, Einfluß und Macht. Überwiegend großzügiges Verhalten. Verlangen nach Leitung und Führung.
Schütze: Starke Freiheitstendenzen und Unabhängigkeitslust, Gerechtigkeitsverlangen, Freimut und Offenherzigkeit, Überheblichkeit, Optimismus, Betriebsamkeit, Veränderungslust, psychische Unruhe.

2. Das Erdelement:
Stier, Jungfrau, Steinbock

Symbol: der Realist.
Stier: Ausdauer, Hartnäckigkeit, Zähigkeit, Starrsinn, Geduld, Widerstandskraft, Überlegung, Ordnungsliebe, Selbsterhaltungstrieb. Reiz-

barkeit. Besitzverlangen und Absicherungsbestrebungen. Künstlerische Ambitionen (Gesang).

Jungfrau: Nützlichkeitsmensch, Wirklichkeitssinn, Genauigkeit, Pedanterie, Kritik. Schnelles Erfassen von persönlichen Vorteilen und Begünstigungen, Blick für das Detail einer Sache, Sparsamkeit, Wirtschaftlichkeit.

Steinbock: Konzentration, Pflichtgefühl, Widerstandskraft, Geduld, zähes Aufstiegsverlangen, verletzbar im Stolz, Fleiß, Arbeitstier, Urteilsvermögen, Verlangen nach Sicherheit und gesellschaftlichem Ansehen.

3. Das Luftelement:
Zwillinge, Waage, Wassermann

Symbol: der intellektuelle Typ.

Zwilling: geistiges Reaktionsvermögen, Gewandtheit, Neugier, Vielseitigkeit, Verstandesdenken, Reizbarkeit, Geschicklichkeit und Erfindersinn, Rede- und Überzeugungsgabe, Geselligkeit, Betriebsamkeit, Verlangen nach Abwechslung und Anregungen, Unbeständigkeit in den Zielen.

Waage: Überbrückung der Gegensätze, Ausgleich, Diplomatie, gesellschaftliche Gewandtheit, Verlangen nach Anerkennung und Beifall. Guter Geschmack, Eitelkeit, Verlangen nach Luxus und Bequemlichkeit, Vermittlungsgabe.

Wassermann: Reformer, fortschrittliches Denken, Phantasie, Ideenreichtum, Einfälle, Sinn für Witz und Ironie, Freiheitsverlangen, Eigenwilligkeit, Charme, Intuition.

4. Das Wasserelement:
Krebs, Skorpion, Fisch

Symbol: der Gefühlstyp.

Krebs: Zurückhaltung, Veränderlichkeit der Ansichten, Phantasie, Stimmungsschwankungen und Launen, Sensibilität, rasche Verletzbarkeit im Stolz, Empfindlichkeit, Bequemlichkeit, Gemütsanfälligkeit, Verlangen nach Geltung und Anerkennung.

Skorpion: Kämpfernatur, seelische Zwiespalte, unermüdliche Arbeitsamkeit, Leidenschaftlichkeit, seelische Spannungen, Mißtrauen bis Skepsis, sehr gute Beobachtungsgabe, Spürsinn, Eifersucht.

Fische: Einfühlungsgabe, Gefühlsbetontheit, Romantik, Beeinflußbarkeit, Nachgiebigkeit, Phantasie, Illusion, Opferbereitschaft, Empfindlichkeit, Liebe zum Lebensgenuß, psychische Sensitivität, künstlerische Ambitionen.

Eine weitere, sehr treffsichere Klassifizierung der zwei Zeichen in die Gruppen der kardinalen, fixierten und veränderlichen Zeichen ermöglicht beim Kombinationstest zwischen Sonnenzeichen und Aszendent weitere Angaben über die seelischen Reaktionsweisen im Sinne von Dynamik – Statik – Labilität.

Die kardinalen Zeichen: Widder, Krebs, Waage, Steinbock. Symbol dieser Zeichen: Wille, Tat, Ehrgeiz, Strebsamkeit.

Widder: Starke Widder-Besetzungen in einem Kosmogramm zeigen den willensorientierten Typ, der mit Energie, Initiative und Unternehmungslust seine Ziele verfolgt. Das Zeichen erhöht die persönliche Unabhängigkeitsliebe und das Selbstbewußtsein. Die Reaktionen liegen ausschließlich im Bereich der Dynamik.

Krebs: Der Gefühlssektor wirkt aktiviert, und der Gemütsfaktor samt der Phantasie wirken dämpfend auf die Willensantriebe. Gleichwohl sucht die Persönlichkeit Beachtung, aber infolge größerer Sensibilität geht sie nicht unbedingt in Front. Die Reaktionen sind vorsichtiger, zurückhaltender, zeigen mehr Überlegung vor der Tat.

Waage: Die Persönlichkeit ist den äußeren Einflüssen stark unterworfen. Sie zeigt zwar den Drang nach Aktivität, wobei aber größere Elastizität und geistige Gewandtheit vorhanden sind. Das Gleichgewicht der Dinge wird angestrebt. Das Persönlichkeitsbewußtsein ist sehr aktiviert und verlangt nach Beachtung und Anerkennung.

Steinbock: Große Arbeitskraft und Drang nach Leistung, die sich bei äußeren Widerständen noch erhöht. Intensives Verlangen nach persönlicher Beachtung, nach gesellschaftlichem, aber auch materiellem Aufstieg. Pflicht wird vor Neigung gesetzt, und Gemütsbewegungen werden nicht offen gezeigt. Mangel an Beschaulichkeit und damit Höchsteinsätze für den Beruf.

Die fixierten Zeichen: Stier, Löwe, Skorpion, Wassermann. Symbol dieser Zeichen: Beharrung, Statik, Eigenwilligkeit.

Stier: Mangel an geistiger Beweglichkeit, zu wenig flexibel und daher mangelnde Anpassungsfähigkeit an fremde Wesenskerne. Verlangen nach Ruhe und Behaglichkeit, Selbstbehauptung und Erfolge über lang andauernde Willenseinsätze und Geduld.

Löwe: Das stärkste unter den fixierten Zeichen mit großem Einsatzwillen und Verlangen nach Repräsentation. Organisationsbegabung. Persönliches Verlangen nach Luxus und Großzügigkeit in der Lebensführung. Erhebliches Selbstbewußtsein, wobei die Persönlichkeit danach strebt, Mittelpunkt zu sein.

Skorpion: Das zäheste unter den fixierten Zeichen, da es schon durch den Zeichenherrscher Mars Tendenz der Energie, der Eigenwilligkeit und der persönlichen Durchsetzung aufweist. Starke leidenschaftliche Gefühle mit Tendenz zu Heftigkeit und zu Aggression. Rückhaltloser Einsatz der eigenen Persönlichkeit bei kritischer Mentalität.

Wassermann: Zähe bis hartnäckige Verhaltensweisen. Im Wesenskern eigenwillig und eigene Wege suchend. In allen freundschaftlichen Verbindungen kameradschaftlich, hilfsbereit. Bei Zwang zum Widerstand neigend. Alle Reformen, alles Ungewöhnliche, Neue, Originelle interessiert. Großer Freiheitsdrang, eigene Ideen verfolgend. Die Mentalität neigt zu völlig individuellen Ansichten.

Das veränderliche Zeichen: Zwillinge, Jungfrau, Schütze, Fische. Symbol: Labilität, Vielseitigkeit, Anpassungsfähigkeit.

Zwillinge: Das lebendigste und vielseitigste Zeichen bei großer geistiger Regsamkeit, aber auch mit Sprunghaftigkeit in den Zielen. Im ganzen etwas unbeständig, schnelle Begeisterungsfähigkeit, geschäftig, wissensdurstig. Auffallende Kontaktfreude und gute Anpassungsfähigkeit. Erfindungsreicher Intellekt.

Jungfrau: Praktisch orientierte Intelligenz mit dem Blick auf das Detail einer Sache. Nützlichkeitsbestrebungen. Beobachtender, analysierender Intellekt. Zuweilen kritisch bis nörgelnd, aber empfindlich im eigenen Ich. Anpassungsfähig über Diplomatie.

Schütze: Idealistische Bestrebungen mit der Fähigkeit, großartige Pläne zu schmieden. Getarnte Überheblichkeit. Gemeinschaftssinn und schnelle Kontakte zur Umwelt. Spekulative Tendenz (glaubt an das Glück). Sitzt zuweilen zwischen zwei Stühlen (daher Unschlüssigkeit in der Wahl und zögernde Entscheidungen).

Fische: Im seelischen Bereich außerordentlich empfindsam und intuitiv. Reiche Vorstellungsgabe und wechselnde Stimmungen, die in Depressionen ausarten können. Mentalität weniger intellektuell als vielmehr gefühlsbetont. Innere Gläubigkeit. Außerordentliche Hilfsbereitschaft. Manchmal abhängig von Stimulanzien.

Diese Unterteilung der zwölf Zeichen in die vier Elementgruppen sowie in die drei genannten psychischen Reaktionsweisen hat sich immer als treffsicher erwiesen und leistet als ergänzendes Hilfsmittel beim Kombinationstest wertvolle Hilfe. Speziell die drei Aktivitätsgruppen ergänzen die Aussagen über den Aszendenten in besonderem Maß. Im folgenden ergeben sich daher mit dem Kombinationstest weit exaktere Aussagen über den Wesenskern eines Menschen, als dies durch die bekannten Aussagen zum Sonnenzeichen möglich ist.

Analysen des Kombinationstestes
für die zwölf Tierkreiszeichen

Sonne im Widder mit Aszendent Widder

Kombination: Kardinalzeichen mit Feuerelement.

Der Doppeleffekt im Marszeichen Widder zeigt in verstärktem Ausmaß die bekannten Widder-Eigenschaften, aber noch potenziert durch die Einflüsse des Feuerelements. Es handelt sich dabei um Menschen mit sehr großer Willensintensität, die besonders bei Neuanfängen und im organisatorischen Aufbau einer Existenz oder einem Plan einen schnellen Erfolg erzielen wollen, da dieser Kombination weitgehend die Geduld und das Wartenkönnen abgeht. Schwung und Begeisterungsfähigkeit des Kardinalzeichens begünstigen rasche Erfolge. Der langfristige Ausbau des in die Wege geleiteten Vorhabens allerdings wird gern bewährten Hilfskräften überlassen. Der persönliche Wagemut ist mehr auf die rasche Durchsetzung spezialisiert, und er kann bei auftretenden Schwierigkeiten schnell auf ein neues Ziel gelenkt werden. Allzu impulsive und oft sehr subjektive Urteile über andere Menschen bringen Feindschaften. Das Feuerelement, noch überhöht durch den Mars (als Energiesymbol) hat eine triebhafte Komponente, die leidenschaftliche bis jähzornige, jedenfalls affektbetonte Züge aufweist. Dieser Kombinationstyp verlangt nach Führung, Leitung, kann unter permanenter Aufsicht nicht gedeihen und sich auch nicht entfalten. Daher gibt es im Berufssektor viele Wechsel, die oft sogar einen völligen Neubeginn darstellen.

In allen engeren Gemeinschaften und Partnerschaften treten ebenfalls viele Wechsel auf, aber auch schnelle bis spontane Kontakte, die manchmal ebenso schnell wieder getrennt werden. In den Gefühlsreaktionen viel Strohfeuer und in der Liebe selbst viel Feuerwerk (das aber rasch verglüht). Der persönliche Geltungsdrang bedarf von seiten der Partnerin eine diplomatische Vorsicht, um nicht zu sagen Schläue, die dem Widder-Mann den Glauben läßt, der Führende zu sein.

Selbstverständlich sind bei diesem Kombinationstest wie bei allen folgenden auch die Aspekte auf die Sonne und die Konstellation des Mars im individuellen Kosmogramm besonders wichtig.

Der weibliche Kombinationstyp (Widder-Widder) ist nicht unbedingt »weiblich« und daher auch nicht anschmiegsam oder gar zärtlich, sondern zeigt analog den männlichen Eigenschaften eine gewisse Unternehmungslust, erhöhten Eigenwillen und Selbstbewußtsein, das sich nicht gerne unterordnet oder auf längere Sicht in eine Gemeinschaft einordnet. Die Gefühlslage ist intensiv, fordernd und zeigt wenig Hemmungen hinsichtlich der eigenen Wünsche, die klar und eindeutig zum Ausdruck gebracht werden. Statistische Beobachtungen haben bei dieser Kombination sehr viele Trennungen gezeigt, insbesondere Scheidungen, weshalb hier nur Partner infrage kommen, die ihrerseits eine diplomatische Begabung neben der Fähigkeit zum Einlenken und kameradschaftlichen Verhalten besitzen. Es erwies sich freilich allzu häufig, daß dieser weibliche Kombinationstyp nicht unbedingt für eine dauerhafte Bindung geschaffen ist, da Selbstbewußtsein und Selbstbehauptung zu Übersteigerungen (und damit zur Vorherrschaft) führen können. Die Erfahrung ergab, daß dieser weibliche Typ sich im Beruf und besonders in selbständigen bis leitenden Positionen wohler fühlt als etwa in der Ehe. Dies besagt aber nicht, daß unkonventionelle und lockere Verbindungen nicht äußerst intensive Partnerschaften ergeben können. Die Liebe zum Sport ist bei diesem Typ nahezu stets vorhanden. Der Drang nach Erweiterung des Gesichtskreises, überhaupt nach persönlichen Anregungen löst Reisen aus. Ausländerkontakte oder Partnerschaft mit Ausländern wurden sehr oft beobachtet. Ebenso Sportlerehen, die fast immer gutgingen. Die Wendigkeit des Wesenskernes ist ein absoluter Vorteil dieser Kombination und kann dazu führen, daß unpassende Partnerschaften oder ebenso unpassende Berufspositionen ohne viel Aufhebens schnellstens beendigt werden. Der Übergang zu grundsätzlich Neuem fällt diesem Typ niemals schwer, sondern gehört beinahe zu den Lebenselixieren im Sinne: Öfter mal was Neues!

In den Beziehungen zum Partner konnte man nicht immer Takt oder Feingefühl beobachten, weit eher ergaben sich bei Konfliktsituationen handfeste Debatten. Dies wäre die Mitgift des Mars, der in dieser Kombination tatkräftig mitmischt. Das Liebes- und Eheglück wird überwiegend von der Marskonstellation im Geburtskosmogramm beeinflußt. Diese Aspekte wären daher nur aus dem individuellen Horoskop zu ersehen. Ganz allgemein fand man bestätigt, daß Löwe- und Schütze-Partner eine gemeinsame Antenne besitzen, daß aber Widder-Kontakte zu unvorhergesehenen An- und Aufregungen führten. Die Partnerwahl erfolgt unterm Widder häufig zu spontan, ist Augenblicksgefühlen unterworfen und hat nicht selten auch mit Sex zu tun, da die Widderfrau so gut wie nie ein Kostverächter ist. Ein Eingriff in die eigenen Persönlichkeitsrechte oder Verletzungen des Selbstgefühls bringen aber Krisen und Trennungen. Daß dieser Kombinationstyp nicht unbedingt für das Detail einer Sache geschaffen ist (und damit auch nicht ganz für den häuslichen Herd), ist eine Wirkung der Kardinalzeichen. Im Sport geht dieser Typ fast immer an die eigene Leistungsgrenze und neigt daher zu Forcierungen. Dies wiederum ist eine Wirkung des Feuerelements, das niemals auf Sparflamme leben läßt.

Sonne im Widder mit Aszendent Stier

Kombination: Kardinalzeichen mit Erdelement.
Die Herrscher dieser Konstellation sind Mars und Venus. Die äußerst aktive und vorwärtsdrängende Tendenz des Widder wird merklich gedämpft durch das Zeichen Stier, das nach großer Sicherheit und Beständigkeit verlangt. Die realistische Komponente des Stier zeigt eine sehr starke Wirkung, so daß der Wesenskern ruhiger wird und die Ziele beständiger. Im psychischen Sektor allerdings sind Gefühlsintensität und Leidenschaft sehr stark betont. Im Bereich der Partnerschaften (Liebe/Ehe) zeigt sich eine größere Beständigkeit als etwa bei reinen Widder-Persönlichkeiten. Jedes Risiko im geschäftlichen oder finanziellen Bereich wird vermieden. Dies wäre der Einfluß des vorsichtigen, kalkulierenden Zeichens Stier. Ohne Kenntnis des Aszendenten Stier würde dieser Kombinationstyp völlig falsch beurteilt, da das fixierte Zeichen verträglicher, besonnener und geduldiger macht. Man achte hier auf die Konstellationen von Mars und Venus im individuellen Kosmogramm.

Sonne im Widder mit Aszendent Zwillinge

Kombination: Kardinalzeichen mit Luftelement.
Mars und Merkur sind die Herrscher dieser Kombination, so daß der Widder-Typ eine intellektuelle Färbung aufweist, und das macht ihn gewandter, wendiger, aber auch zwiespältiger im Hinblick auf das Ziel oder die Berufsposition, die mehrmals im Leben schwankt. Es besteht Rede- und Überzeugungsgabe, manchmal aber auch List und Schläue. Die anfänglich hochgesteckten Ziele werden infolge der inneren Unruhe und der Vielseitigkeit der Wünsche nicht immer erreicht. Diese Kombination ist rastlos und sehr wißbegierig, zeigt aber im nervlichen Sektor Labilität. Wichtig erscheint es hier, schon in der Jugend ein Ziel mit konzentrierten Einsätzen anzupeilen, da sich sonst ein Schicksal voller Umbrüche und ständiger Wechsel ergibt. In Liebe – Ehe schnelle Kontakte, aber auch häufige Trennungen. Der Typ fasziniert durch seine geistige Wendigkeit und Begeisterungsfähigkeit. Außerdem wirkt er gesellig und zeigt Unterhaltungsgabe. Über den geistigen Fundus gibt die Konstellation des Merkur im individuellen Horoskop näheren Aufschluß.

Sonne im Widder mit Aszendent Krebs

Kombination: Kardinalzeichen mit Wasserelement.
Mars und Mond beherrschen den Typ, und beide Gestirne sind gegensätzlicher Natur. Die Impulsivität und die drängende Tatnatur des Widder kontrastiert mit den starken Gefühlsimpulsen, die auf die Tatbereitschaft des Widder bremsend einwirken. Somit entsteht eine gewisse Zwiespältigkeit zwischen Wollen und Handeln. Augenblicksstimmungen und Launen mischen sich in die Willensantriebe, so daß plötzliche Begeisterungsfähigkeit für eine Sache der nachträglichen Überlegung weichen. Der Typ ist weit empfindlicher, aber auch sensibler, als man es beim Widder erwartet, und zeigt oft nach außen hin ein Schaubild, das innerlich nicht ganz durchgehalten werden kann. Gesellschaftlich legt der Typ Gewandtheit, Verlangen nach Aufstieg und persönlicher Beachtung an den Tag. Die psychischen Reaktionen sind empfindlich, wechselvoll, veränderlich. Auch in den partnerschaftlichen Beziehungen ergeben sich viel Wechsel, manchmal auch Kontaktabbrüche. Im männlichen Kosmogramm wäre dies ganz besonders dann der Fall, wenn der Mond (als Symbol für Frau, Gattin) sehr aspektverletzt wäre. Auch Aspektverletzungen zwischen Sonne und Mond (Symbol Mann und Frau) sind bei diesem Kombinationstyp sehr schwierig, benötigen viel Vorsicht bei der Eheschließung, da sich die tatsächlichen Verhältnisse gewöhnlich erst nach der Heirat herausstellen.

Sonne im Widder mit Aszendent Löwe

Kombination: Feuerelement mit Kardinalzeichen. Mars/Sonne sind Herrscher.
Diese Kombination überhöht die Wirkung des Feuerelements, und damit steigert sich die Willensintensität samt dem Selbstbewußtsein, so daß die Fähigkeit zum Leiten, Führen, Organisieren und zu impulsiver Durchsetzung der eigenen Persönlichkeit so gut wie immer gegeben ist. Leistungswille, Repräsentationsverlangen und ein allzu starkes Ichbewußtsein führen zwar stets zum sozialen Aufstieg, bekommen aber in den engeren Gemeinschaften ein Moment der Unnachgiebigkeit und ein übersteigertes Wissen um den eigenen Wert. Sowohl das Feuerelement als auch die kardinale Eigenschaft des Zeichens Widder sind nicht unbedingt anpassender Natur. Die Leidenschaften dürfen ungewöhnlich stark sein. Wird die Marskomponente zu stark aktiviert, ergibt sich eine Tendenz der Anmaßung oder der Selbstherrlich-

keit. Die Persönlichkeit ist überaus empfänglich für Lob, Auszeichnung und Anerkennung. Die sonstige großmütige Tendenz des Zeichens Löwe wird beim Konkurrenzkampf hier sehr stark herabgemindert. Im Beruf zeigt dieser Kombinationstyp gewöhnlich den Aufsteiger, die Erlebnisgebiete von Liebe und Ehe aber symbolisieren des öfteren Kampf. Die Aspekte auf die Sonne sind im individuellen Kosmogramm von besonderer Bedeutung.

Sonne im Widder mit Aszendent Jungfrau

Kardinalzeichen mit Erdelement. Mars und Merkur sind Zeichenherrscher.
Diese Kombination schwächt die Durchschlagskraft und Impulsivität des Widder erheblich ab zugunsten einer größeren Kalkulation und neigt mitunter sogar zur Egozentrik. Ziele und Handlungen werden nicht mit dem üblichen Schwung und der Intensität des Widder angepeilt, sondern eher kritisch überlegt. Der Ordnungssinn und die Nüchternheit des Jungfrau-Intellekts halten die Wünsche in Grenzen und konzentrieren sie auf realistische und praktische Ziele. Vertrauenspositionen und leitende Angestellte zeigen sich häufiger als absolut selbständige Positionen.
Gesundheitlich verträgt diese Kombination keinen Raubbau an den Kräften, da die nervliche Verfassung anfällig ist. Der Blick richtet sich mehr auf den eigenen Vorteil oder den Nutzen einer Sache. Es besteht sehr gute Beobachtungsgabe und eine Anlage zum Diskussionsredner.

Sonne im Widder mit Aszendent Waage

Kardinalzeichen mit Luftelement. Mars/Venus sind Zeichenherrscher.
Eine ehrgeizige Konstellation, die häufig in die Öffentlichkeit drängt und beachtet werden will, aber ohne die sonstige aggressive Art des Marszeichens Widder. Hier zeigt sich mehr Diplomatie, und häufig kommt es zur Mitarbeit am Werk anderer bzw. überhaupt zur Zusammenarbeit. Auch Kunst und Schönheitssinn sind üblicher als sonst unter Widder-Typen. Die stark wirkenden Kardinalzeichen verlangen nach sozialem Aufstieg und Anerkennung der eigenen Leistung. In den engeren Partnerschaften (Ehe) kann es zu Konflikten kommen, wie überhaupt Trennungen bei dieser Kombination nicht selten sind, weil das persönliche Verlangen nach Beherrschung der Umwelt Kon-

flikte schafft. Man achtet sehr stark auf den Ruf und auf gesellschaftliche Beachtung. Vielseitige Beziehungen und schnelle Kontakte.

Sonne im Widder mit Aszendent Skorpion

Kardinalzeichen mit Wasserelement. Doppelter Marseinfluß.
Hier steigern sich Wille, Energie und Durchsetzungslust des Widder infolge der Mitwirkung eines zweiten Marszeichens (Skorpion), das große Ausdauer, Zähigkeit, Hartnäckigkeit und Durchsetzungswillen schenkt. Die willensintensiven Bestrebungen des Widder werden durch die Hartnäckigkeit und Eigenwilligkeit des Skorpion noch überhöht. Entschlossenheit und der feste Wille, Widerstände zu brechen, führen in der Regel nach heftigen Einsätzen zum Erfolg. Alle engeren Partnerschaften sind schwierig bis problematisch, da der heftige Marseinfluß weder Anpassungsfähigkeit noch Nachgiebigkeit zeigt. Es besteht starke Leidenschaft in den Gefühlen und eine etwas kritische Veranlagung, die manchmal leicht in Ironie ausarten kann. Die Kombination bringt stets praktische Fähigkeiten und technische Begabungen mit sich. Entgegen der übrigen Widder-Anlage zu Veränderungen und Umbrüchen werden hier schwierige Verhältnisse mit größter Ausdauer durchgehalten. Bei Auseinandersetzungen dringt die Marsdynamik restlos durch.

Sonne im Widder mit Aszendent Schütze

Kardinalzeichen mit Feuerelement. Mars/Jupiter sind die Zeichenherrscher.
Die ausgesprochene Aktivität drängt zur impulsiven Tat, wobei Unternehmungslust und Optimismus vorhanden sind. Der Wesenskern ist freimütig, offenherzig und gerechtigkeitsliebend, verabscheut Winkelzüge. Im ganzen etwas zu stark auf Unabhängigkeit bedacht. Es zeigen sich sportliche Befähigungen, Liebe zum Reisen und Wandern, überhaupt zu körperlicher Bewegung. Beide Zeichen dieser Kombination neigen zur Impulsivität wie auch zu vorschnellem Handeln oder Reden. Die eigenen Rechte werden verteidigt.

Sonne im Widder mit Aszendent Steinbock

Kardinalzeichen mit Erdelement. Mars/Saturn sind die Zeichenherr-scher.

Eine Kombination, die es infolge des außerordentlichen Ehrgeizes zu führenden und leitenden Positionen mit Machtanspruch drängt. Die Antriebskraft des Widder erhält zusätzlich Ausdauer, Gründlichkeit, Fleiß und mehr Geduld. Pflichten werden über Herzensneigungen ge-stellt. Es besteht die Gefahr, daß egozentrische Bestrebungen durch-brechen und der soziale Aufstieg zuweilen mit Gewalt vorangetrieben wird. Der überlegende und organisierende Intellekt bändigt hier die allzu große Impulsivität des Widder. Tendenz zu forschenden, wis-senschaftlichen, technischen Berufen.

Sonne im Widder mit Aszendent Wassermann

Kardinalzeichen mit Luftelement. Mars/Uranus sind die Zeichenherr-scher.

Diese Kombination hat ausgesprochene Sympathien und Antipathien, schließt viele Freundschaften und findet mühelos Kontakt. Von der Mentalität her sehr aufgeschlossen und allem Neuen zugetan, hat Sinn für Reformen. In den Freundschaften sehr hilfsbereit und kame-radschaftlich. Die Ideale werden mit großer Zähigkeit durchgesetzt. In der Regel zeigen sich etwas eigenwillige Ansichten, die manchmal mit den vorherrschenden Meinungen nicht übereinstimmen. Im ganzen ergibt sich aber Toleranz, Phantasie, Verständnis für Witz und Hu-mor. In den engeren Partnerschaften wird die Abwechslung bevor-zugt, und es ergeben sich zuweilen romantische Abenteuer. Es besteht Erfindersinn und technisches Können. Die Mitwirkung des Zeichens Wassermann bringt viele Umbrüche oder Neubeginne.

Sonne im Widder mit Aszendent Fisch

Kardinalzeichen mit Wasserelement. Mars/Neptum sind die Zeichen-herrscher.

Eine etwas dissonante, problematische Kombination zwischen Feuer und Wasserelement, wobei sich die Kämpfe beider Prinzipien im in-nersten Wesenskern abspielen. Der widderbetonte Wille wird vom Gefühl, von Stimmungsschwankungen und Launen zeitweise blok-kiert, so daß eine innere Dissonanz oder ein Zwiespalt mit sich selbst entsteht. Nach außen hin wirkt die Kombination freundlich, entgegenkommend, manchmal sogar gutmütiger, als dies bei Widdern sonst der Fall wäre. Lebensgenuß und Gastfreundlichkeit sowie eine starke Phantasie prägen diesen Typ, der entgegen der sonstigen Widder-Komponente auch etwas ängstlich, unentschlossen werden kann. Die Gefühlsstärke (Fische) drängt die Willensimpulse (Mars) zurück. Daher wirkt dieser Typ auch nicht aggressiv und drängt sich weniger in den Vordergrund.

Sonne im Stier mit Aszendent Widder

Beachten Sie die bereits geschilderte Kombination Sonne im Widder mit Aszendent Stier, da sich in diesem Fall Parallelen ergeben. Nur symbolisiert hier der Aszendent Widder größere Handlungsbereitschaft und stärkere Willensenergien, aber auch intensiveres Sicherungsstreben, mitunter auf Kosten anderer.

Sonne im Stier mit Aszendent Stier

Fixiertes Zeichen mit Erdelement: Venus ist der Zeichenherrscher. Nach außen hin ruhig und beherrscht, innerlich aber voll starker leidenschaftlicher Antriebe. Die Neigung des Zeichens Stier zu Ausdauer, Zähigkeit und Geduld wirkt sich bei dieser Kombination besonders stark aus, so daß im negativen Sinn auch Starrsinn, Unnachgiebigkeit entstehen können. Gemäß der Venus als Zeichenherrscher ergeben sich künstlerische Fähigkeiten oder Hobbys wie etwa Gesang und Musik. Der materielle Gesichtspunkt jedoch überwiegt, daher auch starkes Verlangen nach Geld und Besitz. In den Partnerbeziehungen zeigt sich immer wieder, daß Stier-Typen sehr auf den jeweiligen Partner fixiert sind und daher Eifersuchtsprobleme auftauchen. Diese Inbesitznahme des Partners bringt mitunter langjährige Kämpfe. Die Kombination ist auf die irdischen Freuden konzentriert und verlangt sehr nach Lebensgenuß.

Sonne im Stier mit Aszendent Zwillinge

Fixiertes Zeichen mit Luftelement. Venus/Merkur sind die Zeichenherrscher. Der Zwillings-Aszendent lockert die konservative Art des Zeichens Stier ganz erheblich auf zugunsten größerer intellektueller

Regsamkeit, daher auch erweiterter Gesichtskreis mit der Fähigkeit zu Studien und wissenschaftlichen Betätigungen. Die Kombination wird umgänglicher, gewandter, verlangt aber auch mehr nach Abwechslung und neuen Gesichtspunkten. Gesellschaftliche Gaben und Anlage zu Witz und Satire. Es zeigt sich Redebegabung, nicht selten auch schauspielerische Befähigung. Reiche Phantasie, vielseitige Kontakte, die allerdings häufig wechseln. Im ganzen Tätigkeitsdrang und psychische Unruhe.

Sonne im Stier mit Aszendent Krebs

Fixiertes Zeichen mit Wasserelement. Venus/Mond sind die Zeichenherrscher.

Der vom Zeichen Krebs beeinflußte Aszendent vertieft die Gefühle bis zur Sentimentalität und hängt außerordentlich an Familie und Tradition. Die Kombination hat viel Sinn für die angenehmen und schönen Dinge des Lebens, wirkt aber nicht so zäh und ausdauernd wie reine Stier-Typen, da Energie und Wille zeitweilig stark von Stimmungen abhängig sind. Der Wesenskern ist außerordentlich gefühlsbetont und hängt stark ab von Sympathie und Antipathie in den Partnerschaften. Es besteht Liebe zum eigenen Heim, aber auch zur Heimat und zur Familie. Im Beruf zeigt sich Fleiß und Strebsamkeit, andererseits ein Sicherungsstreben für die alten Tage.

Sonne im Stier mit Aszendent Löwe

Fixiertes Zeichen mit Feuerelement. Venus/Sonne sind die Zeichenherrscher.

Starkes Verlangen nach Beachtung und Anerkennung der eigenen Persönlichkeit wie nach sozialer Geltung und Besitz. Erhebliche Zähigkeit und Selbstbehauptung, aber auch Streben nach Lebensgenuß. Die Kombination wirkt großzügiger, die Gefühle sind schneller entflammt, die nachtragende Tendenz des Zeichens Stier ist wesentlich abgeschwächt. Infolge des inneren Ehrgeizes intensiviert sich auch das Aufstiegsstreben und das Verlangen, in der Öffentlichkeit oder im Beruf eine Rolle zu spielen. Die Führungsqualität des Löwezeichens machen das harmonische Zusammenleben nicht immer ganz leicht, zumal beim Stierzeichen die Anpassungsfähigkeit nicht allzu groß ist. Starkes Selbstbewußtsein und manchmal autoritäre Urteile.

33

Sonne im Stier mit Aszendent Jungfrau

Fixiertes Zeichen mit Erdelement. Venus/Merkur sind die Zeichenherrscher. Mit dieser Kombination befinden wir uns absolut im Bereich der Materie und der nützlichen, verwertbaren Ideen. Die Persönlichkeit ist sachlich, realistisch, zeigt nüchternes Urteil und richtet sich nach dem Sichtbaren und Greifbaren. Den materiellen Absicherungen im Leben wird ein Hauptaugenmerk geschenkt. Häufig zeigt sich eine Tendenz zur Skepsis, vor allem aber zur Kritik und zur Analyse einer Sache, daher aber exakt arbeitend, verläßlich, ordnungsliebend. Im Beruf sind die kaufmännischen Eigenschaften gut entwickelt, daneben wissenschaftliche, analysierende Befähigungen. Der Wesenskern ist ausdauernd, geht allen Dingen auf den Grund. In der Regel sparsam, wirtschaftlich, aufbauend aus kleinsten Anfängen. Sehr guter Beobachter, der auch Kleinigkeiten rasch erfaßt. Im Gefühlsbereich etwas zurückhaltend, jedenfalls nicht spontan reagierend, eher vorsichtig. Gesundheits- und Ernährungsprobleme wie auch Reformen auf diesem Sektor werden stark beachtet. Im finanziellen Bereich realistische Veranlagung. Ablehnung von spekulativen und finanziellen Risiken.

Sonne im Stier mit Aszendent Waage

Fixiertes Zeichen mit Luftelement. Venus ist Zeichenherrscher.
Geselliger Typ, der zu raschen Kontakten neigt, beim richtigen Partner auch ausdauernd und verläßlich wirkt. Die Gefühle sind tief und können sehr leidenschaftlich werden (häufig Eifersucht, da der Partner gern in Besitz genommen wird). Die Herrschaft der Venus über beide Zeichen läßt zum Lebensgenuß, aber auch zu gesellschaftlichen Vergnügungen und Freundschaften tendieren. Der innerste Wesenskern benötigt Harmonie in den engeren Bindungen wie auch im beruflichen Zusammenwirken. In der Regel liebenswürdige Umgangsformen und gutes Benehmen. Abneigung gegen Ärger oder Konflikte im Beruf sowie in der Liebe. Das zusätzliche Luftelement macht das fixierte Zeichen Stier weitaus wendiger, flexibler, anpassungsfähiger, mindestens aber diplomatischer. In sehr vielen Fällen beobachtete man künstlerische Talente (besonders Musik) und Interesse an Wohnkultur. Die sparsame Art des Zeichens Stier wird hier etwas eingeschränkt, so daß diese Kombination freigebiger bis großzügiger wirkt. Sehr häufig ergibt sich Zusammenarbeit oder auch Betätigung in der Öffentlichkeit. Verlangen nach gesellschaftlichem Ansehen und Anerkennung.

Sonne im Stier mit Aszendent Skorpion

Fixiertes Zeichen mit Wasserelement. Venus/Mars sind die Zeichenherrscher.
Die Mars-Komponente des Skorpion erhöht bzw. vertieft die leidenschaftliche Tendenz des Zeichens Stier und damit auch das Besitzverlangen in den Partnerschaften, die in dissonanten Verbindungen äußerst schwierig bis aufregend sein können. Die Liebe wird ernstge-
nommen, und von den Partnern wird Treue und Zuverlässigkeit verlangt. Beide Zeichenherrscher sind oppositionell, neigen daher zu Extremen, unterliegen einer inneren Problematik. Die Kombination zeigt
sehr oft Starrsinn, übersteigerte Hartnäckigkeit und manchmal auch
Sturheit in den Ansichten und Überzeugungen. Liebe und Ehe werden im besonderen zum Schicksalsgebiet. Kritik und Angriffsgeist dieser Kombination erschweren das Zusammenleben. Im Falle von Ehrverletzungen zeigen sich nachtragendes Wesen bis zur Unversöhn-
lichkeit, im ganzen aber auch Mut und Zivilcourage, insbesondere
große Belastbarkeit bei äußerem Streß, große Arbeitskraft und Unermüdlichkeit. Etwas argwöhnisch bis skeptisch und wenig Verständnis
für Witz oder Satire. Bei ungünstigen Partnerschaften zeigten sich
langandauernde und aufreibende Differenzen.

Sonne im Stier mit Aszendent Schütze

Fixiertes Zeichen mit Feuerelement. Venus/Jupiter sind die Zeichenherrscher.
Das beharrende und fixierte Zeichen Stier wird durch das lebendige
und idealistische Zeichen Schütze wesentlich aufgelockert und zeigt
daher auch mehr Interesse an weltanschaulichen Problemen sowie an
der Erweiterung des eigenen Gesichtskreises (auch größere Liebe zu
Reisen). Der Ehrgeiz des Schützezeichens aktiviert die persönlichen
Bestrebungen nach Aufstieg und Beachtung. Größere Arbeitskraft
und manchmal auch weitaus sachlichere, realistische Einstellung gegenüber Geld und materiellen Werten. Mehr Verlangen nach Unabhängigkeit und persönlicher Freiheit. Der Wesenskern selbst wirkt
freimütiger, offenherziger, hilfsbereiter. Interesse für Wissenschaft,
Philosophie und Jurisprudenz. Die freiheitliche Komponente des
Schützen macht die engeren Partnerschaften etwas problematisch und
nicht mehr so stabil. Im Gefühlsbereich ungeduldig. Ausgesprochene
Sportinteressen, Leistungswille. Das Besitzstreben des Stier schlägt
meist durch, andererseits aber auch eine größere Neigung zu spekula-

tiven Unternehmungen großzügiger Art. Von der Partnerin werden geistige Anregungen verlangt und Anteilnahme an den eigenen Interessen. Die Bindungen sind nicht mehr so gesichert und stabil wie unter reinem Stier-Einfluß.

Sonne im Stier mit Aszendent Steinbock

Fixiertes Zeichen mit Erdelement. Venus/Saturn sind die Zeichenherrscher.

Das Erdelement ergänzt harmonisch das fixierte Zeichen Stier und zeigt eine überaus sachliche, nüchterne, realistische Beurteilung der Dinge. Die Saturnkomponente erhöht die Arbeitskraft und insbesondere das ehrgeizige Streben nach sozialem Aufstieg und finanzieller Absicherung im Alter. Die Gefühle – obgleich stark und drängend – werden infolge der Steinbock-Beeinflussung zurückhaltender, gehemmter. Überlegung und Vorsicht lassen daher keine raschen Entscheide zu. Es besteht fast immer ausgezeichnete Organisationsbegabung, kalkulierender Verstand und kühle Abschätzung aller Handlungen. Es zeigen sich naturwissenschaftliche Interessen, aber auch angeborene kaufmännische Begabung. Die eigene Persönlichkeit verlangt sehr nach Beachtung und Einfluß, daher nach Leitung und Führung. Die Kontaktfähigkeit ist eingeschränkt, da die Partnerschaften oder Freundschaften erst einmal auf Herz und Nieren geprüft werden. In der Regel ergeben sich im Beruf Spezialisten. Der Aufstieg erfolgt über Konzentration auf ein einziges Ziel und Unermüdlichkeit in der Arbeit.

Sonne im Stier mit Aszendent Wassermann

Fixiertes Zeichen mit Luftelement. Venus/Uranus sind die Zeichenherrscher.

Diese Kombination zeigt rasche Kontaktfähigkeit und viele freundschaftliche Verbindungen, die aber bei gegensätzlichen Partnern in zähe Konflikte ausarten können. Der Wesenskern ist freundlich mit einer konzilianten Schauseite und wirkt hilfsbereiter, umgänglicher, als es bei sonstigen Stier-Einflüssen der Fall wäre. Die Anpassungsfähigkeit ist beschränkt, da die Persönlichkeit stark auf sich selbst konzentriert ist. Nach außen hin gewöhnlich toleranter als Stier-Geborene, zu vielen unverbindlichen Bekanntschaften bereit, oft sehr beliebt im engen Umkreis infolge der Originalität. Die Kombination verträgt keine starren Bindungen, vor allem keine Autorität oder Eingriffe in die eigenen Persönlichkeitsrechte, da Unabhängigkeitslust und Verlangen nach geistiger Freiheit durchschlagen. Die Konzentrationsmöglichkeit auf eine Sache oder ein Ziel bringt Erfolg. Es bestehen fast immer technische und wissenschaftliche Befähigungen, aber auch humanitäre Bestrebungen. In allen Verbindungen (besonders Ehe) wird nach Wahrung der eigenen persönlichen Freiheit verlangt.

Sonne im Stier mit Aszendent Fische

Fixiertes Zeichen mit Wasserelement: Herrscher sind Venus und Neptun.

Die genußliebende Tendenz des Zeichens Stier vermischt sich mit dem gemüts- und gefühlsbezogenen Zeichen Fische zu einer Persönlichkeit von rascher Beeindruckbarkeit im Gemüt, die der Geselligkeit, dem Vergnügen und dem Lebensgenuß in besonderer Weise zugetan ist. Im Sinne der realistischen und praktischen Eigenschaften (Stier) erfährt die manchmal sehr labile und allen Stimmungen preisgegebene Wesensart der Fische eine gewisse Stütze, so daß sich Romantik oder Sentimentalität in Grenzen halten. Im ganzen sehr gastfreundlich und sehr gesellig, zu genüßlichem Essen und Trinken stets bereit, aber auch im Bereich der Sinne schnell beeindruckbar. Bei mangelnder Substanz im Geistigen zeigen sich rein gesellschaftliche Bestrebungen. Der Wesenskern ist stark auf die eigenen Nöte oder die eigene Gesundheit konzentriert. Der Mondstand wäre hier zu beachten, da er die psychische Haltung möglicherweise stützt. Der mitfühlende und gemütsbetonte Wesenskern schlägt in der Regel durch. Das Liebeserleben spielt eine große, oft schicksalhafte Rolle, da die Leidenschaften in dieser Mischung besonders aktiviert sind.

Sonne in Zwillingen mit Aszendent Widder
und Stier

siehe unter Widder-Zwillinge/Stier-Zwillinge.

Sonne in den Zwillingen mit Aszendent Zwillinge

Hier treten die bekannten Eigenschaften des Merkurzeichens Zwillinge sehr deutlich zutage, da der Merkur den Aszendenten wie die Sonne beherrscht. Allerdings müßte auch die Mondposition noch genauer beachtet werden. Es zeigt sich fast immer ein außerordentlich beweglicher, geistig aufgeschlossener Typ mit großer Rede- und Überzeugungsbegabung, von diplomatischem Geschick und einer Fähigkeit, sich der Umwelt anzupassen. Vielseitigkeit der Interessen und große Reise- und Veränderungsliebe gestalten das Schicksal wechselhaft bis unbeständig – in den Berufspositionen ebenso wie bei Partnerschaften und oft genug auch noch, was die Wohnung angeht. Die sehr starke Zwillingskomponente vermag nicht allein zu sein, braucht Gesellschaften, Aussprache, Kontakte. Ein Motiv der Neugier ist oft anzutreffen. In Studien, Examen und in der schnellen Erfassung fremder Materien zeigt dieser Merkur besondere Vorteile. Beruflich ergaben sich Schriftsteller, Journalisten, Vortragsredner, Geschäftsreisende, Vermittler, Reporter, Korrespondenten, Reisebürofachleute – kurz alles, was sich unter Merkureinfluß befindet. Schwieriger und mangelhaft ist die Fähigkeit, sich auf einen einzelnen Partner zu konzentrieren, daher viel Wechsel in den Liebesbeziehungen und oft genug Parallelbeziehungen (neben der Ehe). Im weiblichen Kosmogramm besteht ein großes Mitteilungsbedürfnis. Sehr schnelle Reaktionsfähigkei auf äußeres Geschehen.

Sonne in den Zwillingen mit Aszendent Krebs

Veränderliches Zeichen mit Wasserelement: Merkur/Mond sind die Herrscher.
Hier verbindet sich der Intellekt mit Gefühl, kühler, beobachtender Verstand mit intuitivem Gemüt, wobei aber die Phantasie und die seelische Eindrucksfähigkeit nicht geschmälert werden. Im Schicksal zeigen sich viel Unruhe und wechselnde Positionen, da Stimmungen und veränderliche Ansichten die klare, eindeutige Linie einschränken. Große Anhänglichkeit an Heim und Familie. Begrenzte Ausdauer. Vielseitige Interessen, die ebenso wie die Stimmungen rasch wechseln können. Viel Liebe zu häuslicher Wohnkultur. In den engeren Bindungen zeigt sich wenig echte Stabilität, weshalb die Ehe manchmal gefährdet ist. Erkrankungstendenzen bestehen im Bereich von Magen und Leber.

Sonne in den Zwillingen mit Aszendent Löwe

Veränderliches Zeichen zum Feuerelement: Merkur/Sonne sind die Herrscher.
Es zeigt sich erhebliches Selbstbewußtsein infolge des persönlichen

Geltungsbedürfnisses, so daß führende Positionen angestrebt werden. Meist besteht große gesellschaftliche Gewandtheit und sicheres Auftreten, was zu nützlichen Kontakten führt. Die Anpassungsfähigkeit ist meist mehr äußerer Natur, da sich das innere Verlangen nach Führung und persönlicher Anerkennung immer wieder durchsetzt. Meist ist der Wesenskern stark nach außen orientiert und will gesellschaftlich eine Rolle spielen. Die engeren Bindungen sind wechselnder Natur, und öfter erschweren Parallelkontakte die bereits eingegangenen Verbindungen. Es besteht außergewöhnliche Redebegabung und die Fähigkeit, zu repräsentieren. Weitreichende Beziehungen begünstigen die Aufstiegsmöglichkeiten. Es wird sehr auf den persönlichen Ruf geachtet.

Sonne in den Zwillingen mit Aszendent Jungfrau

Beide Konstellationen im veränderlichen Zeichen, beide haben den Merkur zum Herrscher. Das Erdelement schwingt mit.
In beiden Zeichen herrscht der Merkur und begünstigt die intellektuellen Fähigkeiten, wobei aber der Blick mehr auf das Detail einer Sache gerichtet ist und daher Spezialisten auf einem wissenschaftlichen Gebiet begünstigt. Im Gefühlsbereich besteht ein Manko infolge nüchterner, kühler Abwägung alles dessen, was Nutzen verspricht. Weniger warmherzig als vielmehr von Vernunft und Sachlichkeit beherrscht. Im Geistigen besteht Wissensdrang, und das Lernen fällt leicht. Literarische Interessen. Die Jungfrau-Komponente ergibt auch hier die starke Anlage zum Kritisieren, wobei Ironie allerdings vorhanden ist. Im Beruf selbst zeigt sich mehr Genauigkeit und größere Gründlichkeit als sonst beim Sonnenzeichen Zwillinge. Meist auch eine Tendenz zur Pedanterie. Die Stimmungen wechseln oft schnell und machen diesen Typ etwas schwierig bis problematisch in den engeren Verbindungen. Die Kombination findet sich häufig bei Lehrern, bei Berufen im Zeitungs- und Verlagswesen, bei Übersetzern.

Sonne in den Zwillingen mit Aszendent Waage

Veränderliches Zeichen zu Luftelement. Merkur/Venus sind die Herrscher.
Dies wäre eine der besten Kombinationen, da hier Gefühl und Intellekt gleichermaßen zum Ausdruck kommen. Merkur und Venus haben Bezug zu wissenschaftlichen und künstlerischen Berufen, und des

öfteren zeigen sich Begabungen, die autodidaktisch erarbeitet werden. Der persönliche Wesenskern wird geschmeidig, zeigt charmante bis liebenswürdige Züge und versteht andere für sich einzunehmen. Die Umgangsformen sind gewandt, und daher ergeben sich mühelos Kontakte und Freundschaften. Im Geistigen bestehen vielseitige Ideen, Phantasie, Einfälle. Reicht die innere Substanz nicht ganz aus, so ergibt die Kombination eine redselige Person, die eine Menge oberflächlicher Bekanntschaften aufweist. Nach außen hin zeigt sich dann mehr Bluff als echte Fundierung im Sinne von Gesellschaftsmenschen. Neigung zur Bequemlichkeit und zu mühelosen Erfolgen.

Sonne in den Zwillingen mit Aszendent Skorpion

Veränderliche Zeichen zum Wasserelement. Merkur/Mars sind die Herrscher.
Hier verliert das Zeichen Zwillinge seine Leichtigkeit und Oberflächlichkeit und wird problematisch durch einen scharfen, vielseitigen Intellekt, der kritisch bis bohrend, eindringlich bis angriffslustig ist. Neigung zur Karikatur oder zum Sarkasmus. Etwas undurchsichtig in eigenen Belangen. Begabung für Psychologie und Interesse an tieferen Lebensproblemen. Gewandt im sprachlichen Ausdruck. Das Beharrrungsvermögen ist stärker als sonst unter dem Zeichen Zwillinge und vermag sich eine gesicherte Position zu schaffen. Im Bereich der engeren Bindungen zeigt sich die stark entwickelte Sinnennatur, die zu enttäuschenden Kontakten führen kann. Dies nicht zuletzt durch das mangelnde diplomatische Verhalten.

Sonne in den Zwillingen mit Aszendent Schütze

Veränderliche Zeichen zum Feuerelement. Merkur/Jupiter sind die Herrscher.
Der Tätigkeitsdrang des Schützen und der wendige Intellekt der Zwillinge schaffen Handlungsbereitschaft, Aktivität und zuweilen auch Impulsivität. Der Wesenskern ist gewandt und versteht, Eindruck zu erwecken. Es besteht große Geschicklichkeit und Handfertigkeit, ausgezeichnete Beobachtungsgabe und Vielseitigkeit der Interessen und Begabungen. Daher des öfteren Positionswechsel oder überhaupt Berufswechsel, die ohne Bedenken durchgeführt werden. Großzügigkeit und herzliche Gastfreundschaft lassen viele Freunde finden. In den engeren Verbindungen wird öfter ein Schaubild aufrechterhalten, um

nach außen hin Harmonie zu demonstrieren. Liebe zu äußeren Anregungen, daher auch zum Reisen. Es wird großer Wert auf Geltung und Anerkennung gelegt, insbesondere auf Kontakte zu sozial Bessergestellten. Die Persönlichkeit neigt zur Großzügigkeit und will gern in der Öffentlichkeit eine Rolle spielen.

Sonne in den Zwillingen mit Aszendent Steinbock

Veränderliches Zeichen zum Erdelement. Merkur/Saturn sind die Herrscher.
Der zwillingsbetonte, schillernde Intellekt wird hier bodenständiger, praktischer, nüchterner und sachlicher. Zu der geistigen Gewandtheit kommt die Steinbock-Eigenschaft der Ausdauer, Zähigkeit, des Ehrgeizes und des Verlangens nach gehobenen sozialen Positionen. Die Ziele sind in der Regel hochfliegend, werden aber mit größter Ausdauer angepeilt. Die sonstige Verschlossenheit des Zeichens Steinbock wird aufgelockerter, zeigt aber in manchen Fällen zugleich die distanzierende Tendenz zur Umwelt. Der Mondstand spielt hier eine besondere Rolle. Es kann sich auch um egozentrische Typen handeln, die in den engeren Bindungen dann Enttäuschungen erleben. Beruflich werden einflußreiche Positionen erreicht, nicht zuletzt infolge der ehrgeizigen Aufstiegsbestrebungen. Der Wesenskern ist härter und entbehrt jener entgegenkommenden Konzilianz, die sonst unter den Zwillingen vorhanden ist.

Sonne in den Zwillingen mit Aszendent Wassermann

Veränderliches Zeichen zum Luftelement. Merkur/Uranus sind die Herrscher.
Zuweilen werden hier große und ideelle Ziele angepeilt, die im Sinne von Reformen liegen. Interesse am Neuen, Ungewöhnlichen und meist psychologische Fähigkeit. Die stark intellektuelle Begabung wird im Sinne des Fortschritts eingesetzt, wobei die Begeisterungsfähigkeit die Durchsetzung solcher Ziele erleichtert. Beide Zeichen gehören zu den phantasiereichsten, eindrucksfähigsten und zeigen Erfindergabe. Das Schicksal hält häufig Schwankungen und Umbrüche bereit, die mit den veränderten Interessenbereichen zusammenhängen. Wissenschaft und Technik, aber auch angewandte Psychologie gehören zu den Lieblingsgebieten. Das Zeichen Wassermann führt die von Phantasie erfüllten Ideen einer konkreten Verwirklichung zu. Manchmal

großer persönlicher Einsatz für neue wissenschaftliche Erkenntnisse. Soziale Interessen. Das geistige Weltbild ist umfassender als sonst bei reinen Zwillings-Typen.

Sonne in den Zwillingen mit Aszendent Fische

Veränderliches Zeichen zum Wasserelement. Merkur/Neptun sind die Herrscher.

Die allzu gefühlsbetonte Wesensart des Zeichens Fische kommt in einen Kontrast zum nüchternen und sachlichen Intellekt des Zeichens Zwillinge, und damit ergibt sich psychische Problematik im Sinne von Gegensätzen zwischen Gefühl und Intellekt. Daher schwankende Haltung und zwiespältige Mentalität, die die Entscheidungskraft schwächt. Meist gutmütig und hilfsbereit. Große Phantasie, so daß die engeren Bindungen meist vom Gemüt her geschlossen werden. Diese Kombination benötigt größere Vorsicht hinsichtlich der Finanzen und der existentiellen Absicherung. Bei schlechten Aspekten besteht eine raffinierte Art, zu täuschen. Neigung zu romantischen Abenteuern.

Sonne im Krebs mit Aszendent Widder, Stier, Zwillinge

siehe unter den entsprechenden Zeichen.

Sonne im Krebs mit Aszendent Krebs

Kardinalzeichen zum Wasserelement. Mond/Mond sind die Herrscher.

In dieser Kombination kommt das Wasserelement zu besonderer Bedeutung. Überaus schnell beeindruckbares Gemüt und starke Gefühlsintensität oder Sensibilität, die mitunter die nötige Durchsetzungskraft vermissen läßt oder Schüchternheit zeigt. Die Persönlichkeit ist mehr an Heim und Familie gebunden, zeigt im Wesenskern Empfindlichkeit gegenüber Kritik und Verletzungen des eigenen Stolzes. Bei Rückschlägen im Beruf oft Depressionen. Sympathie und Antipathie anderen Menschen gegenüber werden auf Anhieb verspürt. Diese Kombination benötigt absolute Harmonie in den engeren Bindungen und einen seelischen Rückhalt in der Familie. Manchmal zeigt sich künstlerische Begabung. In der Durchsetzung oft nicht genügend Ellenbogen. Nach außen hin erscheint die Kombination häufig als launisch und ist auch tatsächlich Stimmungswechseln unterworfen. Starkes Verlangen nach materieller Absicherung und daher meist Sparsamkeit. Im Schicksal zeigen sich viel Umbrüche und Wohnungswechsel. Nach außen hin meist freundlich und anpassungsfähig, den Lebensgenüssen zugetan, aber auch geistig vielseitig interessiert. Sehr oft schauspielerisches Talent.

Sonne im Krebs mit Aszendent Löwe

Kardinalzeichen zum Feuerelement. Mond/Sonne sind die Herrscher. Durch die Mitwirkung des Zeichens Löwe werden die überempfindlichen und launischen Tendenzen des Zeichens Krebs gedämpft, zeigen größere Selbstbehauptung und verlangen mehr nach sozialem Aufstieg und persönlicher Beachtung. Das Ichgefühl tritt stark in Erscheinung, so daß sich einesteils ein Verlangen nach persönlicher Beachtung in der Öffentlichkeit ergibt, andererseits aber auch eine Tendenz, sich zurückzuziehen (= Krebs). Infolge des Gegensatzes von Wasser- zu Feuerelement entsteht im Psychischen ein Kompromiß, meist in Form von Zwiespältigkeit des Wesenskernes. Wie stets unterm Zeichen Krebs ist eine Reizbarkeit im Gefühl vorhanden. Dies kann zu einer Art Überheblichkeit in der Selbsteinschätzung führen. Diese psychische Reizbarkeit führt mitunter zu Launen und schafft sich dann Gegner. Über persönliche Dinge wird nicht gern gesprochen. Engere Partnerschaften werden, wenn einmal die Gefühle beteiligt sind, zäh aufrechterhalten. Es besteht fast immer Freude an Wohnkultur und manchmal Liebe zu Antiquitäten. Das vegetative Nervensystem ist labil, und im Bereich von Magen und Leber ergeben sich Erkrankungssymptome.

Sonne im Krebs mit Aszendent Jungfrau

Kardinalzeichen zu Erdelement: Mond/Merkur sind die Herrscher. Diese Kombination wirkt anpassend, ruhiger, ausgleichender, obwohl Kritik immer sehr ausgeprägt ist. In den engeren Bindungen und Freundschaften besteht Anhänglichkeit. Manchmal werden bestehende Verbindungen zum eigenen Vorteil ausgenutzt. Ähnlich wie immer unterm Zeichen Krebs ist der Wille, nach außen hin hervorzutreten, sehr abgeschwächt. Mitunter pädagogische Interessen oder auch Fähigkeiten und Reiselust. Die Jungfrau-Komponente macht in jedem Fall anpassender und zeigt Einfühlungsgabe in andere Wesenskerne.

In der frühen Jugend besteht meist Minderwertigkeitsgefühl, so daß über sehr persönliche Dinge nicht gesprochen wird. Die Verläßlichkeit und praktische Veranlagung des Zeichens Jungfrau bringt dem Krebs-Geborenen später beruflichen Aufstieg.

Sonne im Krebs mit Aszendent Waage

Kardinalzeichen zum Luftelement. Mond/Venus sind die Herrscher. Diese Kombination zeigt große Empfindlichkeit und Persönlichkeitsstolz sowie das Verlangen, öffentlich oder gesellschaftlich eine Rolle zu spielen. Fast immer sehr zugänglich für Lob und Schmeichelei, da das Zeichen Waage nach Anerkennung verlangt. Die Gefühlswelt ist stark aktiviert. Meist ergeben sich Berufe mit der Öffentlichkeit oder Publikumskontakte. Viel hängt von den engeren Bindungen (besonders in der Ehe) ab, da diese Kombination stark von der Harmonie im Gemeinschaftsleben abhängt und nicht besonders stabil wirkt. Gesellschaftlicher und beruflicher Aufstieg werden angestrebt. Im Wesenskern ist Ungeduld und Launenhaftigkeit enthalten. Künstlerische Berufe werden bevorzugt. Die persönliche Geltungssphäre ist am empfindlichsten und zeigt schnell verletzbaren Stolz und damit auch mitunter rasche Trennung von Personen, die auf solche Weise Kritik am eigenen Ich ausüben.

Sonne im Krebs mit Aszendent Skorpion

Kardinalzeichen zum Wasserelement. Mond/Mars sind die Herrscher. Die marsische Komponente ist sehr bedacht auf eigene Rechte und eigene Freiheit. Die Triebsphäre ist stark, und die Gefühle werden intensiv, besitzergreifend (im Bezug zu Partnern), daher auch Eifersuchtsprobleme in der Liebe und noch mehr in der Ehe. Es besteht Abenteuerdrang, Reiselust. Sehr viele Wissenschaftler und Forscher zeigen diese Kombination, wobei auch weltanschauliche Probleme interessieren. Die Skorpion-Komponente ist zäher, eindringlicher als das fluktuierende Zeichen Krebs und verfolgt persönliche Ziele oder berufliche Interessen weitaus hartnäckiger. Das Ichgefühl ist anfällig gegenüber Kritik und wirkt dann nachtragend. Die Gefühle können außerordentlich demonstrativ werden und verlangen vom Partner Treue.

Sonne im Krebs mit Aszendent Schütze

Kardinalzeichen zu Feuerelement. Mond/Jupiter sind die Herrscher.
Interesse für weltanschauliche oder religiöse Probleme und ausgeprägter Sinn für Gerechtigkeit. Durch die Schütze-Komponente wird
das Selbstbewußtsein gestützt, aber sehr empfindlich (wie immer bei
Beteiligung des Zeichens Krebs). Es besteht ein gewisser Zwiespalt
zwischen Verlangen nach öffentlicher Betätigung und einer Tendenz,
sich zurückzuziehen. In den Reaktionen offen und freimütig. In den
engeren Bindungen auf persönliche Freiheit und Unabhängigkeit bedacht, weshalb diese Kombination viel Partnerwechsel und Trennungen anzeigt. Auch hier ist wiederum die Dissonanz zwischen Wasser-
und Feuerelement spürbar im Sinne einer inneren Zwiespältigkeit, die
sich schwer entscheiden kann. In den beruflichen Positionen daher
manchmal Wechsel und oft völlige Umbrüche.

Sonne im Krebs mit Aszendent Steinbock

Kardinalzeichen mit Erdelement. Mond/Saturn sind die Herrscher.
Beide Zeichen befinden sich zueinander im Oppositionsaspekt und
wirken daher gegensätzlich, was sich im Inneren als generelle Span-
nungstendenz zeigt. Zuweilen siegen die praktischen Erwägungen,
und die Vernunft erhält die Oberhand, andererseits können daraus
auch egoistische Handlungen resultieren. In den engeren Bindungen
entstehen mancherlei Dissonanzen, die zu Trennungen führen, wobei
Eifersuchtstendenzen mitspielen. Die Strebsamkeit des Saturnzei-
chens Steinbock dämpft weitgehend die Unruhe und den Hang zum
Wechsel im Zeichen Krebs. Der Ehrgeiz wird aber überhöht, weil die
eigene Persönlichkeit nach außen hin Anerkennung verlangt. Hinsichtlich des eigenen Ichs besteht rasche Verletzbarkeit. Der nüchtern
abwägende Verstand (Steinbock) sucht die gefühlsbetonten Illusionen
und die Phantasie auf die realistische Ebene der Tatsachen zu zwin-
gen.

Sonne im Krebs mit Aszendent Wassermann

Kardinalzeichen zum Luftelement. Mond/Uranus sind die Herrscher.
Während das traditionsbewußte, an Familie und Erbe festhaltende
Zeichen Krebs sehr konservativ ist, verlangt das mitschwingende Zei-
chen Wassermann nach grundsätzlich Neuem, nach Fortschritt, nach

Reformen und außerdem auch noch nach größerer Freiheit der eigenen Persönlichkeit, was die engen Bindungen (Ehe) oft sehr problematisch gestaltet. Die seelische Haltung (Krebs) wäre empfindlicher, anfälliger und sucht den Halt, die Stabilität. Der Wassermann aber tendiert zu Umbrüchen, so daß sich plötzliche Veränderungen im Schicksal oder im Beruf ergeben. Innerlich also etwas unausgeglichen, da das Verlangen, öffentlich eine Rolle zu spielen, mit dem zurückhaltenden Zeichen Krebs kontrastiert.

Sonne im Krebs mit Aszendent Fische

Kardinalzeichen zu Wasserelement. Mond/Jupiter sind die Herrscher. Hier wäre das Wasserelement überwiegend, und die Gefühlsfläche samt dem empfindsamen Gemüt hätte die Oberhand über intellektuelle Erwägungen. Da das Zeichen Fische die Tatkraft nicht sonderlich unterstützt, wirken die Gefühlsmotive am stärksten, so daß sich manchmal ein träumendes, passives, intuitives Naturell ergibt, das den Lebensgenuß mehr liebt als den Drang nach Aufstieg und Expansion. Der Bereich der gefühlsbedingten Kontakte innerhalb von Familie, Häuslichkeit, Ehe erhält eine weit größere Geltung. In erster Linie will das Gemüt befriedigt werden, wobei die etwas mildtätige Veranlagung oder Großmut zu Übervorteilungen führen kann. Sinn für künstlerische Genüsse (auch Musik) und außerordentliche Phantasie sowie Intuition. Es besteht Herzlichkeit in den Lebensäußerungen und nur bei negativen Aspekten Anlage zum Ausnützen von Gelegenheiten und Beziehungen.

Sonne im Löwen mit Aszendent Widder
Stier, Zwillinge, Krebs

siehe unter den entsprechenden Zeichen.

Sonne im Löwen mit Aszendent Löwe

Fixiertes Zeichen zum Feuerelement. Sonne ist der Herrscher.
Hier tritt ganz besonders die Löwe-Tendenz zu Repräsentation, Autoritätsverlangen, freiheitlich-großzügiger Lebensauffassung hervor. Beide Zeichen im Feuerelement symbolisieren die intensive Gefühlsveranlagung mit dem Verlangen nach Führung und Leitung, nach ge-

sellschaftlichem und beruflichem Aufstieg, nach Anerkennung und äußeren Ehrungen. Der Wesenskern ist verbindlich, umgänglich, generös, aber selbstbehauptend, so daß Eingriffe in die eigene Persönlichkeitssphäre entschieden abgelehnt werden. Das Feuerelement wirkt aktiv, geistig beweglich, kann aber unter Umständen auch anmaßend bzw. aggressiv werden, sobald man auf Kritik oder Widerstand stößt. Der Wille ist zäh, ausdauernd, nimmt bei Widerständen sogar noch zu. In den Liebesverbindungen besteht so gut wie immer großes Gefühlsengagement. Der Wille zum Einsatz und die eigene Organisationsbegabung lassen hochgestellte Berufsziele erreichen. Schlechte Aspekte auf die Sonne tendieren zu Prahlerei und Überheblichkeit. Die Kombination neigt zu großartigen Projekten und übernimmt auch Verantwortung. Verlangen nach Ehrungen, Titeln und Auszeichnungen.

Sonne im Löwen mit Aszendent Jungfrau

Fixiertes Zeichen zum Erdelement. Sonne/Merkur sind die Herrscher. Auch diese Kombination zeigt eine ausgezeichnete Organisationsgabe, wobei aber infolge der Jungfrau-Komponente der Blick mehr auf das Detail einer Sache geht als auf das Ganze. Im eigenen Wesenskern entsteht dabei eine Tendenz zur Beachtung von Kleinigkeiten, auch zur Sparsamkeit, die mit der Großzügigkeit im Zeichen Löwe im Widerspruch befindlich ist. Der Angriffsgeist wird etwas geschwächt über die Jungfrau-Anlage zur Vorsicht, Ängstlichkeit, zur Neigung, die intellektuelle Bremse zu ziehen. Dadurch wird die selbstbewußte Art des Löwen geschwächter, anfälliger. Trotz intellektuell rascher Auffassungsgabe und Organisationsbefähigung werden hier viele Löwe-Eigenschaften eingeengt.

Sonne im Löwen mit Aszendent Waage

Fixiertes Zeichen zum Luftelement. Sonne/Venus sind die Herrscher. Gewandte Persönlichkeit mit guten gesellschaftlichen Beziehungen und Protektionen, die den Aufstieg erleichtern. Der Wesenskern verlangt nach Beachtung, persönlichem Einfluß, zeigt Geltungstrieb und will in der Öffentlichkeit eine Rolle spielen. Verlangen nach Lebensgenuß, aber auch künstlerische Anlagen oder Befähigungen (Musik). Die Sonne-Venus-Beeinflussung kann sehr charmant, entgegenkommend, taktvoll sein und schafft viele Freunde, wobei rasche Kontaktfähigkeit zu vielseitigen Verbindungen und Freundschaften führt. Im ganzen gesehen erwirbt man sich mühelos Sympathien. Wenn keine Aspektverletzungen vorliegen, ergeben sich harmonische Ehen. Viele Reisen, die oft auch berufsbedingt sind. Ästhetische Veranlagung und Sinn für Wohnkultur. Erfolge in allen künstlerischen Berufen sowie im Textil- und Modesektor.

Sonne im Löwen mit Aszendent Skorpion

Fixiertes Zeichen zum Wasserelement. Sonne/Mars sind die Herrscher.

Die Mars-Komponente steigert die Willensintensität und Leistungsstärke sowie den persönlichen Ehrgeiz. Große Arbeitskraft, die in der Lage ist, die hochgesteckten Ziele zu erreichen, da die Motive der Beharrlichkeit und Zähigkeit (Skorpion) hier außerordentlich unterstützt werden vom Aufstiegswillen des Löwezeichens. Im Gefühlssektor besteht große Leidenschaftlichkeit, die das geliebte Objekt als Besitz betrachtet und Eifersuchtstendenzen an den Tag legt. Der Wesenskern beharrt auf eigenen Grundsätzen und Ansichten. Zuweilen großes Streben nach Einfluß und persönlicher Macht über andere. Die Liebesverhältnisse und die Ehe können sehr problematisch werden, da die Einflußnahme auf andere Menschen zu egozentrisch ist. Sehr impulsive Willenstendenzen, die die anfängliche Hemmungs- und Widerstandstendenz in der Jugend zu überwinden weiß. Die Kombination Löwe-Skorpion ist nicht selten auf Kampf eingestellt und vermag Widerstände zu brechen.

Sonne im Löwen mit Aszendent Schütze

Fixiertes Zeichen zum Feuerelement. Sonne/Jupiter sind die Herrscher.

Beide Zeichen sind überwiegend großzügig, zeigen weltanschauliche, philosophische Interessen und streben nach Erweiterung des geistigen Horizonts. Die Überbetonung des Feuerelements erhöht das Selbstbewußtsein und macht geltungsbedürftig, sucht eine Rolle zu spielen oder über andere zu herrschen. In der Jugend harte Durchsetzungskämpfe. Im Beruf Ehrgeiz mit starkem Aufstiegswillen. In der Liebe ergeben sich vielseitige Verbindungen, die oft impulsiv geschlossen werden, aber der Stabilität ermangeln. Zuweilen auch Parallelverbindungen neben der Ehe. Die zeitweilig tiefgehenden Gefühle sind veränderlicher Natur und suchen häufig das Abenteuer. Besonders Vorliebe zum Sport und manchmal auch besondere Befähigung hierzu.

Sonne im Löwen mit Aszendent Steinbock

Fixiertes Zeichen zum Erdelement. Sonne/Saturn sind die Herrscher. Die selbstbewußte und würdevolle Haltung des Löwe-Einflusses verbündet sich hier mit der ehrgeizigen, aber etwas zurückhaltenden Art des Steinbock, der seinerseits große Hartnäckigkeit und Zähigkeit sowie Leistungsstärke symbolisiert. Die äußeren Schwierigkeiten sind erfahrungsgemäß groß, werden aber durch einen zähen Willen gemeistert. Der Beruf wird zum Hauptinteressengebiet. Bei negativen Aspekten auf die Sonne entsteht Egozentrik und rücksichtslose Verfolgung der persönlichen Ziele. Die Großzügigkeit des Löwen wird durch das Steinbockzeichen erheblich eingeschränkt, so daß manchmal Geiz entsteht. Die Ehe wie auch die engen Verbindungen unterliegen dem distanzierenden und ernüchternden Saturn-Einfluß. Sonne und Saturn sind bekanntlich gegensätzliche Symbole und fordern manchmal Verzichte oder erleben von außen her viel Neid.

Sonne im Löwen mit Aszendent Wassermann

Fixiertes Zeichen zum Luftelement. Sonne/Uranus sind die Herrscher. Eine starke Persönlichkeit, die fortschrittlichen Ideen oder Reformen zugetan ist, so daß sich im Schicksal mehrmals Umbrüche oder persönliche Wechsel ergeben. Manchmal öffentliche Positionen. Es zeigen sich Motive von Zähigkeit und Beharrlichkeit (Wassermann). Die eigenwillige Haltung, die anderen Menschen gegenüber nicht genügend anpassend ist, sucht eigene Wünsche und Ansichten durchzusetzen. Daher in allen engeren Beziehungen mehr Glück in Freundschaften, illegalen Bindungen. Die individuellen Ansichten können sich auch in der persönlichen Lebensführung äußern. Verlangen nach Geltung und Beachtung. Vielseitige Interessen und Neigungen, die nicht immer im Rahmen des Alltäglichen liegen.

Sonne im Löwen mit Aszendent Fische

Fixiertes Zeichen zum Wasserelement. Sonne/Jupiter sind die Herrscher.
Wiederum ergibt sich hier die Mischung von Feuer- mit Wasserele-

ment: zwei Gegensätze, die im psychischen Sektor Zwiespalte auslösen. Während das Zeichen Löwe zur Aktivität tendiert, verlangt das Zeichen Fische nach behaglichem Lebensgenuß bzw. nach Hingabe an die Partner in der Liebe oder Ehe. Auch im innersten Wesenskern ist eine Dissonanz ersichtlich, die zu unausgeglichenen Handlungen zwingt. Nach außen hin großzügige Lebensführung. Im ganzen eine schwer zu beurteilende Persönlichkeit, weil das äußere Schaubild mit der wirklichen Veranlagung kontrastiert. In einigen Fällen zeigten sich spekulative Tendenzen gewagter Art.

Sonne in der Jungfrau mit Aszendent
Widder, Stier, Zwillinge, Krebs, Löwe

siehe unter den entsprechenden Zeichen.

Sonne in der Jungfrau mit Aszendent Jungfrau

Veränderliches Zeichen zum Erdelement. Merkur ist der Herrscher. Die intellektuelle Merkur-Tendenz und das überwiegende Erdelement zeigen ausgezeichnete Fähigkeiten und einen auf praktische, realistische Verwertbarkeit gerichteten Intellekt. Meist sind egozentrische Motive vorhanden, aber auch eine Fähigkeit zur Analyse und zur Organisation, meist auf einem Spezialgebiet. Fast immer zeigt sich eine etwas kritische Veranlagung, auch im Hinblick auf enger verbundene Menschen. In der Regel kaufmännische oder wissenschaftliche Begabung. In den Gefühlsbeziehungen ebenfalls sachlich bis nüchtern. Starke Selbstkontrolle und häufig Pflichtbewußtsein. Liebesbeziehungen zeigen später ernüchternde Tendenzen, oder sie werden nur über gleichgerichtete Interessen haltbar.

Sonne in der Jungfrau mit Aszendent Waage

Veränderliches Zeichen zum Luftelement. Merkur/Venus sind die Herrscher.
Das Venuszeichen lockert die nüchterne, pedantische Art des Zeichens Jungfrau erheblich auf zugunsten größerer Lebensfreude. Häufig künstlerische bis literarische Interessen oder Begabungen. Gesellschaftlich besteht größere Gewandtheit mit Neigung zu vielseitigen Kontakten. Bei negativen Aspekten wird der Wesenskern etwas ober-

flächlich und ermangelt des Tiefgangs. Diese Kombination bedarf eines gut aspektierten Merkur, um größere Substanz zu erhalten. Meist Redebegabung und Erfolge mit Fremdsprachen.

Sonne in der Jungfrau mit Aszendent Skorpion

Veränderliches Zeichen mit Wasserelement. Merkur/Mars sind die Herrscher. Die triebhafte Seite des Skorpion mischt sich mit der intellektuellen Anlage und stört häufig die engeren Bindungen, die keine echte Harmonie aufweisen infolge der kritischen Veranlagung und der Eifersuchtstendenzen des Skorpion. Innerlich aber besteht Ehrgeiz, Pflichtgefühl, dazu ein scharfer, analysierender Intellekt, der in wissenschaftlichen oder forschenden Wissensgebieten Erfolge bringt. Merkur-Mars, die Repräsentanten von Geist und Wille, zeigen Erkenntnis und Leidenschaft, verlangen aber viel Selbstbeherrschung, um die stete Kritik in Grenzen zu halten.

Sonne in der Jungfrau mit Aszendent Schütze

Veränderliches Zeichen mit Feuerelement. Merkur/Jupiter sind die Herrscher.
Während die Impulsivität des Schützen nach Tatkraft drängt, versucht die vorsichtige Art des Zeichens Jungfrau zu überlegen, zu kalkulieren. Es kommt hier sehr auf die Konstellation der Sonne und des Merkur an, wer hier die Oberhand erhält. Es bestehen weltanschauliche bis philosophische oder juristische Interessen. Der Wesenskern ist allerdings durch die Schütze-Beimischung unruhig, zeigt große Reiselust und verlangt nach geistigen Anregungen. Zuweilen besteht ein Schwanken über den einzuschlagenden Weg, da die Berufsinteressen wechseln. Der Merkur und seine Aspektierung geben nähere Auskunft. Die sonstige Pedanterie oder Kritiklust der Jungfrau wird hier vom großzügigeren Zeichen Schütze gedämpft.

Sonne in der Jungfrau mit Aszendent Steinbock

Veränderliches Zeichen mit Erdelement. Merkur/Saturn sind die Herrscher.
Diese Zusammenstellung steht im Zeichen der nützlichen Verwertung und materiellen Absicherung, zeigt aber große persönliche Einsätze,

die durch vorhandene Ausdauer und Konzentrationsfähigkeit zum Erfolg führen. Das erste Jugenddrittel ist schwierig und läßt noch keinen echten Erfolg zu. In der zweiten Lebenshälfte beginnt der Aufstieg über die enorme Ausdauer und die sachliche Erkenntnis dessen, was not tut. Weder Jungfrau noch Steinbock sind Zeichen von Illusionen oder allzu großer Begeisterungsfähigkeit und Phantasie. Der Boden der Tatsachen wird kaum je verlassen. Die Gefahr liegt in der zunehmenden Selbstsucht und Konzentration auf materielle Dinge. Erfolge im kaufmännischen Sektor, in selbständigen Positionen der Wirtschaft oder Industrie. Meist gute Mathematiker.

Sonne in der Jungfrau mit Aszendent Wassermann

Veränderliches Zeichen mit Luftelement. Merkur/Uranus sind die Herrscher.
Infolge der Wassermann-Beteiligung zeigt sich eine originelle Mentalität mit Erfindergabe und großer Intuition. Die rein merkantile Fläche wird sublimiert durch die schöpferische Tendenz des Wassermann, der auch zu Reformen neigt und für soziale Probleme aufgeschlossen ist. Der Blick auf die Einzelheiten einer Sache verbündet sich mit vorausschauender Planung des Wassermann, so daß die Realistik und Logik des Jungfrauzeichens großartige Pläne materiell untermauern. Meist Erfolge in der Technik, in Großunternehmungen in der Industrie. Der Intellekt ist allen Neuerungen gegenüber aufgeschlossen. Die Substanz des Merkur wäre allerdings wichtig, da sich sonst Anhänger von Utopien ergeben.

Sonne in der Jungfrau mit Aszendent Fische

Veränderliches Zeichen mit Wasserelement. Merkur/Neptun sind die Herrscher.
In dieser Kombination überwiegt meist die praktische bzw. egozentrische Mentalität der Jungfrau. Im großen zeigt sich die Gegensätzlichkeit darin, daß Phantasie und Gefühl (Fische) im Kampf mit der nüchternen Sachlichkeit (Jungfrau) liegen. Dies führt zu Unklarheiten ebenso in den Handlungen wie in der Mentalität, die zu Zwiespalten neigt. Es ergeben sich Schwankungen im Beruf, weil die Persönlichkeit zuweilen den labilen Einflüssen des Zeichens Fische unterliegt und nicht genügend konzentriert vorgeht. Der Wesenskern ist sehr abhängig von äußeren Einflüssen, aber auch von den eigenen Hem-

mungen. Bei dieser Kombination zeigt sich die Problematik, falls man das Sonnenzeichen allein beurteilen würde.

Sonne in der Waage mit Aszendent Widder
Stier, Zwillinge, Krebs, Löwe, Jungfrau

siehe unter den entsprechenden Zeichen.

Sonne in der Waage mit Aszendent Waage

Kardinalzeichen zum Luftelement. Venus ist die Herrscherin.
Gemäß der Venus als Zeichenherrscherin ergibt sich ein Verlangen nach Lebensgenuß und den Annehmlichkeiten des Lebens überhaupt, wobei aber auch künstlerische Interessen vorhanden sein können. Das Zeichen ist willensmäßig etwas labil, zeigt Ungeduld und ist schwierigeren materiellen Einsätzen abgeneigt. Im Zusammenleben wird Harmonie angestrebt, Aggressionen und Kampf werden abgelehnt. Es kommt zu vielseitigen, oft sehr schnellen Kontakten, die aber der Stabilität entbehren. Der Wesenskern ist sehr bedacht auf äußere Anerkennung und Beifall. Vielfach bestehen auch modische Interessen bei gutem Geschmack. Die Kombination besitzt die Fähigkeit, Gegensätze diplomatisch zu überbrücken, setzt sich aber andererseits nicht allzusehr für eine Sache ein. Man kann nur schwer allein sein.

Sonne in der Waage mit Aszendent Skorpion

Kardinalzeichen zum Wasserelement. Venus/Mars sind die Herrscher.
Die Problematik und kritische Wesensart des Zeichens Skorpion gerät in Widerstreit mit den heiteren und unbeschwerten Eigenschaften der Venus. Die Konstellation des Mars wäre hier ausschlaggebend. Immerhin vermag die ausgleichende und friedfertige Waage-Tendenz die allzu kritischen Eigenschaften des Skorpion im wesentlichen zu dämpfen, so daß sich hier ein Kompromiß ergibt. Auf dem Sektor der Gefühle und der Leidenschaften allerdings wirkt die Venus-Mars-Kombination weitaus tiefgehender, so daß es im Bereich der engen Bindungen zu Krisen und Trennungen führen kann. Dies schon wegen der allzugroßen Verletzbarkeit des Gefühls (auch Eifersuchtsprobleme). Häufig ergeben sich Berufsgruppen mit öffentlichen Betätigungen. Dauerhafte Harmonie in der Ehe ist trotz der Waagekomponente schwer herzustellen.

Sonne in der Waage mit Aszendent Schütze

Kardinalzeichen zum Feuerelement. Venus/Jupiter sind die Herrscher. Diese Kombination ermöglicht der Venuskomponente die beste Auswirkung und bringt Erfolge in künstlerischen oder modischen Berufsgruppen. Verlangen nach expansivem Lebensstil, nach Geselligkeit und Lebensgenuß. Im ganzen ergibt sich Optimismus und infolge des Gerechtigkeitsbewußtseins auch ein Talent zum Ausgleich von Gegensätzen innerhalb der Gemeinschaft. Gesellschaftliche Kontakte können den persönlichen Aufstieg sehr erleichtern. Infolge der Schütze-Betonung erhält die Persönlichkeit mehr Tiefgang und zeigt mitunter auch philosophische Interessen. Der Wesenskern selbst ist zuvorkommend, wirkt sympathisch und findet viele Freunde. Die sonstigen etwas sorglosen Waage-Eigenschaften erhalten hier weit mehr Tiefgang.

Sonne in der Waage mit Aszendent Steinbock

Kardinalzeichen zu Erdelement. Venus/Saturn sind die Herrscher.
Die Saturn-Beimischung kann zur Folge haben, daß die Persönlichkeit außerordentlich von sich eingenommen ist und zeitweilig anmaßend wirkt. Das Verlangen nach Anerkennung, Aufstieg, persönlichem Ansehen in Verbindung mit dem persönlichen Ehrgeiz (Waage) führt zu Übersteigerungen. Die Position der Sonne zeigt auf, ob sich das Verlangen nach Einfluß und Macht in Grenzen hält. Die Gefühlsverbindungen können sehr großen Tiefgang erreichen, zeugen auch von Pflichtbewußtsein oder Zuverlässigkeit. Hinsichtlich der Interessen spielt der Beruf die größte Rolle und bringt den Partnern manchmal Ernüchterungen. Die Fähigkeiten sind bedeutend, bisweilen ergeben sich Experten auf einem ganz bestimmten Gebiet. An sich jedoch sind die Eigenschaften der Waage zu Steinbock gegensätzlich und können nicht eindeutig analysiert werden.

Sonne in der Waage mit Aszendent Wassermann

Kardinalzeichen zu Luftelement. Venus/Uranus sind die Herrscher.
Beide Zeichen im Luftelement zeigen künstlerische bis ideelle Impulse, und sehr oft ergeben sich originelle Begabungen. Viele freundschaftliche Verbindungen, die oft rasch zustande kommen, weil die konziliante Haltung und der freundliche Wesenskern anziehend wir-

ken. Es wird nicht immer nach Legalität in den Bindungen gestrebt, da infolge der Wassermann-Betonung manche Kontakte unverbindlich bleiben. Im weiblichen Horoskop zeigt sich fast immer Charme und nach außen hin eine gewisse Anpassungsgabe, die aber nicht zur Selbstaufgabe führt. Im Beruf liegt Ehrgeiz vor und bei äußerer Anerkennung oder Aufmunterung großer Erfolg. Die ideelle Seite des Wesenskerns übersteigt die materielle. Man kann schwer allein sein. Trotz der verbindlichen Art des Wesenskerns ergaben sich hier viele Scheidungen.

Sonne in der Waage mit Aszendent Fische

Kardinalzeichen zu Wasserelement. Venus/Neptun sind die Herrscher.

Großes Verlangen nach Harmonie infolge der sensiblen und empfindlichen Wesensanlage, die grundsätzlich keinen Streit und Auseinandersetzungen wünscht.

Gefühlstiefe Beziehungen zum anderen Geschlecht. Der Wesenskern ist eher schenkend, gebend, gesellig und sehr gastfreundlich und hilfsbereit. Infolge der Fische-Beteiligung wirkt diese Kombination weniger aktiv und büßt viel an Durchsetzungsfähigkeit innerhalb von Gemeinschaften ein. Die Venus-Betonung ist sublimiert, zielt in den künstlerischen Sektor (besonders Musik). Die Neptun-Aspekte werden wichtig, da negative Aspekte zu Süchten führen können. Die Selbstbehauptung ist hier nicht allzu groß, Diplomatie muß das mangelnde Ellenbogentalent ersetzen.

Sonne im Skorpion mit Aszendent Widder, Stier, Zwillinge, Krebs, Löwe, Jungfrau, Waage

siehe unter den entsprechenden Zeichen.

Sonne im Skorpion mit Aszendent Skorpion

Fixiertes Zeichen zu Wasserelement. Mars ist der Herrscher.
Die überaus starke Mars-Tendenz dieser Kombination wirkt kritisch, kann aggressiv bis widerspenstig sein und reagiert sehr stark auf Ich- oder Stolzverletzungen, wobei gemäß der Eigenart des Skorpion dann auch nachtragendes Wesen entsteht. Am schwierigsten werden die

engeren Bindungen wie etwa die Ehe, da das Zeichen Skorpion zu den besitzergreifenden gehört und heftige Eifersuchtsprobleme entwickelt. Ungewöhnlich groß ist die Zähigkeit und Widerstandskraft, die alle Schwierigkeiten meistert. Leidenschaften und frühe Sexerfahrungen kennzeichnen die Marskomponente. Die Position samt den Aspekten des Mars wird überaus wichtig. Technik, Chemie, Medizin sind bevorzugte Berufsgebiete.

Sonne im Skorpion mit Aszendent Schütze

Fixiertes Zeichen zum Feuerelement. Mars/Jupiter sind die Herrscher. Die Kombination symbolisiert außergewöhnlich starkes Geltungsbedürfnis, das nach Durchsetzung in der Gemeinschaft verlangt. Andererseits tendiert sie zu geistigem Tiefgang, auch zu philosophischen Interessen. Die Skorpion-Tendenz wird aber offener, lebensfroher, auch genußfreudiger und schafft sich schnelle bis mühelose Kontakte, wobei die gesellschaftlichen Interessen überwiegen. Es besteht häufig eine aufwendige Wesensanlage, um nach außen Format zu zeigen. Große Reiselust und Sportliebe. Der finanziellen Absicherung wird großes Interesse entgegengebracht. In eigenen Gefühlsproblemen zeigt sich eher Verschlossenheit. Die Mars-Aspekte werden außerordentlich wichtig.

Sonne im Skorpion mit Aszendent Steinbock

Fixiertes Zeichen zum Erdelement. Mars/Saturn sind die Herrscher.
In dieser Kombination sind die Fähigkeiten von Selbstbehauptung, Wille und Energie maximal entwickelt. Der Ehrgeiz und die innere Zähigkeit des Wesenskerns samt der Beharrlichkeit in den Gefühlen lassen die Ziele erreichen. Es besteht Verlangen nach Macht und Einfluß. Der Wesenskern ist hart gegen sich selbst, kann aber auch über Rücksichtslosigkeit egozentrische Ziele verfolgen. Es besteht so gut wie immer ein beruflicher wie materieller Aufstieg, der in den meisten Fällen selbst verdient ist, da dieser Kombination das sogenannte zufallende Glück fehlt. In den engeren Bindungen können sich infolge übergeordneter Berufsinteressen Ernüchterungen der Partner einschleichen.

Sonne im Skorpion mit Aszendent Wassermann

Fixiertes Zeichen zum Luftelement. Mars/Uranus sind die Herrscher. Diese Kombination begünstigt alle wissenschaftlichen, forschenden, technischen Berufsgattungen und zeigt eine originelle, erfinderische Mentalität, andererseits aber auch ausgezeichnete Handfertigkeit oder Bastlergabe. Vorgefaßte Ideen und Überzeugungen in den Meinungen werden strikt verfolgt, wie überhaupt hier keine absolute Wendigkeit in geistigen Fragen besteht. Eine Tendenz zur Hartnäckigkeit und zum Eigenwillen, der die eigenen Ansichten verteidigt, wurde immer festgestellt. In den engeren Bindungen ist die Kombination nicht absolut anpassungsfähig, neigt eher zu Konflikten infolge der eigenen Halsstarrigkeit. Die Skorpion-Mischung läßt wenig Einblick in die eigene innerste Wesensart zu, durchschaut aber gut fremde Wesenskerne und zeigt daher psychologische Fähigkeiten. Es besteht eine gewisse Geheimnistuerei in persönlichen Belangen.

Sonne im Skorpion mit Aszendent Fische

Fixiertes Zeichen zum Wasserelement. Mars/Widder sind die Herrscher.
Hier verliert der Skorpion seine Schärfe und den Widerspruchsgeist zugunsten einer größeren Gefühlsanlage, die aber auch zu wechselnden Stimmungen Anlaß geben kann. Beide Zeichen gehören dem Wasserelement an und intensivieren die Phantasie, die Intuition, die Gemütsanfälligkeit. Häufig psychologische Begabung. Bei ungünstiger Aspektierung zeigt diese Kombination starke Sinnlichkeit und Neigung zu Drogen. In diesem Fall wäre auf die Konstellation des Mars zu achten. Im ganzen eine widerspruchsvolle Kombination, die Höhen und Tiefen aufweisen kann.

Sonne im Schützen mit Aszendent Widder,
Stier, Zwillinge, Krebs, Löwe, Jungfrau, Waage, Skorpion

siehe unter den entsprechenden Zeichen.

Sonne im Schützen mit Aszendent Schütze

Veränderliches Zeichen zum Feuerelement. Jupiter ist der Herrscher. Hier hängt alles ab von der Jupiterkonstellation, da diese Zusammengestirnung zu Übertreibungen neigt und nach außen hin zu blenden versucht. Reizbarkeit im Gemüt und großes Verlangen nach persönlicher Geltung in der engeren Umwelt und nach Anerkennung. Im Beruf treten Schwankungen auf, manchmal plötzliche Umbrüche. Bei ausgezeichneten Jupiter-Aspekten ergeben sich Protektionen. Am besten eignen sich hier gesicherte Positionen wie etwa beim Staat, bei Behörden oder Ämtern. Es besteht ein Verlangen nach großzügiger (manchmal allzu großzügiger) Lebensführung infolge des inneren Geltungsbedürfnisses, das keine Einbußen vertragen kann. Es bestehen häufig sportliche Ambitionen.

Sonne im Schützen mit Aszendent Steinbock

Veränderliches Zeichen zum Erdelement. Jupiter/Saturn sind die Herrscher.
Es wird sehr viel Wert auf Achtung und gesellschaftlichen Ruf gelegt. Der Ehrgeiz ist durch die Steinbock-Komponente groß, und man will innerhalb der Umwelt eine Rolle spielen. Bei Enttäuschungen ergeben sich pessimistische Anwandlungen oder Depressionen. Die Ziele werden mit großer Energie und Ausdauer angestrebt. Das Verlangen nach materieller Sicherheit übersteigt die etwas spekulative Anlage des Zeichens Schütze. Häufig beobachtete man Aufstieg aus kleinen Anfängen. Die engeren Bindungen bleiben nicht ungestört, und es gab bei dieser Kombination so manche Scheidung. Im Wesenskern etwas mißtrauisch bis skeptisch.

Sonne im Schützen mit Aszendent Wassermann

Veränderliches Zeichen zum Luftelement. Jupiter/Uranus sind die Herrscher.
Die Wassermann-Beimischung bringt vielseitige und rasch geschlossene Freundschaften, die auch im gesellschaftlichen Bereich Nutzen bringen. Der Wesenskern ist sehr gewandt, originell, geistig regsam und zuvorkommend. Interesse besteht an technischen und wissenschaftlichen Berufen. Großzügige Lebensauffassung und meist weltgewandt. In den persönlichen Ansichten und Überzeugungen aber eigenwillig und selbstbewußt. Meist sehr große Gerechtigkeitsliebe.

Sonne im Schützen mit Aszendent Fische

Veränderliches Zeichen zum Wasserelement. Jupiter/Neptun sind die Herrscher.

Das Zeichen Fische zeigt sich stärker betont und bringt philosophische Interessen, manchmal aber auch religiöse oder weltanschauliche. Starke Wunschträume mit hochfliegenden Plänen in der Jugend, während später manche Ernüchterung eintritt. Im Wesenskern hilfsbereit und gerechtigkeitsliebend. Die Aspekte auf die Sonne sind wichtig, da sie darüber entscheiden, ob die Ideale der frühen Jugend durchgehalten werden können. Andernfalls wird in der zweiten Lebenshälfte mehr nach angenehmem Lebensstandard verlangt. Die Kombination ist an sich zwiespältig, da das Zeichen Fische die ehrgeizige und initiative Art des Zeichens Schütze schmälert.

Sonne im Steinbock mit Aszendent Widder,
Stier, Zwillinge, Krebs, Löwe, Jungfrau, Waage, Skorpion, Schütze

siehe unter den entsprechenden Zeichen.

Sonne im Steinbock mit Aszendent Steinbock

Kardinalzeichen zum Erdelement. Saturn ist der Herrscher.

Die übermäßig starke Saturn-Tendenz des Zeichens Steinbock neigt erst spät zu größerer Stabilität, während in der Jugend Zwiespalte über Berufseinsatz vorkommen und daher zu Unsicherheit führen. Das etwas egozentrische Weltbild ist auf absolute Sicherung ausgerichtet, so daß eine planmäßige Kalkulation vorliegt, wobei auch die Lebensgewohnheiten sparsam, wirtschaftlich bleiben und niemals Spekulationen zulassen. Diese teils zuverlässige, methodische, teils selbstgenügsame Mentalität verhilft später zu beruflichem Erfolg und besonders zu finanzieller Unabhängigkeit. Die eigene Selbstbeherrschung und Selbstdisziplin sind also die Erfolgsgaranten. Häuser, Grundstücke, Geschäfte gehören hier zur Absicherung. Der Steinbock-Typ ist nicht immer gesellig, verlangt aber in Freundschaften und Ehe nach Stabilität bzw. Treue. Bei sehr starker Saturnposition ergaben sich Einzelgänger und Individualisten.

Sonne im Steinbock mit Aszendent Wassermann

Kardinalzeichen zum Luftelement. Saturn/Uranus sind die Herrscher.
Hier zeigt sich eine äußerst zähe und beharrliche Kombination, die
nicht übermäßig aufgeschlossen ist, sondern eher undurchsichtig
bleibt. Das starke Verlangen nach materieller Sicherung und finanziellen
Vorteilen bestimmt auch oft die Partnerwahl. Die Persönlichkeit
erscheint nach außen hin sehr bestimmt, kann aber innerlich gehemmt
sein. Im ganzen kein umgänglicher Typ und nicht leicht durchschaubar.
Das Nützlichkeitsmotiv wird nie übersehen.

Sonne im Steinbock mit Aszendent Fische

Kardinalzeichen zum Wasserelement. Saturn/Neptun sind die Herrscher.
Diese Kombination wirkt verzögernd auf den Erfolg und bringt im
Schicksal viele Schwierigkeiten, so daß die eigene Selbstbehauptung
sehr schwerfällt. Man hat vielfach mit geheimen Feinden oder Neidern
zu tun, die aus dem Hinterhalt heraus arbeiten. Die zweite Lebenshälfte
bringt den Aufstieg. Manchmal ist die Vitalität eingeschränkt,
oder der Gefühlssektor überwiegt die nüchterne Einstellung.
Infolge der Fische-Komponente ist auch die Willensintensität
des Steinbock hier abgeschwächt und ebenso der drängende Ehrgeiz
des Steinbock, so daß der Wesenskern mehr nach innen ausgerichtet
ist. Im ganzen wirkt die Persönlichkeit nicht genügend aufgeschlossen.
Bei ungünstiger Aspektierung des Saturn sind die Freunde unzuverlässig,
oder die eigene Persönlichkeit neigt sehr zu Sinnengelüsten.

Sonne im Wassermann mit Aszendent Widder, Stier, Zwillinge,
Krebs, Löwe, Jungfrau, Waage, Skorpion, Schütze, Steinbock

siehe unter den entsprechenden Zeichen.

Sonne im Wassermann mit Aszendent Wassermannn

Fixiertes Zeichen zum Luftelement. Uranus ist der Herrscher.
Originelle Geisteshaltung mit großer Intuition und psychologischer
Begabung. Sehr freiheitsliebend und unabhängigkeitslustig, so daß feste
Bindungen hinausgezögert werden. Es besteht Erfindertalent und

technische Begabung, im Geistigen humane und reformerische Interessen, besonders in sozialer Hinsicht. Je nach Position des Uranus
kann es sich um Originale handeln, die Anhänger seltsamer Ideen und
Utopien sind. Manchmal auch Verfechter von Friedensideen. Begabte
Typen sind planreich, haben Erfolge im Bereich der modernen Technik, im Flugwesen, Fernsehen, Radiowesen, Elektrotechnik. In der
Liebe eigenwillig, möglicherweise treue Freunde, aber wenig Neigung
zu langwierigen und verbindlichen (ehelichen) Kontakten.

Sonne im Wassermann mit Aszendent Fische

Fixiertes Zeichen zum Wasserelement. Uranus/Jupiter sind die Herrscher.
Dieser Typ ist starken und wechselnden Stimmungen unterworfen,
die ihn eher passiv, nach innen lebend beeinflussen und manchmal religiöse oder philosophische Neigungen auslösen können. Obwohl
nach außen hin keinesfalls aktiv erscheinend, sind sie in ihren inneren
Ansichten und Überzeugungen doch konsequent. Es ergeben sich zuweilen Hemmungen, auch im Bereich der Liebe/Ehe. Im Gemüt und
im Gefühlsbereich ergeben sich unberechenbare Zustände und damit
seelische Spannungen. Der mangelnde Auftrieb bringt Schwierigkeiten in der Bewältigung des Schicksals.

*Sonne in den Fischen mit Aszendent Widder, Stier, Zwillinge, Krebs,
Löwe, Jungfrau, Waage, Skorpion, Schütze, Steinbock, Wassermann*

siehe unter den entsprechenden Zeichen.

Sonne in den Fischen mit Aszendent Fische

Veränderliches Zeichen zum Wasserelement. Jupiter ist der Herrscher.
Hier entscheidet die Position der Sonne und des Jupiter über den Wesenskern, der gemäß einer solch maximalen Fische-Besetzung außerordentlich passiv sein kann, abhängig von den Stimmungen und Launen, so daß es hier auf die Selbstinitiative ankommt. Es besteht Verlangen nach behaglichem Leben und Genußliebe. Zuweilen auch Mitgefühl mit Schwächeren und häufig große Tierliebe. Finanziell zeigt
sich ein spekulativer Spürsinn, der Anlaß zu Lotterieeinsätzen oder
anderen gewagten Spekulationen gibt. In einigen Fällen beobachtete

man das Motto »Warten auf Glück« – in anderen Fällen wieder zeigte sich eine ausgezeichnete kaufmännische Begabung. Negative Typen neigen zu Süchten (Alkohol, Drogen etc.).

Mit den bisherigen Schilderungen der Polaritäten sollte aufgezeigt werden, daß die üblichen Sonnenzeichenschilderungen zuweilen ganz erheblich von der bekannten Norm abweichen, so daß also ein Widder-Geborener nicht immer ein reiner Widder-Typ sein muß, sondern merklich abgewandelt erscheint durch den jeweiligen Aszendenten und schließlich auch noch durch jenes Zeichen, in dem sich der Mond befindet (als Symbol für die Persönlichkeit).

Trotz alledem bilden die bisherigen individuellen Analysen nur einen geringen Teil dessen, was die übrigen Gestirne und deren Aspekte samt Felderbesetzung aufzeigen. Über die Signaturen und Aspekte dieser Gestirne im Folgenden eingehendere Tests.

Der Mond als Symbol
der psychischen Reaktionen

Daß die Tierkreiszeichen-Psychologie kein festes oder starres Schema von Charaktereigenschaften liefern kann, liegt in den vielfältigen Mischungen und Wirkungsgraden, die die individuellen Horoskopfaktoren aufweisen. Mathematisch veranlagte Gemüter vermissen daher die exakte, stets wiederholbare und grundsätzliche Wirkung der einzelnen Zeichen. Sie verlangen, daß beispielsweise ein Sonnenzeichen in 28 Grad Löwe (also schon in den letzten Graden dieses Zeichens) ganz einfach als Löwe mit allen bekannten Eigenschaften dieses Zeichens zu gelten habe. Eingehende Analysen von Menschen, die im Übergang zweier Zeichen (etwa im Aszendenten oder hinsichtlich des Sonnenzeichens) geboren wurden, zeigen aber auf, daß sich zwar noch einige Wesensmerkmale des Zeichens Löwe festhalten lassen, daß aber schon das nächste Zeichen Jungfrau mitmischt und daher einen Kompromiß zwischen Löwe und Jungfrau eingeht. Die Grenzen der einzelnen Aussagen verwischen sich, und der Übergang wird fließend. Auch dieser Faktor trägt dazu bei, daß die landläufig eingestufte Wirkung der Sonnenzeichen zuweilen völlig falsch sein kann. Sogar dann noch, wenn der Aszendent bekannt ist, aber sich schon in der letzten Dekade eines Zeichens befindet und somit in die erste Dekade des folgenden Zeichens hinüberwirkt.

Das konkrete Erfassen des jeweiligen Wesenstyps eines Menschen ist daher eine Zusammenschau vielfältigster psychologischer Tatbestände und geht niemals auf die Schnelle vor sich. Diese oft voneinander abweichenden Variationen dürften dem Leser mittlerweile durchschaubar geworden sein. Wer einen Menschen kurzerhand à priori einen Widder nennt, meint zunächst einmal, daß er beim Sonnenstand im Zeichen Widder geboren wurde. Spricht er aber von einem Widder-Typ, so handelt es sich um den Aszendenten im Zeichen Widder. Eine erwünschte Verfeinerung der charakterlichen Analysen bringt also die bereits erwähnte Wertung der Tierkreiszeichen in kardinale, fixierte und veränderliche Zeichen.

Die individuelle Wertung eines Kosmogramms geht daher aus vom Sonnenstand in Kombination mit dem Aszendenten, ferner von den Planethäufungen in den beschriebenen Elementgruppen und den beschriebenen psychologischen Reaktionsweisen der kardinalen, fixierten und veränderlichen Zeichen. Eine Häufung von Gestirnen in einem Zeichen oder auch in einem Element vereinfacht die Analyse.

Die letzten Aussagen aber über die psychische Haltung, die Gemüts- und Gefühlslage eines Menschen liefert der Mond als Symbol für die Psyche und das Unterbewußtsein – im Gegensatz zur Sonne, dem Symbol für die Individualität oder das geistige Ich. Der Mond wirkt allerdings im weiblichen Horoskop stärker und zutreffender als im männlichen (das mehr vom Sonnenstand beeinflußt wird). Die zweite Wertung eines Kosmogramms befaßt sich also mit dem Mondstand, der sehr häufig die widersprechenden Aussagen der übrigen Zeichen- schilderungen korrigiert und in Verbindung mit dem Sonnenstand die sogenannte Polarität des Kosmogramms aufzeigt. Nicht wenige Astro- logen messen diesen Polaritäten (Sonne – Mond in der Kombination) eine ebenso große Bedeutung zu wie der Kombination Sonne – Aszen- dent. Daß die Synthese all dieser genannten Fakten nicht leicht sein kann, wird dem Anfänger sehr bald klar. Denn mit dieser ersten Zu- sammenschau hat er bereits den Weg zur Astropsychologie beschrit- ten, der ihn nun immer weiter wegführt von den Sternen am Himmel zu den Sternen in der eigenen Brust.

Wenn wir dem Mond die unterbewußte, gefühlsorientierte Seite zu- ordnen, wird er gemäß seinem Stand in den zwölf Tierkreiszeichen die Richtung der Emotionen, die subjektive Seite der Empfindungen und gewisse Verhaltensmuster aufzeigen, die dem betreffenden Tierkreis- zeichen zugeschrieben werden.

Der Mond im Zeichen Widder

Das psychische Verhalten wird rastlos, impulsiv, tatbereit und in den Umweltbeziehungen etwas autoritär bis streitbar. Die Vielseitigkeit der Interessen und die Ungeduld in der Durchführung der Planungen bringen Rückschläge. Indessen wiegt diese Mondposition anderweiti- ge labile Konstellationen im Horoskop erheblich auf zugunsten einer größeren Aktionsbereitschaft. Der Eigenwille tritt allerdings stets deutlich in Erscheinung, und ein Mangel an Anpassungsfähigkeit in den Partnerschaften führt zu Kontaktschwierigkeiten. Die Persönlich- keit zeigt ein sportfreudiges, bewegliches Naturell.

Der Mond im Zeichen Stier

Genußfreude, Triebleben sind besonders aktiviert, daneben ein inne- res Verlangen nach Sicherheit, Besitz und festen Werten. Die psychi- sche Haltung ist ruhiger, dämpft anderweitige aggressive Impulse im

Horoskop wesentlich ab. Die Festigkeit hinsichtlich der Ziele und Wünsche samt der Unbeirrbarkeit der Gefühle wirken in Richtung ausdauernder Einsätze für das persönliche Wohlergehen. Im Fall anderweitiger Tendenzen zur Zähigkeit oder Hartnäckigkeit im Horoskop versteift sich die seelische Haltung und wird konservativ, festhaltend, materiell.

Der Mond im Zeichen Zwillinge

Dieser Einfluß lockert die Psyche auf, macht die Persönlichkeit umgänglich, gewandt, wenn auch unbeständig, häufig schwankend. Veränderungslust ist vorhanden und das Verlangen nach äußeren Anregungen, Bekanntschaften, Aussprachen. So wird das psychische Verhalten rastloser, zuweilen oberflächlicher oder zersplittert sich in vielfältige Interessen. Diese Mondposition bedarf anderer, stärkerer Konstellationen im Horoskop, um genügend seelische Substanz zu bewirken. Die Persönlichkeit ist gewandt, geistig beweglich, sportliebend und reisefreudig. Es besteht so gut wie immer Rede- und Überzeugungsgabe.

Der Mond im Zeichen Krebs

Diese Konstellation wäre die beste, da sie der psychischen Eigenart des Zeichens Krebs am meisten entspricht. Wichtig sind hierbei die Aspekte auf den Mond, da er stärksten Einfluß auf Gemüt und Gefühlslage ausübt. In der Regel zeigt sich starke Verbundenheit mit Heimat und Familie und Verlangen nach einem ruhenden Pol. Die Anfälligkeit des Gemüts bedarf eines seelischen Halts in Form traditioneller Bindungen. Ansichten, Pläne, Ziele und Überzeugungen sind wandelbar. Zuweilen aber ergibt sich eine Führung aus dem Unterbewußtsein mittels Intuition und Gefühlszeichen. Diese Mondposition dämpft Aggressionen, macht außerordentlich empfänglich für alle Umwelteindrücke und bedarf in den engsten Kontakten der Harmonie.

Der Mond im Zeichen Löwe

Das innnere Verlangen nach Einfluß, Verantwortung und Führung drängt den Mondeinfluß in feste und bestimmte Formen, die anderweitige labile Konstellationen im Horoskop stützen und aufbessern.

Das Geltungsbedürfnis und die Fähigkeit zur Selbstdarstellung, aber auch das innere Verlangen nach Durchsetzung der eigenen Persönlichkeit setzt die Anpassungsfähigkeit herab. Psychische Erregbarkeit und Reizbarkeit ist fast immer vorhanden. Die Verhaltensweisen sind in der Regel großzügig, zeigen inneren Stolz, aber große Verletzbarkeit im eigenen Gefühl. Diese Mondposition wäre ein Symbol für inneren Auftrieb, aber auch für das innere Verlangen nach Anerkennung und gesellschaftlicher Beachtung.

Der Mond im Zeichen Jungfrau

Die kritische Beurteilung und scharfe Beobachtungsgabe mit Neigung zur Pedanterie und Egozentrik wirken problematisch im Bereich der engsten Verbindungen. Das seelische Verhalten ist stark ichbezogen, und die ausgezeichnete Kalkulation und Beobachtungsgabe wirken sich mehr im Detail einer Sache aus als im großen. Es zeigen sich kühle Berechnung und ausgeprägter Erwerbssinn. Persönliche Vorteile werden rasch erkannt. Ein besonderer Vorteil dieser Mondposition geht in die Richtung der Methodik, der Ordnungsliebe, Genauigkeit und der Pflichterfüllung.

Der Mond im Zeichen Waage

Hier zeigt sich eine unverbindliche, gesellige und liebenswürdige Schauseite der Persönlichkeit mit einer gewissen diplomatischen Anpassungsgabe. Das Zeichen drängt zu geselligen Kontakten, engeren Verbindungen und kann nicht allein sein, hängt also sehr von den engsten Verbindungen ab. Anderweitige härtere Konstellationen im Horoskop werden durch die windschlüpfrige Wesensart der Waage aufgelockert und entschärft. Der Wesenskern wirkt ästhetisch, neigt zur Wohnkultur, zeigt vielseitige Verbindungen zur Umwelt, ist harten und langandauernden Willenseinsätzen dagegen abgeneigt. Der persönliche Wesenskern verlangt nach Beachtung und Anerkennung und zeigt nicht selten Eitelkeit wie persönliche Empfindsamkeit.

Der Mond im Zeichen Skorpion

Die Materie, die Sinnengenüsse, die Triebhaftigkeit des Willens und der Wünsche haben großen Einfluß auf die Psyche. Selbstbehauptung und Fähigkeit des Durchhaltens unter schwierigsten Umständen stärken die psychischen Kräfte, die manchmal zum Widerstand herausfordern. Impulsivität und seelische Erregbarkeit sowie Hartnäckigkeit gestalten die engeren Bindungen zur Umwelt nicht immer harmonisch. In einigen Fällen besteht Neigung zu Härte bzw. Unnachgiebigkeit. Anderweitige labile Konstellationen im Geburtskosmogramm werden aber auch durch diese Mondposition ganz erheblich in Zucht gehalten, so daß Selbstdisziplin entsteht.

Der Mond im Zeichen Schütze

Diese Mondposition verhilft der seelischen Haltung zu Optimismus und erhöht die Wunschkräfte, die Motive von Offenheit und Freimut. In der psychischen Haltung allerdings ergeben sich starke Erregungsmotive, die zuweilen in den engeren Bindungen zu Aufregungen führen, manchmal auch zum Abbruch von Kontakten. Im allgemeinen tatfreudig, impulsiv, psychisch aber etwas ruhelos bis rastlos. Die psychische Haltung führt zu Veränderungen, Reisen mit dem Drang nach neuen Anregungen. Diese Tendenz bringt manche Umstellung und Unruhe im Schicksal. Es besteht große Redebegabung, Verlangen nach Geselligkeit und Aussprache. So gut wie immer Liebe zum Sport.

Der Mond im Zeichen Steinbock

Das konzentrierte, zur Selbstdisziplin neigende Wesen wirkt bändigend und beruhigend auf die Psyche, so daß die Triebhaftigkeit weitgehend paralysiert wird. In jedem Horoskop machen erhöhter Ehrgeiz, Ausdauer, Selbstbehauptung sowie Sparsamkeit und Wirtschaftlichkeit ihren Einfluß geltend. Der innere Ehrgeiz samt dem Streben nach einer beachtlichen Position wirken sich günstig auf alle Konstellationen im Horoskop aus. Die Selbstbezogenheit und Konzentration auf das eigene Ich wird von der Umwelt oder den Partnern als distanzierend empfunden. Pflichtgefühle werden zuweilen über Herzensneigungen gestellt.

Der Mond im Zeichen Wassermann

Die freundliche Schauseite samt dem entgegenkommenden, liebenswürdigen Benehmen schafft schnelle Kontakte, die aber nicht immer konstant bleiben, sondern dem Wechsel unterliegen. Es besteht große psychische Aufgeschlossenheit für Neues samt einer inneren Kontaktfähigkeit, so daß diese Mondposition vielseitigste Freundschaften, gesellschaftliche Beziehungen und manchmal spontane Liebesbindungen auslöst. Trotz dieser äußeren Aufgeschlossenheit ergibt sich im seelischen Bereich ein Verlangen nach Unabhängigkeit und Freiheit, das keine Einengung der Persönlichkeit verträgt.

Der Mond im Zeichen Fische

Die gutmütige, psychisch anfällige und äußerst sensible seelische Verfassung wirkt etwas passiv, zurückhaltend, überempfindlich. Das Verlangen nach heiterem Lebensgenuß und einer gewissen Beschaulichkeit ist stärker als der Tatendrang. Es besteht fast immer gesteigerte Phantasie, intensives Wunschleben und anfälliges Gemüt – Entschlußunfähigkeit, seelischer Zwiespalt und Ängstlichkeit vor der Zukunft sind manchmal die Folge. Die psychischen Reaktionen hängen außerordentlich stark von der engeren Umwelt ab, wobei Streitigkeiten und Konfliktsituationen innerlich abgelehnt werden. Dies führt zuweilen zu Neurosen und Psychosen.

Mit dieser Analyse der seelischen Reaktionen wäre die Anatomie des Horoskops, die bislang noch mathematisch errechenbar ist, abgeschlossen. Der weitere Weg dieser Erkenntniswissenschaft führt nun hinüber in die Analyse der Gestirnkonstellationen, in das Koordinatensystem der Einflußfelder im Kosmogramm, schließlich noch zur umfangreichen Aspektlehre und zu den Dominanzen im Kosmogramm unter Einschluß der modernen Schnittpunktdeutung, über die Analyse der Hauptachsen bis zum schwierigsten Teil der Astrologie: der Zusammenschau aller Faktoren.
Die bisherigen Analysen über Sonne, Mond und Aszendent sowie die Ausführungen über die Tierkreiszeichen stellten lediglich das Gerippe eines Kosmogramms dar. Mit Leben erfüllt wird es nun durch die Gestirnpositionen, deren Aspekte und Felderstellungen im individuellen Kosmogramm.

Die Gestirne als Signaturen
und ihre psychologische Deutung

Daß die moderne Astropsychologie die alten klassischen Planeten als Verursacher von Schicksalen längst ad acta gelegt hat, hat sich bei den Gegnern zwar noch nicht herumgesprochen, ist aber in Sisyphusarbeit immer wieder in Büchern, Zeitschriften und Fernsehdebatten betont worden. Die in Altertum und Mittelalter an den Himmel projizierten Sterngötter haben keine kausale Wirkung auf unser Schicksal. Sie sind Zeichen am Himmel, und man könnte sie heute ebensogut mit völlig neuen psychologischen Entsprechungen versehen, wie mir ein international bekannter Computerfachmann schrieb: »Man ordne gewissen Operatoren (Sonne, Mars, Saturn etc.) gewisse psychologische Eigenschaften zu. Man füttere mit diesen statistischen Ergebnissen den Computer und erhält, ohne von der astrologischen Methode abzuweichen, gleiche Ergebnisse – nur unter anderen, wissenschaftlicher erscheinenden Voraussetzungen. Statt Tierkreiszeichen und Gestirne verwende man andere Zuordnungen, und schon wäre der mittelalterliche Staub und der scheinbare Aberglaube weg. Man könnte sie sehr wohl mit einem anderen System der Biorhythmik etikettieren. Man könnte mit dieser neuen Modelltheorie vermutlich mehr Freunde aus der naturwissenschaftlichen Fakultät gewinnen. Einem Modell, das nach statistischen Werten Aussagefähigkeiten besitzt, kann man nicht widersprechen. Ein Vorschlag, der intelligent genug wäre, um die verpönte Astrologie in neue, psychologische Verhaltensschemata umzuformen. Damit wäre den Gegnern der Wind aus den Segeln genommen, um sich am antiken Staub der babylonischen, ägyptischen und sumerischen Sterngötter zu belustigen.«

Mit dem Vorschlag, Gestirne als Signaturen oder besser als Entsprechungen (»wie oben, so unten«) zu werten, wurde aber längst der Anfang gemacht. So sieht man den freien Willen des Individuums vom Symbol des Jupiter, Saturn oder Uranus keinesfalls als gegängelt an; die neuere Kosmopsychologie wertet vielmehr Planetenkonstellationen letzten Endes als Äußerungen inwendiger Kräfte des Lebendigen. Die Gestirne werden also psychologisch deutbar. Die Wirkungen – am Beispiel des Jupiter – mögen dies veranschaulichen.

Die Signatur des Jupiter
in der Astropsychologie

Die Signatur des Jupiter symbolisiert das der Schöpfung eingeborene Gesetz der Harmonie und der Sinngebung des Lebens, das bei Übertretung Zwang bzw. Korrektur, bei Befolgung Weisheit durch Erkenntnis verleiht. Das jovische Prinzip stützt also das Gesetz, das Recht und symbolisiert die Fülle, die Harmonie, die Expansion.

Aus Nichterkenntnis, aus Übertretung des Gesetzes, aus Fehltritten erfolgt im Bereich menschlicher Erfahrungen die notwendige Korrektur, also die »Strafe«. Aber – und dies offenbart den Standort der Astropsychologie – nicht das Gestirn (der Jupiter) straft, es ist der Mensch, der sich selbst straft!

Der Jupiter im individuellen Kosmogramm

Hier zeigt das Symbol Jupiter auf, was sich der Mensch aus Gründen seines geistigen Standortes, seiner derzeitigen Entwicklungsstufe, seiner Bereitschaft zur Einordnung in das Gesetz selber zumißt. Dies ist ablesbar bzw. deutbar an der kosmischen Situation des Jupiter im individuellen Kosmogramm, also an seiner Felderstellung, seinen Aspekten, seiner Position im Tierkreiszeichen – also an seiner gesamten kosmischen Substanz. Die letztere aber ist wiederum nichts anderes als ein Symbol für die Äußerung inwendiger Kräfte des Lebendigen. Die astrologischen Felder (oder Häuser) sowie die Tierkreiszeichen, in denen sich die Gestirne befinden, sind nichts anderes als Entsprechungen, Analogien. Die Wirkungen all dieser Signaturen beziehen sich auf Körperfigur, menschliche Physiognomie, auf eingeborene Strukturen der seelischen wie geistigen Ebene, sie wirken sich aus im sozialen Bereich, auf Beruf und Begabung, auf Emotionen und Reaktionen.

Die harmonische, selbstgewollte Einfügung in diese Gesetzmäßigkeit der Welt läßt die Signatur Jupiter in seiner Konstellation im individuellen Kosmogramm erkennen. In erster Linie über die Aspekte, die er erhält, denn jedes Gestirn als psychologische Entsprechung ist ambivalent. Es kann – um mit dem Jupiterprinzip zu reden – im positiven Aspekt Einfügung und Erkenntnisse symbolisieren, im negativen Aspekt (wie etwa vom Mars) aber auch Rebellion, Aufsässigkeit und damit Straffälligkeit. Die Astropsychologie zeigt hinsichtlich des Jupiter im individuellen Kosmogramm auf, wie sich der Mensch zu diesen Entsprechungen des Jupiter, also zu Staat, Gesetz, Vorgesetzten, aber auch zu Weltanschauungen oder Religionen verhält. Aufbau oder Zerstörung sind die beiden Pole.

Eine zweite Entsprechung des Jupiter führt in die Bereiche der materiellen Existenz. Er ist Symbol für Aufstieg, Erfolg, Expansion, Reichtum, genauer gesagt: er symbolisiert die Fülle, die Großzügigkeit.

Der Gegenpol des jovischen Prinzips ist folgerichtig die Verschwendung, die Prunksucht, die Ausschweifung, die Eitelkeit, der Rechtsbruch und damit Prozesse, Konflikte, im ganzen gesehen also auch die Gerichtsbarkeit.

Die Astropsychologie wertet diese Aspekte nicht im Sinne der von außen auf das Individuum einstrahlenden Gestirnenergien, sondern als Ausfluß der eigenen Handlungen, des geistigen Gesichtskreises, des inneren Wesenskernes, der sich als Tat nach außen projiziert. Dies hätte nichts mit dem Gestirn Jupiter zu tun, sondern bezieht sich lediglich auf sein Wirkungsprinzip im Guten oder Bösen als Prämisse für die entstehenden Taten. Dies führt uns nun zwangsläufig zur praktischen Nutzanwendung der Jupiter-Analogien auf der Ebene der irdischen Existenz. Seit Jahrhunderten gilt Jupiter als »Glückssymbol« und wurde in Tausenden von Horoskopen erforscht, analysiert und mit den tatsächlichen Schicksalsabläufen im individuellen Kosmogramm verglichen. Früher wurden sie als unabänderliches Schicksal aufgefaßt, in der Astropsychologie sind sie dagegen Symbolwirkungen des individuellen Charakters. Dies führt uns auf ein umfangreiches Forschungsgebiet, das wir in der Fachsprache *als empirische Astrologie* bezeichnen. Es handelt sich hierbei um Wissen aus Erfahrung, das über langfristige Beobachtungen solch spezifischer Auswirkungen von Gestirnkonstellationen und deren Aspekten zustande kam und bei der Analyse von Kosmogrammen sehr oft frappante Trefferzahlen aufweist.

Der Jupiter in der
empirischen Astrologie

Seine spezifische Wirkung im psychologischen Sinn wurde als Optimismus, Gerechtigkeitssinn, Vertrauen in die eigenen Kräfte, als soziale Einstellung, religiöse Bestrebungen, Moralität, Aufbaustreben, Großzügigkeit, Weltanschauung, als Erweiterung des geistigen Horizontes erkannt.

Im Berufsbereich symbolisiert der Jupiter Beamtentum, Behörden und staatliche Berufe, ferner das gesamte Justizwesen einschließlich von Anwälten und Richtern, aber auch die Verwaltung im Staat, kirchliche Institutionen (Priester und die gesamte kirchliche Hierarchie), ferner Bank- und Finanzwesen, Versicherungswesen, Standesämter, im existentiellen Sinn auch Hoteliers und Köche.

Im persönlichen Bereich symbolisiert er die Heirat, die Ehe (Jupiter als Legalisierungsprinzip), Scheidungsprozesse, überhaupt Prozesse und Gerichtsverhandlungen, schließlich finanzielle Transaktionen sowie Gesundheit und Vitalität.

Jupiter im positiven Aspekt
(Konjunktion oder Trigonalaspekt) zur Sonne:
das zufallende Glück

Dies wäre der eigentliche Glücksaspekt, der Expansion, sozialen Aufstieg, Berühmtheit, öffentliche Anerkennung und Ehren (Orden/Auszeichnungen), Machtentfaltung, Erlangung von gesellschaftlichem Ansehen innerhalb der Gemeinschaft symbolisiert. Man kann in einer verblüffenden Weise in den Kosmogrammen von Aufsteigern, Arrivierten, erfolgreichen Künstlern oder Politikern immer wieder diese Tendenz der positiven Jupiter-Aspekte feststellen. Wer zu Rang und Ehren kommt, Einfluß und Macht (oder auch Reichtum) gewinnt, hat unter anderweitigen günstigen Konstellationen immer auch eine ausgesprochen starke und positive Jupiter-Dynamik.

Die sogenannten Jupiter-Perioden (siehe auch unter Prognose) zeigen deutlich auf, daß sich solche Grundkonstellationen im individuellen Kosmogramm oft überraschend genau dann auswirken, wenn der laufende Jupiter nach Jahren wieder in seine Ausgangsposition oder auf den positiven Aspekt zur Zeit der Geburt zurückkehrt (dies kann über Transit, Progression oder Direktionen geschehen).

Von der Astropsychologie her gesehen, könnte diese Auswirkung auch über die harmonische, tatbereite, optimistische, gut kalkulierende und abwägende Charakteranlage ausgelöst werden. Daß sich aber die Ereigniswellen zeitlich berechnen lassen, gehört der empirischen Astrologie an und ist ein Erfahrungswissen, das in jedem Fall nachprüfbar ist.

Zu dem sogenannten Glücksaspekt wäre ergänzend noch folgendes zu sagen: Alle Aspekte (auch die negativen) eines Gestirns auf ein anderes Gestirn dürfen nicht für sich allein gedeutet werden. Wir müssen es an dieser Stelle lediglich deswegen tun, da wir ja das individuelle Horoskop des Lesers nicht kennen. Es mag sein, daß im individuellen Kosmogramm anderweitige Konstellationen (wie etwa vom Saturn oder Uranus oder Mars) parallel zu diesem Glücksaspekt vorhanden sind. Ist dies der Fall, so mindert sich das sprichwörtliche Jupiter-Glück ganz erheblich und kann beispielsweise von einem negativen Saturn-Aspekt so sehr eingeschränkt werden, daß von der expansiven Art des Jupiter nicht mehr viel übrig bleibt. Dieser Umstand wäre ganz besonders im Abschnitt der Prognose zu beachten, da hier das zeitliche Eintreffen der Glücksaspekte behandelt wird. Mancher Leser war schon von diesem prognostizierten Glücksaspekt erheblich enttäuscht, weil er die Zusammenschau aller Horoskop-Faktoren nicht berücksichtigte.

Jupiter im negativen Aspekt
(Quadrat- oder Oppositionsaspekt) zur Sonne

Obgleich das jovische Prinzip stets der Fülle zuneigt, ist der belastende Quadrat- oder auch Oppositionsaspekt zwischen Jupiter und Sonne doch ein Motiv der Übertreibung, der mangelnden Kalkulation, der Verschwendung, der Hypertrophie. Einige Astrologen messen diesen Aspekten nicht die negative Deutung zu im Sinne von Verlusten, Konflikten, Schwierigkeiten mit Vorgesetzten im Beruf oder mit Ämtern und Justiz. Nach fünfzigjähriger Erfahrung aber konnte ich einwandfrei feststellen, daß speziell die Verlusttendenz (insbesondere bei Spekulationen wie etwa an der Börse) immer eintraf. Kosmogrammbeispiele aus der Praxis, die teils Totalverluste oder auch schwierigste Scheidungsprozesse aufzeigen, wollen dies besonders illustrieren.

Am deutlichsten zeigen sich die negativen Auswirkungen dann, wenn der Jupiter die genannten negativen Aspekte im Transit oder in Progression überläuft. Ich habe vielen Finanziers und Börsenmaklern solche Verlustperioden im voraus berechnet, die sich dann, teilweise sogar auf den Tag genau, bestätigt haben. Wenn ein solcher Tatbestand bis zu siebzig, in manchen Fällen sogar bis zu neunzig Prozent eintritt, kann man nicht mehr von Zufall sprechen.

Man darf aber feststellen, daß jeder negative, schmälernde Aspekt des Jupiter auf andere Gestirne (im nebenstehenden Beispiel auf die Sonne) nie so schwierig oder belastend wirkt wie etwa ein ähnlicher Aspekt vom Saturn (siehe unter Saturn). Wenn eine Jupiter-Opposition in voller Schwere zum Tragen kommt, hat der Betreffende sich infolge seiner Charakterschwächen, seiner Maßlosigkeit, dem Mangel an konkreter Kalkulation seiner Handlungen, infolge der Anlage zu Übertreibungen die negativen Auslösungen seiner Jupiteraspekte selbst zuzuschreiben. Im Falle des internationalen Börsenmaklers, der jede Menge Kenntnisse von diesem Geschäft besaß, ergab sich ein Totalverlust von zwanzig Millionen Mark. Zuvor hatte er einige Male zwischen drei bis sechs Millionen mühelos an der Börse gewonnen. Diese leichten Gewinnchancen erzeugten bei ihm eine Art Euphorie, so daß er zeitweilig aufs Ganze ging. Er tat es aber in einer Zeit, da die Jupiter-Welle längst wieder abgeflaut war.

Totalverlust des Vermögens und der Häuser durch Teilnahme an einem mißglückten Börsenmanöver um XII/1981: Jupiter-Opposition Sonne/Venus. Verlust im Solarhoroskop 1981 angezeigt!

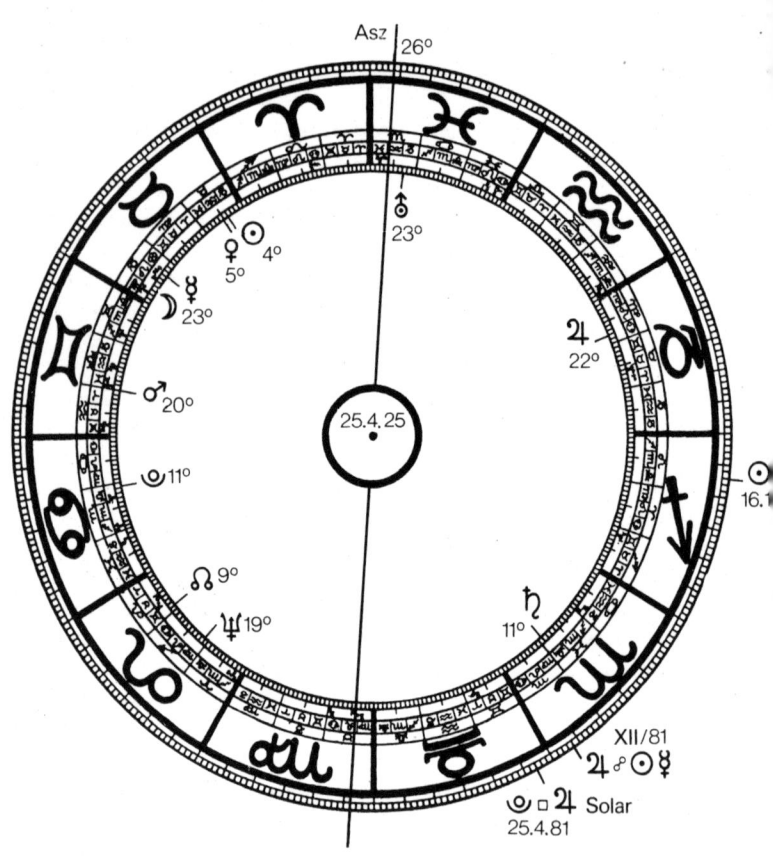

Seltsamerweise inszenierte die Astrologin Madame Teissier im Deutschen Fernsehen den Durchbruch mit ihrer Astroshow genau zu einer Zeit, als sie ausgesprochen schwierige, behindernde und enttäuschende Saturn-Transite hatte (siehe deren Horoskop und die Prognose unter Saturn).

Ein Beispiel für die Richtigkeit der unterstützenden, expansiven Jupiter-Wirkungen ergab sich im Horoskop von Helmut Schmidt anläßlich der Ernennung zum Bundeskanzler. Er fand exakt zu einem Zeitpunkt statt, als er die besten und erfolgreichsten Jupiter-Aspekte hatte. Sie hielten auch noch einige Monate an, aber bald darauf wendete sich das Blatt, und in den darauffolgenden Jahren kam die Dynamik des Saturn zum Durchbruch und bescherte ihm nicht nur den Herzschrittmacher, sondern auch die heftigsten Angriffe aus den Parteien. Anhand der exakten Horoskope von Spitzenpolitikern lassen sich hinsichtlich astrologischer Berechnungen geradezu verblüffende Beweise führen. Übrigens haben sämtliche Astrologen seinerzeit die Nominierung von Helmut Schmidt vorausgesagt.

Weiterhin interessant ist die Tatsache, daß Franz Josef Strauß im Wahljahr vorübergehend ausgezeichnete Jupiter-Aspekte auf seinen Sonnenort im Geburtshoroskop aufwies. Er erhielt speziell im süddeutschen Raum erhebliche Sympathien, aber genau zum Zeitpunkt der Wahl war diese Jupiter-Strähne beendet, und anderweitige negative Aspekte setzten ein. Er verlor somit die Wahl, und auch dies war einwandfrei vorausgesagt worden.

In meiner Statistik von 16 000 Horoskopen befinden sich ausgesonderte Kosmogramme, die beispielsweise diese Jupiter-Positionen in den besten Aspekten und in hervorragenden Konstellationen aufweisen. Sie wurden über Jahre hinweg genau beobachtet, was indessen nur anhand von Prominenten-Horoskopen möglich ist, deren Schicksalsabläufe offen zutage liegen. In einer verblüffenden Regelmäßigkeit erlebten diese »Auserwählten« (unter denen sich Fernsehmoderatoren, Bühnenkünstler, Filmschauspieler und führende Politiker befinden) unter den angegebenen Aspekten plötzlich eine Aufstiegskurve, wurden populär oder erreichten ungewöhnliche Gewinne (darunter befindet sich auch ein Multimillionär, der Spielbanken so gut wie nie ohne Großgewinn verläßt). Ein prominenter Komponist hatte unter hervorragenden Jupiter-Aspekten (auch zeitlicher Art) einen ausgesprochenen Popularitätserfolg, und seine Schlager errangen einen überragenden Schallplattenerfolg. Sein Kosmogramm zeigt die ungewöhnliche und machtvolle Konstellation des Glücksgestirns Jupiter an höchster Stelle, so daß er zur Dominanz des Kosmogramms gehört (über solche Dominanzen der Gestirne ist später noch die Rede).

Scheidungshoroskop einer Industriellengattin mit Totalverlust an Häusern, Grundstücken nach zweijährigen Scheidungsverhandlungen. Widder/Waage: Scheidungsachse, Saturn progressiv erreicht Quadrat vom Jupiter: Verlust. Uranus Quadrat Sonne. Mars/Jupiter-Opposition ins Ehefeld VII. Beide im Finanzzeichen Stier.

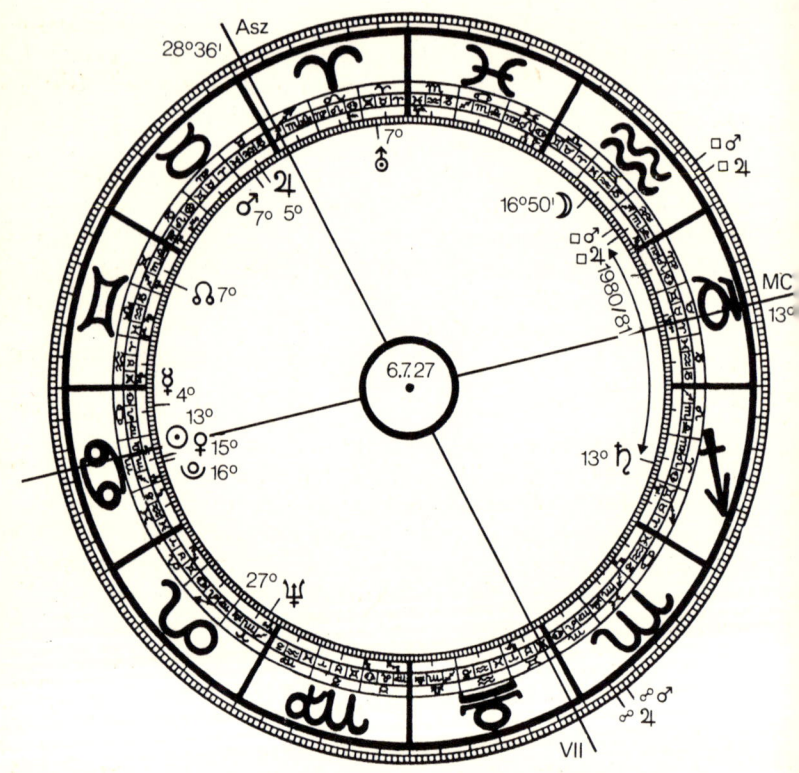

Am überzeugendsten zeigten sich die negativen Auswirkungen der Jupiterperioden (bei Verletzung auf Sonne oder Mars) bei der Auswahl von Scheidungshoroskopen aus den letzten zwanzig Jahren (in denen die Scheidungswelle geradezu sprunghaft anstieg). Einen dieser zähen und denkbar verlustreichen Scheidungsprozesse zeigt der beigegebene Horoskopaufriß einer Industriellengattin, die regelrecht ausgebeutet wurde. Wir können an dieser Stelle nicht Hunderte und Aberhunderte von Kosmogrammen abbilden, die solche Prozeßverluste oder auch ungewöhnliche Geldgewinne deutlich veranschaulichen würden. Aber man darf dem Autor glauben, daß es sich bei solchen exakten Auslösungen von Jupiter-Konstellationen (positiv – negativ) nicht mehr um Zufall handeln kann.

Am häufigsten stellten sich die negativen Jupiter-Aspekte auf die Sonne als eine Tendenz dar, über die eigenen Verhältnisse zu leben, Schulden und Kredite aufzunehmen, so daß das eigene finanzielle Limit weithin überstiegen wurde. Man konnte auch sehr oft Prahlerei, Überheblichkeit oder Angeberei beobachten.

Jupiter im positiven Aspekt zum Mars:
die erfolgreiche Tat

Alle Aspekte des Jupiter zum Mars (auch die negativen) reizen zur Tat, erhöhen die Energie, die Zivilcourage. Im positiven Aspekt (Sextil, Trigonalaspekt) zeigt sich Begeisterungsfähigkeit, Einsatz für eine Idee, eine Weltanschauung oder generell für eine gerechte Sache. Aber jeder Aspekt des Jupiter zum Mars erwies sich auch gleichzeitig als ein Auseinandersetzungssymbol mit der Umwelt (sei es im engeren Bereich der Ehe oder im erweiterten Bereich des Berufes). Die kämpferische Tat wird bevorzugt, und die Ungerechtigkeit in allen ihren Varianten wird bekämpft. Im übertragenen Sinn wäre es auch ein Hinweis auf sportliche Kämpfe und körperliche Einsatzbereitschaft, wobei man sich in der Erreichung idealler Ziele in keiner Weise schont. Der Mars-Komponente liegen heftige Antriebe der Willenskraft zugrunde, so daß die Unternehmungslust beträchtlich aktiviert wird. Der Aspekt erhöht auch die Entschlußkraft und bessert daher anderweitige labile Konstellationen wesentlich auf.

Der Jupiter im negativen Aspekt zum Mars

Dieser Quadrat- und Oppositionsaspekt, manchmal übrigens auch Konjunktion, hat die gleiche Wirkung, übersteigert aber die Willensimpulse zum Risiko. Nicht selten ergeben sich hierbei Tendenzen zu gewaltsamer Lösung von Konflikten, Bereitschaft zu Prozessen und Auseinandersetzungen (auch gegen alle Vernunft) infolge der Gesamtneigung dieses Aspekts zu extremen Handlungen. In einigen Fällen kommen Selbstschädigungen durch Unmäßigkeit und Übertreibung (auch in gesundheitlicher Hinsicht) vor. Hat dieser Aspekt Bezug zum Partnerfeld VII, kann er ebenfalls als Scheidungsaspekt gelten mit der Folge von verlustreichem Ausgang. Speziell der Oppositionsaspekt des Mars auf den Jupiter reizt zum Affekt und behindert die kühle und sachliche Überlegung. Die impulsiven Handlungen überwiegen. Die Überlegung und das Augenmaß, das der Jupiter sonst verleiht, wird durch das ungestüme Mars-Symbol völlig geschwächt. Im körperlichen Bereich hat der Aspekt des Mars auf den Jupiter auffällig mit Leber- und Gallenerkrankungen (Entzündungen) zu tun und sehr oft auch mit Leberschwellung. Im psychischen Bereich neigt er zu unkontrollierten Affekten. Im Geistigen treibt er zur Tat, ohne die Folgen zu überdenken oder zu kalkulieren. Hinsichtlich der Finanzen ist er als Verlustaspekt bekannt, und so mancher Scheidungsprozeß endete unter diesem Aspekt mit der vollen Pleite. Der direkte Übergang des Jupiter über den Mars (Konjunktionsaspekt) hängt in der gesamten Beurteilung aber sehr stark ab vom übrigen Kosmogramm und von der Felderposition beider Gestirne.

Jupiter im positiven Aspekt
(Konjunktion, Sextil, Trigonal) zum Mond

Dieser Aspekt und besonders die Konjunktion hat sich in zahllosen Fällen als sogenannter Popularitätsaspekt bestätigt und dies ganz besonders in Kosmogrammen von künstlerisch tätigen Persönlichkeiten oder solchen, die in der Öffentlichkeit tätig sind. Aber auch ganz allgemein gesehen wirkt er aufbessernd auf alle negativen Konstellationen eines Horoskops, macht innerhalb der engeren Umwelt beliebt und zeigt eine optimistische Einstellung zum Leben. In Kosmogrammen, die keine negativen Saturn-Aspekte aufweisen, bringt er sozialen Aufstieg und zeigt finanzielle Glücksmöglichkeiten an. In Liebe und Ehe wirkt er am besten im männlichen Kosmogramm, symbolisiert günstige Verbindungen und Nutzen über Freundschaften. Ferner zeigt sich bei allen positiven Mond-Jupiter-Aspekten auch ein Hang zur Geselligkeit und zum Vergnügen wie überhaupt zum Lebensgenuß. Überaus häufig ergaben sich hierbei Auslandsreisen bzw. Auslandtätigkeit. Menschen mit diesen Aspekten wird viel Sympathie von der Umwelt entgegengebracht.

Jupiter im negativen Aspekt
(Quadrat, Opposition) zum Mond

Sehr häufig zeigt dieser Aspekt Konfliktneigung in Liebe und Ehe oder, speziell im männlichen Horoskop, Schwierigkeiten mit Frauen. Im weiblichen Horoskop beobachtete man soziale Rückschläge. Doch selbst im negativen Aspekt wirkt das sogenannte Glückssymbol Jupiter nie extrem schwierig, könnte höchstens eine Minderung der Erfolgsmöglichkeiten symbolisieren aufgrund eigener Charakterschwächen infolge mangelnder Aktivität (wenn auch andere Aspekte auf den Mond von negativer Art darauf hinweisen). Im körperlichen Bereich zeigte sich sehr oft eine Leber- oder Gallenerkrankung. Die ansonsten sehr tolerante Einstellung zur Umwelt könnte hier eingeschränkt sein. Manchmal finanziell unnütze Ausgaben und Nachteile im Umgang mit Behörden bzw. Staat.

Jupiter im positiven Aspekt
(Konjunktion, Sextil, Trigonal) zum Merkur

Bei diesem Aspekt wäre die gesamte Konstellation des Jupiter und des Merkur im Kosmogramm maßgebend, so daß er für sich allein nicht exakt analysiert werden kann. So gut wie immer aber wirkt er charakterlich fair, gerecht, harmonisiert das Verhältnis zwischen Verstand und Vernunft und ist daher in Handlungen wie im Urteil abwägend, gerecht. Die Merkur-Komponente begünstigt hierbei alle wirtschaftlichen und kaufmännischen Begabungen über eine ausgezeichnete Kalkulation und abwägende Vorsicht. Es ergeben sich (wenn das übrige Horoskop damit übereinstimmt) stets philosophische Neigung, ein erweiterter Gesichtskreis und Interesse an Literatur und weltanschaulichen Problemen. Der Aspekt wäre imstande, andere negative Konstellationen im Kosmogramm auszugleichen oder abzuschwächen. Geschäftliche Transaktionen großen Stils, internationale Verbindungen zu Großkaufleuten bringen Erfolg. Geistige Probleme treten in den Vordergrund, und bei günstigem Merkur ergeben sich eine kreative Begabung, Rede- oder Vortragstalent. Der Jupiter-Merkur-Aspekt symbolisiert im ganzen gesunden Menschenverstand, so daß der Boden der Tatsachen nicht verlassen wird, daher auch keine abstrakten Ideen im luftleeren Raum. Über die Auswertung dieses Aspektes im Beruf ergibt sich Näheres unter »Prognose«.

Jupiter im negativen Aspekt
(Quadrat, Opposition) zum Merkur

Man beobachtete häufig eine Tendenz zu ungehemmter Lust an Debatten und Diskussionen, wobei man aber erheblichen Widerspruch erntet. Die persönlichen Ansichten sind extrem, möglicherweise auf einem bestimmten Gebiet fanatisch und ziehen Konflikte nach sich, wobei man ungerechte Urteile abgibt. Im Geistigen zuweilen skeptisch und Unsicherheit in den Urteilen. Die Mentalität ist subjektiv, zeigt allzu persönliche Auffassung, die von der Allgemeinheit nicht geteilt wird. In den Verhandlungen oder im Verkehr mit Behörden und staatlichen Stellen ergeben sich Schwierigkeiten und im Falle von Prozessen Einspruch oder Gegnerschaft.

Die Aspekte fallen nicht sofort ins Gewicht, zumal nicht bei sonstiger positiver Gesamtanlage des Merkur im Kosmogramm. Indessen beobachtete man häufig Beurteilungsfehler aus einer gewissen Unsicherheit im Einschätzungsvermögen.

Der Aspekt bedarf absoluter Ehrlichkeit und warnt innerhalb der geschäftlichen oder beruflichen Kontakte vor Betrug und übler Nachrede. In einigen Fällen neigt der Aspekt auch zu einer gewissen Überheblichkeit oder Einbildung, zeigt also wiederum psychologische Einflüsse.

Jupiter im positiven Aspekt
(Konjunktion, Sextil, Trigonal) zur Venus

Da das Venussymbol speziell für Liebe und Freundschaft determiniert ist, bringt dieser Aspekt eine innerliche Aufgeschlossenheit im Kontakt zu Partnern und damit Erfolge im Bereich dieser Partnerschaften, die aus dem positiven psychischen Verhalten resultieren, das zur Herzlichkeit, zu einer freundlichen und umgänglichen Wesensart tendiert. In vielen Fällen bedingt dieser Aspekt eine künstlerische Begabung (oft Malerei) und zeigt überdies Formensinn und Ästhetik, Takt und Charme an. Die Verbindung Venus-Jupiter gehört in künstlerischen Horoskopen zum typischen Popularitätserfolg. Im privaten Bereich bedeutet er gesellschaftliches Talent und Sinn für eine kultivierte Umwelt. Engere Bekanntschaften vertiefen sich rasch zu Freundschaften oder Liebesverhältnissen. Im materiellen Bereich gehört der Aspekt zu den schenkenden und zeigt, wenn das Gesamthoroskop damit übereinstimmt, Glücksmöglichkeiten an. Viele populäre Schauspieler und Sänger haben diesen Aspekt im Kosmogramm.

Jupiter im negativen Aspekt
(Quadrat und Opposition) zur Venus

Es hängt – wie immer – von den Aspekten und der gesamten Anlage im Geburtskosmogramm ab (in diesem Fall also von der Venus), ob sich bei diesem Aspekt die oft beobachtete Tendenz zur Eitelkeit, zum Angeben, zur Verschwendung zeigt. Im individuellen Kosmogramm ergeben sich deutliche Hinweise auf Verluste durch Frauen, zumindestens Konflikttendenzen in der Liebe, durch unpassende Verbindungen. Wenn auch noch andere Aspektverletzungen auf die Venus vorhanden wären, sind immer wieder Trennungen in der Liebe zu beobachten, insbesondere bei Parallelverbindungen (die dann auch die Ehe gefährden). Genußsucht oder Verschwendung wurden ebenfalls beobachtet. Dieser Aspekt wird jedoch manchmal durch andere positive Saturn-Aspekte wesentlich gemildert. Die Ernüchterungsmotive in der Liebe wurden in der Regel selbst verschuldet.

Jupiter im positiven Aspekt
(Sextil und Trigonal) zum Saturn

Der Saturnaspekt wirkt in allen Fällen vertiefend im Sinne von Ausdauer und Geduld bei schwierigen Problemen, insbesondere aber bei wissenschaftlichen Studien. Er erhöht das Pflichtgefühl (= Saturn) und tendiert zu konservativer Weltanschauung mit Interesse an philosophischen Problemen. Die Ernsthaftigkeit des Willens und des Strebens ist immer zu beobachten samt dem Engagement für ein Ziel, eine Überzeugung. Insbesondere sind diese Aspekte in den Kosmogrammen von kirchlichen Würdenträgern zu finden, ferner bei Experten auf einem bestimmten Wissensgebiet.

Jupiter im Konjunktionsaspekt zum Saturn

Hier haben wir es mit einem Aspekt zu tun, der gesondert betrachtet werden muß, da er außerordentlich abhängig ist von den übrigen Konstellationen und der Gesamtanlage des Saturn im individuellen Kosmogramm. Die richtige Analyse ergibt sich nur im Zusammenhang mit dem übrigen Horoskop. Generell wirkt dieser Aspekt in Richtung Konzentration, doch stark in bezug auf eine Weltanschauung, eine Überzeugung, und hat damit die Tendenz der Einseitigkeit oder gar der Intoleranz. Die Erfolge über solch negative Jupiter-Aspekte kommen ausschließlich durch größte Geduld und Hingabe zustande. Beide Gestirne sind gegensätzlicher Natur: Während der Jupiter das expansive, übertreibende Symbol darstellt, hat der Saturn eine beschränkende, einengende Tendenz. Daß die Zielstrebigkeit und Hartnäckigkeit große Erfolge ermöglichen kann, gilt als sicher, zumal der Geborene mit sich selbst nicht leicht zufrieden wäre. Der Konjunktionsaspekt ereignet sich nur alle einundzwanzig Jahre. Berufe in der Öffentlichkeit wurden sehr oft festgestellt.

Jupiter im negativen Aspekt
(Quadrat und Opposition) zum Saturn

Die Tendenz zur festgefahrenen Meinungsbildung (oder auch Intoleranz) bringt viele Gegnerschaften. Mißlingen Pläne, ist eine etwas depressive Haltung unverkennbar, die schließlich zu Resignationen führt. Im ganzen zeigt der Aspekt Enttäuschungen oder Ernüchterungen an, so daß hochfliegende Pläne im Leben zurückgeschraubt werden müssen, nicht selten, weil die äußeren Umstände zwingenden Einfluß ausüben (Adenauer hatte diesen Aspekt im Horoskop). Die Lebensführung ist einfach und maßvoll. Im körperlichen Bereich treten Stoffwechselstörungen, Leber- und Gallenleiden auf. Stellt sich ein wirklicher Lebenserfolg ein, so ist er stets hart und mühsam erkämpft; doch oft führt der Weg in Sackgassen. In religiösen oder philosophischen Bindungen wird versucht, Halt zu gewinnen. Viel hängt freilich bei diesem Aspekt von der kosmischen Situation des Jupiter und Saturn im individuellen Kosmogramm ab, insbesondere von den eventuellen weiteren Aspekten auf diese Gestirne.

Jupiter im positiven Aspekt
(Sextil und Trigonal) zum Uranus

Ein Aspekt, der das Weltbild erweitert und philosophische Interessen auslöst. Mittels starker Phantasie regt er die Einbildungskraft bzw. Intuition an. In der Regel zeigt er wissenschaftliche Betätigungen oder Studien sowie eine Liebe zum Reisen. Eine Tendenz zu finanziellen oder beruflichen Spekulationen war sehr oft vorhanden. Man beobachtete gewisse Glücksperioden und spekulative Gewinne mit einem Moment des Überraschenden, Plötzlichen, wenn der Jupiter selbst günstig konstelliert war. Die Konjunktion der beiden Gestirne erfolgt alle vierzehn Jahre, so daß dieser Rhythmus im persönlichen Schicksal wichtig ist. Die Uranuskomponente hat aber auch Bezug zu einer gewissen Ruhelosigkeit mit dem Verlangen nach Neuem oder nach neuen Erkenntnissen. Hierbei wirkt die Konjunktion am stärksten. Die Mentalität ist unkonventionell, unabhängigkeitsfreudig und abseits von bürgerlichen Gewohnheiten. So gut wie immer Auslandsreisen oder Auslandsaufenthalte. Am besten wirkt der Trigonalaspekt zwischen Jupiter und Uranus. Die Glücks- und Erfolgsperioden dieses Aspekts lassen sich über Transite oder Progressionen errechnen. Die Felderstellung des Jupiter im individuellen Kosmogramm gibt die ungefähre Zeit an, in der er sich auslöst (beispielsweise im Feld IV im letzten Lebensdrittel).

Jupiter im negativen Aspekt
(Quadrat und Opposition) zum Uranus

Auch dieser Aspekt neigt zu spekulativen Unternehmungen, hat aber Verluste infolge von Fehlschätzungen zur Folge, insbesondere bei Spielernaturen. Während der positive Aspekt den Gesichtskreis erweitert, neigt der negative Aspekt mehr zur Einseitigkeit oder zum starren Verfolgen subjektiver Ansichten bzw. Überzeugungen. Die Anpassungsgabe an fremde Wesenskerne ist gestört aufgrund einer oppositionellen Haltung zur Umwelt. Es handelt sich um einen Aspekt der Eigenwilligkeit, die das Einfügen in eine Gemeinschaft erschwert (auch innerhalb der beruflichen Umwelt). Zeitweilig schafft sich diese Eigenwilligkeit Feinde durch eine provozierende Offenheit, die andere Menschen brüskiert. Die mangelnde geistige Beweglichkeit führt zur Verhärtung in den Umweltbeziehungen, weshalb dieser Aspekt überaus häufig zu Prozessen führt, die dann mit größter Zähigkeit verfolgt werden. Auch im engeren Zusammenleben beobachtet man Konfliktsituationen (Ehe) aus anfänglich geringfügigen Ursachen. Im Schicksal zeigen sich daher viele Veränderungen und Umbrüche, die dann mit größter Sicherheit auftreten, wenn der Uranus eine dominierende Position einnimmt. Der Geborene legt sich ohne Hemmungen mit Behörden, staatlichen Stellen, Vorgesetzten oder religiösen Institutionen an und glaubt an sein vermeintliches Recht.

Jupiter im positiven Aspekt
(Konjunktion, Sextil und Trigonal) zum Neptun

Der positive Aspekt verfeinert die Psyche und löst Interessen an weltanschaulichen und philosophischen Problemen aus. Er wirkt überwiegend ideell und hat mitunter auch Bezug zu künstlerischen Fähigkeiten (Musik). Der Aspekt wiederholt sich alle dreizehn Jahre. Im ganzen beobachtet man mehr ideelle als materielle Wirkungen. Häufig Zugehörigkeit zu Sekten. Die Konstellation des Neptun im individuellen Horoskop läßt Näheres über die Wirkung dieses Aspektes ersehen.

Jupiter im negativen Aspekt
(Quadrat und Opposition) zum Neptun

Auch dieser Aspekt hat mehr psychische Wirkungen als auffällige materielle, es sei denn, daß der Geborene infolge eigener Fehlschätzungen, falscher Beurteilungen oder auch unkorrekter Handlungen in Schwierigkeiten gerät. Man beobachtete Verführbarkeit und allzu starke Empfindlichkeit im Gemüt oder im Gefühlssektor. Im finanziellen Bereich wirkte der Aspekt schädigend über eigene falsche Transaktionen oder Verkennung der Tatsachen. Auch hier gibt die Neptunkonstellation genauere Auskunft. In der Liebe Schwierigkeiten, Schwundtendenz des Vermögens (Inflationsaspekt).

Jupiter im Aspekt zum Pluto
(Konjunktion und Trigonal)

Der Aspekt kommt nur alle dreizehn Jahre vor. Er hängt außerordentlich stark von der Pluto-Position im individuellen Horoskop ab (besondere Wirkung zeigte sich dann, wenn er an den Hauptachsen konstelliert war). Er drängt zur Machtenfaltung oder zur persönlichen Durchsetzung innerhalb der Gemeinschaft. Manchmal totale Umbrüche im Schicksal und Neubeginne. Im finanziellen Bereich zuweilen ein ungewöhnlicher Gewinn oder eine außergewöhnliche Chance, die durch rasches Zupacken entsteht. Es zeigt sich ein spürbarer innerer Drang, an die Spitze zu gelangen, und damit auch Organisationstalent.

Jupiter im negativen Aspekt
(Quadrat und Opposition) zum Pluto

Ein gefährlicher Aspekt, der extreme Verluste durch gewagte Risiken auslösen kann und politische Gefahren, bedingt durch eigene Unvernunft oder übersteigerten Eigensinn. In einigen Kosmogrammen wirkt er in Form von Fanatismus oder Rücksichtslosigkeit in den Beziehungen zur Umwelt. Häufig Prozesse oder weltanschauliche Konflikte. Finanzielle Aktionen größeren Stils können zum Ruin führen. Manchmal geheime Machenschaften, die Stellung oder Verlust bringen können (beispielsweise hatte Nixon diesen Aspekt im Kosmogramm). In einigen wenigen Fällen beobachtete man auch öffentliche Skandale.

Kosmogramm Joachim Fuchsberger: 11.3.1927, 10 Uhr Stuttgart. Erfolgsaspekt: Jupiter Trigon Sonne und Pluto! Mars Trigon Meridian und Opposition Saturn. Mars dominant am Aszendenten in den Zwillingen: Durchsetzungsfähigkeit, Erfolge erzwingen, Merkur Konjunktion Uranus: wendiger Intellekt, Einfälle, Ideen.

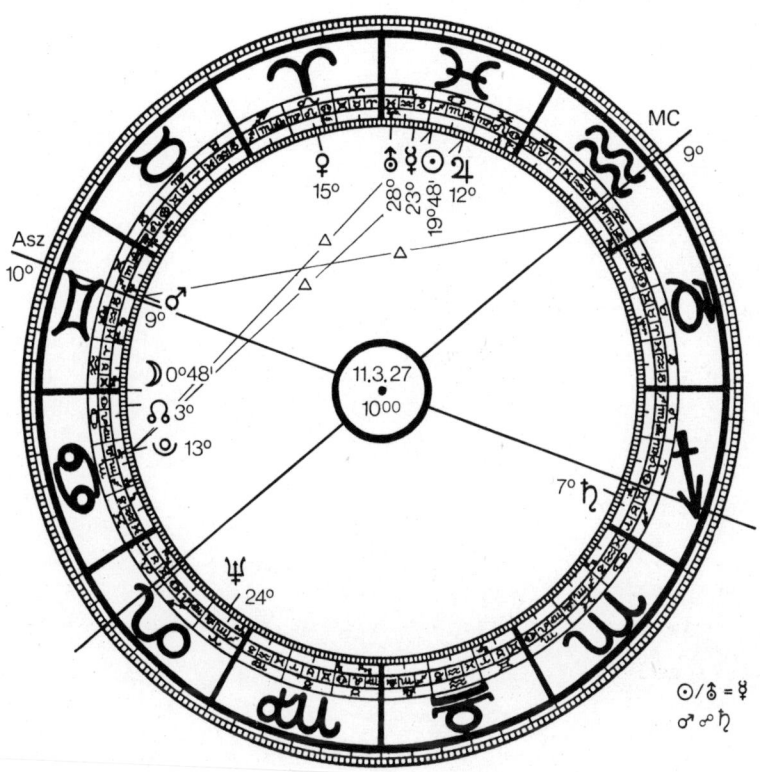

Hier kommen wir nun auf jenes Gebiet, das aufs engste mit der Astropsychologie zusammenhängt. Die charakterliche Prägung eines Menschen ist der Schlüssel zum Glück. Dies ist freilich mehr oder minder eine Binsenweisheit. Aber wie verhält sich dies nun zum persönlichen Kosmogramm, oder anders herum gefragt: Zeigt ein Kosmogramm (das Schaubild eines Horoskop-Aufrisses) auf Anhieb gewisse Konstellationen, die zur Frage »Glückskinder oder Pechvögel« Aufschlüsse ermöglichen?

Eine Reihe von Horoskop-Kosmogrammen aus meinem Archiv will dies veranschaulichen. In erster Linie ist es wieder die empirische Astrologie (Wissen aus Erfahrung), deren statistische Auswertung von ganz bestimmten (immer wiederkehrenden) Konstellationen Rückschlüsse auf das sogenannte Glücksmotiv zulassen. Selbstverständlich weiß der Autor, daß solche einzelnen Konstellationen aus dem Zusammenhang des gesamten Kosmogramms herausgerissen, keine restlosen Bewertungen zulassen. Aber die Häufigkeitstreffer innerhalb von Tausenden von Kosmogrammen, die genau auf diese Frage nach dem Glück zutreffen, sind über die Statistik gesichert.

Die folgende Statistik von Geburtsdaten prominenter Persönlichkeiten zeigte ganz bestimmte (immer wiederkehrende) Aspekte des Jupiter zu wichtigen Gestirnen im Kosmogramm:

1. In Hunderten von Horoskopen erscheint der Jupiter (Erfolgs- und Expansionssymbol) an höchster Stelle am Meridian (also an der Berufsachse X) und in ausgezeichneten Aspekten.

2. Er erhält positive Aspekte von Sonne, Mond oder mehreren anderen Gestirnen oder ist sogar mit anderen Erfolgsgestirnen im Konjunktionsaspekt verbunden.

3. In überzeugender Weise haben regierende Monarchen den Jupiter dicht bei der Sonne, oder er befindet sich bei ihnen an höchster Stelle am Meridian.

4. Die erfolgreichsten Komponisten, Schauspieler, Sänger und Regisseure haben den Glücksaspekt mit dem Jupiter.

5. Absolute »Lieblinge der Massen« haben in überraschender Weise den sogenannten Popularitätsaspekt: Jupiter mit dem Mond in Konjunktion oder im positiven Aspekt.

Jacqueline Kennedy: Jupiter an der Hauptachse des Horoskops, und zwar an Spitze VII (Geld über die Heirat).
Elvis Presley: Jupiter am Meridian.
Carl Zuckmeyer: Jupiter Trigonal Sonne.

Curd Jürgens: Jupiter Trigonal Aszendent.

Daliah Lavi: Jupiter Trigonal Sonne.

Greta Garbo: Jupiter dicht am Aszendenten.

Peter Kreuder: Jupiter im Schnittpunkt von Sonne zu Merkur.

Heinz Rühmann: Jupiter Konjunktion Mond.

Hugo Stinnes: Jupiter Konjunktion Pluto.

Bert Brecht: Jupiter Konjunktion Mond.

Erich Kästner: Jupiter Trigonal Sonne.

Carl May: Jupiter Trigonal Mond.

Toni Sailer: Jupiter Konjunktion Sonne und Konjunktion Meridian.

Tito: Jupiter am Meridian.

Herbert von Karajan: Jupiter Sextil Venus.

Aristoteles Onassis: Jupiter Trigonal Mond.

Rockefeller: Jupiter Konjunktion Meridian.

Friedrich II.: Jupiter Konjunktion Meridian.

Rudolf Steiner: Jupiter Konjunktion Meridian.

Max Schmeling: Jupiter Trigonal Sonne.

Helmut Schmidt: Jupiter Konjunktion Pluto.

Christiaan Barnard: Jupiter Konjunktion Sonne.

Juliane der Niederlande: Jupiter Konjunktion Mond und Trigonal Venus.

Josef Neckermann: Jupiter Konjunktion Sonne.

Joachim Fuchsberger: Jupiter Konjunktion Sonne und Trigonal Pluto.

Liselotte Pulver: Jupiter Konjunktion Meridian, Trigonal Sonne exakt.

Rosi Mittermaier: Jupiter im Berufsfeld X. Trigonal Uranus.

Bruno Kreisky: Jupiter Trigonal Meridian und Trigonal Aszendent.

Helga Feddersen: Jupiter Trigonal Meridian.

Hans Dietrich Genscher: Jupiter Trigonal Pluto.

Caterina Valente: Jupiter Konjunktion Meridian und Konjunktion Pluto.

Hildegard Knef: Sonne zu Jupiter = Venus.

Erich von Däniken: Jupiter Trigonal Pluto und Trigonal Aszendent.

George Bernard Shaw: Jupiter Trigonal Sonne und Trigonal Venus.

General Franco: Jupiter Trigonal Meridian im Löwen.

Alfred Hitchcock: Jupiter Konjunktion Mond und Trigonal Aszendent.

Ferdinand Graf von Zeppelin: Jupiter Sextil Sonne.

Hermann Hesse: Jupiter Konjunktion Aszendent.

König Houssein von Jordanien: Jupiter Trigonal Uranus.

Henry Kissinger: Jupiter Trigonal Pluto.

Heintje: Jupiter Konjunktion Venus und Konjunktion Sonne.

Wilhelm Busch: Jupiter Konjunktion Merkur.

Giscard-d'Estaing: Jupiter Konjunktion Sonne.

Freddy Quinn: Jupiter Trigonal Mond.

Barbara Rütting: Jupiter Trigonal Sonne.

Totokönig Rosenberger: Jupiter Konjunktion Sonne und Trigonal Mond.
Caroline von Monaco: Jupiter Trigonal Sonne.
Leni Riefenstahl: Sonne Konjunktion Jupiter, Trigonal Uranus.
Hardy Krüger: Jupiter Konjunktion Sonne.
Paul Getty: Jupiter Konjunktion Pluto.
Ralph Siegel: Jupiter am Meridian.
Peter Frankenfeld: Sonne Trigonal Uranus, Uranus Trigonal Merkur.
Gracia Patricia von Monaco: Pluto Trigonal Sonne.
Romy Schneider: Jupiter Konjunktion Meridian und Trigonal Aszendent.
Uschi Glas: Jupiter Sextil Mond.
Peter Alexander: Pluto Konjunktion Sonne, Sonne Trigonal Mond.
Lilli Palmer: Jupiter Trigonal Venus, Venus Konjunktion Pluto.
Sophia Loren: Jupiter Trigonal Mond und Saturn, Mond, Saturn und Jupiter Trigonal Aszendent.
Rudi Carrell: Jupiter im Feld I.
Heidi Brühl: Jupiter Trigonal Sonne.
Frank Elstner: Jupiter Konjunktion Mond.
Wencke Myhre: Jupiter im Berufsfeld X.
Luis Trenker: Pluto Trigonal Sonne.
Papst Johannes Paul II.: Uranus Trigonal Pluto exakt.
Guido Baumann: Sonne im Löwen, Konjunktion Berufsfeld X.
Hans Joachim Kulenkampff: Jupiter Trigonal Sonne und Mond.

Der Saturn in seinen
astrologischen Entsprechungen

Spezifische Entsprechung des Saturn: Lebensernst, Beständigkeit, Vertiefung, Begrenzung, Stoff, Tradition.
Im psychischen Sinn: Geduld, Ausdauer, Selbstdisziplin, Beharrlichkeit, Lebensernst, Konzentration, Hemmung, Starrsinn, Habsucht oder Ehrgeiz.
Im beruflichen Bereich: Mühe, Widerstand, zäher Aufstieg, Selbstbehauptung, Berufsrichtung: Das Handwerk, Spezialisten, Landwirtschaft, Bergbau, Bildhauerei, Architektur, Bauwesen, Konfektions- und Textilwesen, Gelehrte, Mathematiker, Grundstücke und Hausbesitz.
Im persönlichen Bereich: Hartnäckigkeit, Energie, Eigenwilligkeit, Anpassungsmangel, Vorsicht, Konzentration auf das Wesentliche.

Saturn im positiven Aspekt
(Sextil und Trigonal) mit der Sonne

Ein Aspekt, der in überzeugender Weise den Lebensernst, die Selbstbeherrschung, Fleiß und Ausdauer sowie Pflichtgefühl signalisiert.
Obwohl sehr oft der Wille zur Macht oder zum persönlichen Einfluß
spürbar wird, zeigt sich doch auch Selbstbeherrschung innerhalb der
Umwelt. Immer aber kommt der Lebenserfolg über harte persönliche,
zielgerichtete Einsätze von großer Zähigkeit und Geduld. Trotz der
positiven Aspekte ist der Saturn in den seltensten Fällen ein Anzeichen für zufallendes Glück. Das Verantwortungsbewußtsein ist ausgezeichnet, und man setzt sich auch für die Allgemeinheit ein. Jeder
Erfolg kann nur auf lange Sicht erreicht werden. Die Vitalität wird mit
zunehmendem Alter besser, und in der Regel weist dieser Aspekt
auch auf lange Lebenserwartung hin. Im materiellen Bereich symbolisiert der Aspekt so gut wie immer Sicherheit über Haus- und Grund-
stücksbesitz oder überhaupt über die festen Werte (als Symbol für die
Materie und den Stoff). Er ist genau gesagt der Gegenpol des Lichtes
(Sonne) und daher auch der kosmische Antipode der Sonne. Im positiven Aspekt symbolisiert er die Überwindung der Materie.

Saturn in Konjunktion zur Sonne

Saturn direkt bei der Sonne ist ein überaus spürbarer und wirksamer
Aspekt, der den Grundeinfluß des Saturn verstärkt: Mühevoll er-
kämpfte soziale Aufstiege mit Rückschlägen, auch mit persönlichen
Opfern oder Pflichten verbunden. Die Wirkung hängt sehr stark ab
von der Felderstellung des Saturn und seinen übrigen Aspekten. Der
Wesenscharakter ist ganz selten aufgeschlossen oder konziliant, fast
immer streng, mit einer eigenartigen Tendenz zum Sich-Abkapseln
von der Umwelt und manchmal auch der inneren Vereinsamung. Der
unter dieser Konstellation Geborene spricht wenig über seine Probleme, sondern verschließt sich eher gegenüber der Umwelt. Das Verhältnis zu älteren Personen oder Verwandten ist selten harmonisch.
Mit dem Vater ergab sich überaus häufig Trennung, mindestens Distanzierung, oder der Vater war streng bis autoritär in der Erziehung.
Die Willenskraft ist beträchtlich und von großer Ausdauer, wobei in
vielen Fällen die Fähigkeit zum Self-Made-Man beobachtet werden
konnte, der sich aus eigener Kraft hocharbeitet. Bei der Konjunktion
des Saturn zur Sonne beobachtete man (ähnlich wie bei den negativen
Aspekten) Erkrankungssymptome je nach der Zeichenbesetzung des
Saturn. Zum Beispiel Saturn in den Zwillingen oder im Schützen:
Lungen- oder Bronchialerkrankungen. Im ganzen häufig Störungen

des Kreislaufs oder der Herztätigkeit. Eine Eigenart des Saturn wurde als Häufigkeit von Stürzen und Knochenverletzungen beobachtet (insbesondere Knie, Füße). Erkrankungen nehmen im letzten Lebensdrittel eine chronische Form an. Bei vielen Saturniern konnte man das Verlangen nach Einsamkeit, aber auch Schwermut feststellen. Hinsichtlich der zeitlichen Auswirkung der Saturn-Rhythmik achte man auf die Ausführungen unter Prognose.

Saturn im negativen Aspekt
(Quadrat und Opposition) zur Sonne

Dies wäre der negativste Aspekt des Saturn, insbesondere im Falle des Quadrataspektes. Die Momente von Starrsinn und Hartnäckigkeit, Mangel an flexiblem Verhalten in der Umwelt sind hier besonders stark. Auch bei diesem Aspekt wurden Trennungs- oder Krisenmotive mit dem Vater beobachtet, im weiblichen Horoskop bezieht sich dies mehr auf Krisen, Ernüchterungssymptome, Entfremdungen vom Partner oder Gatten. Psychisch ergaben sich Angstgefühle oder Pessimismus. Im beruflichen oder privaten Sektor zeigten sich langanhaltende Kämpfe und eigenartige Hemmungen oder Widerstand aus der Umwelt, die den sozialen Aufstieg behinderten. Sehr häufig ergab sich ein Mangel an Selbstentfaltung, so daß die Selbstverwirklichung dadurch gestört war. Das intensive Verlangen nach materieller Absicherung für die alten Tage treibt oft zum Geiz oder zur wissentlichen Selbstbegrenzung. Hinsichtlich der zeitlichen Auflösung treten diese Aspekte des Saturn mit großer Zuverlässigkeit ein und führen in der Regel zu materiellen oder beruflichen Krisen (siehe den Abschnitt Prognose).

Saturn im positiven Aspekt
(Sextil, Trigonal) zum Mond

Dieser Aspekt vertieft den Wesenskern im Sinne von Pflichterfüllung, Gewissenhaftigkeit, Lebensernst und Wirtschaftlichkeit. Fast immer zeigt sich Geduld und Beharrlichkeit bei der Erreichung der Ziele. Alle Handlungen werden gut überlegt, die Persönlichkeit ist zuverlässig, arbeitsam, erweist sich als vertrauenswürdig. Allerdings gehört dieser Aspekt nicht zu den schenkenden im Kosmogramm, alles muß erarbeitet werden. Das Zeichen Steinbock und dessen Besetzung im Kosmogramm ist besonders wichtig. Der Mond selbst ist substanzlos und reflektiert die Eigenart des aspektierten Gestirns, also hier die Eigenschaften des Saturn und jenes Zeichens, in dem er sich befindet.

Saturn im direkten Übergang
(Konjunktionsaspekt) zum Mond

Die äußeren Lebenserfahrungen oder auch die Notwendigkeit, sich den Bedingungen anzupassen, machen den Geborenen pflichtbewußt, im seelischen Bereich zur Selbstbeherrschung neigend. In allen Fällen brachte dieser Konjunktionsaspekt eine Tendenz zur Sparsamkeit und Wirtschaftlichkeit, zur Einengung des persönlichen Lebensstandards. In einigen Fällen wirkte die Saturnkonjunktion mit dem Mond egozentrisch, nützend. Eine etwas kritische Mentalität führt zeitweilig zu seelischen Spannungen, aber auch zum Eigensinn, der andere Ansichten oder Wünsche nicht unbedingt gelten läßt. Sehr häufig Schwierigkeiten mit der Mutter oder älteren weiblichen Verwandten. Man kann nicht loben oder herzlich sein. Die jeweiligen äußeren Umstände erzwingen oft einen enormen Persönlichkeitseinsatz (auch für andere), der aber nicht unbedingt von der Umwelt anerkannt oder gedankt wird. Unfalltendenzen wurden sehr häufig beobachtet, aber auch chronische Erkrankungssymptome im Bereich des Magens und des Verdauungssystems, Stoffwechselstörungen. Das Gemüt (= Mond) ist sehr anfällig, oft bedrückt, mit Einsamkeitsgefühlen verbunden. Sehr viel hängt hier von der Mondposition im individuellen Kosmogramm ab. Beispielsweise wirkte der Aspekt im Zeichen Jungfrau finanziell oder sozial besonders einengend, bedrückkend. Mit weiblichen Familienangehörigen oder Verwandten ergaben sich Enttäuschungen. Im letzten Lebensdrittel oftmals alleinstehend. Im weiblichen Horoskop brachte diese Konjunktion Alltagsinteressen, daher wenig Zeit oder Lust, den geistigen Gesichtskreis zu erweitern.

Saturn im negativen Aspekt
(Quadrat oder Opposition) zum Mond

Dieser Aspekt wird häufig als depressiv erkannt, da er zu erheblichen Stimmungsschwankungen und Launen Anlaß gab. Sehr oft zeigt sich ein Mangel an Selbstvertrauen in das eigene Können. Man beobachtete Trennungen, Vereinsamungstendenzen, Enttäuschungen oder Ernüchterungen. Auf materiellem Sektor wirkte der Aspekt beengend, einschränkend, zeigte Verlusttendenzen. Die Beziehungen zu Partnern und Familienangehörigen waren schwierig (im weiblichen Horoskop sehr oft Kontakte zu wesentlich älteren Partnern). In einigen Fällen beobachtete man eine Neigung zum Grübeln und zu Minderwertigkeitskomplexen, und damit bestätigte er die langjährigen Beobachtungen der Saturn-Mond-Beziehungen. Im männlichen Horoskop ergaben sich Schwierigkeiten innerhalb der Familie oder der Ehe. Bei allen Mond-Saturn-Aspekten ist eine Tendenz der Egozentrik unverkennbar, was bei Zeichenbesetzungen von Jungfrau oder Steinbock am überzeugendsten zum Ausdruck kommt.

Saturn im positiven Aspekt (Sextil, Trignonal) zum Mars

Alle Mars-Saturn-Aspekte sind Hinweise auf enorme Zähigkeit und Arbeitskraft mit der Fähigkeit zur Selbstbeherrschung, wobei die positiven Aspekte den willensbetonten Einfluß des Mars im Sinne von Überlegung und Vernunft mildern. Der Durchsetzungskampf war auch hier beträchtlich, aber die Unternehmungslust und der persönliche Mut zum Risiko erhöhten die Widerstandskraft inmitten von äußeren Schwierigkeiten. Hier erhält der Marseinfluß den bändigenden Einfluß vom überlegenden Saturn. Es ist ein Aspekt der zähen Tat und der inneren Unnachgiebigkeit, deren Auswirkungen aber von der Konstellation des Mars im individuellen Horoskop abhängt. Falls alle übrigen Einflüsse in gleicher Weise aktiviert sind, so wäre die Energieentfaltung frei von Fanatismus.

Der Saturn im Konjunktionsaspekt zum Mars

Dieser Aspekt ist ein Symbol für übersteigerte (oder fanatische) Energie, so daß der Wille in verbissenen Handlungen sogar zur Selbstschädigung führen kann. Man beobachtete Heftigkeit neben einer gewissen Gemütshärte (weshalb dieser Aspekt häufig in den Kosmogrammen von führenden Militärs zu finden ist), im ganzen also ein seelischer Aspekt, der auf Selbstschädigung keine Rücksicht nimmt. Prozentual hoch waren die Unfalltendenzen, aber auch Erkrankungen mit kritischem Ausgang. Die Willensübersteigerungen hängen ab von der Marskonstellation im individuellen Kosmogramm, da dieser Aspekt für sich allein nur schwer zu analysieren ist. Der Mut, der bei dieser Konstellation zweifellos vorhanden ist, kann bis zur unüberlegten Kühnheit gesteigert werden (etwa zu beobachten bei Fallschirmspringern oder auch Stuntman). Die Eigenschaften von Gewalt mit Energie potenzieren sich hier.

Saturn im negativen Aspekt (Quadrat und Opposition) zum Mars

Dieser Aspekt ist in der astrologischen Literatur als besonders schwierig und negativ bekannt. Man darf ihn allerdings nicht für sich allein bewerten, da er nur im Zusammenhang mit dem Kosmogramm zu deuten wäre. Fällt nämlich ein einziger günstiger Aspekt eines anderen Gestirns auf diesen Saturn bzw. Mars, ist die kritische Wirkung entspannt. Ansonsten symbolisiert aber dieser Aspekt Verletzungen und Unfälle. Im Psychischen Rücksichtslosigkeit mit sich selbst, aber auch gegen andere, mit dem Ergebnis von schweren Konflikten und Zusammenstößen. Man beobachtete in einigen Fällen auch Brutalität und Grausamkeit. Eine ganze Reihe von Terroristen-Horoskopen wiesen diesen Aspekt auf (siehe unsere Horoskop-Beispiele). Die charakteristische Härte, die beim Zusammentreffen von Mars-Saturn symbolisiert wird, kann die eigene Persönlichkeit in schwere Konflikte treiben. Die beste Wirkung läge noch in einer ungewöhnlichen Heftigkeit, selbst schwierigste Situationen über harte Einsätze zu meistern. Körperlich wurden oft sehr schwere Verletzungen, aber auch ernste chronische Krankheiten beobachtet. Zwischen der Konjunktion und dem verletzenden Quadrat- oder Oppositionsaspekt zu Mars-Saturn sind wenig Unterschiede zu erkennen.

Saturn im positiven Aspekt
(Sextil und Trigonal) zum Merkur

Dieser Aspekt ist ein Hinweis auf Logik, Überlegung, Konzentration, Sachlichkeit. Die Mentalität (Merkur) erweist sich als vorsichtig, kalkulierend, gründlich in den Folgerungen und genau. Planungen werden methodisch und auf lange Sicht durchgeführt. Fast immer zeigten sich philosophische Interessen, insbesondere auch Meisterung schwieriger geistiger Probleme. Als überaus methodisch und geduldig zeigte sich diese Konjunktion des Merkur zum Saturn, die fast immer Spezialisten auf einem wissenschaftlichen Gebiet aufwies. Im ganzen bringen die positiven Aspekte das Verlangen nach Korrektheit, Ehrlichkeit, und auf die Meinung der Umwelt oder Öffentlichkeit wird großer Wert gelegt. Der innere Ehrgeiz ist beträchtlich. Mit den allgemeinen moralischen oder gesetzlichen Vorschriften will man nicht in Konflikt geraten. Geschäftsleute sind in der Lage, bei diesem Aspekt ein Unternehmen aus dem Nichts aufzubauen. Pflichtgefühl entsteht aus dem inneren Verlangen, sich der Umwelt und den vorherrschenden Ansichten anzupassen. Beim Konjunktionsaspekt des Saturn zum Merkur wäre die Mentalität nicht so flüssig und gewandt, eher etwas schwerfällig und auch etwas mißtrauischer. In diesem Fall bestünde größerer Starrsinn, oder eine vorgefaßte Meinung wird zäh verfolgt.

Saturn im negativen Aspekt
(Quadrat, Opposition und manchmal auch Konjunktion)
zum Merkur

Unter diesen Aspekten ist besonders die Opposition vom Merkur zum Saturn schwierig und neigt zu Angstgefühlen, zeigt hinsichtlich der Umwelt Absonderungsbestrebungen. Da der Merkur die frühe Jugend symbolisiert, wirkt dieser bedrückende Umstand oft belastend (sei es hinsichtlich der Erziehung oder älterer Respektspersonen). In einigen Fällen wurden auch nervliche Störungen beobachtet, besonders im Sprachzentrum (im Zusammenhang mit einem kritischen Kosmogramm ergab sich dies auch bei Erkrankungen im Gehör und der Sprache gleichzeitig, dieser Aspekt war daher bei Taubstummen zu beobachten). Im allgemeinen ist die Tendenz zu Depressionen und zur Mutlosigkeit auffällig vorhanden. Der Aspekt neigt außerdem zur Routine, hält sich also an Schemata. Äußere Notwendigkeiten und Erfahrungen prägen die Persönlichkeit. Es ergaben sich auch Egozentrik und erhöhte Sparsamkeit aus Angst vor Armut. Die Auffassungsgabe ist manchmal etwas schwerfällig, und das Lernen sowie Studium gehen langsam vor sich. Die Kontaktfähigkeit oder überhaupt das innere Verlangen nach solchen Kontakten ist eingeschränkt, daher auch oft Einzelgänger.

Saturn im positiven Aspekt
(Trigonal, Sextil) zur Venus: Treueaspekt

Bei diesem Aspekt beobachtete man sehr häufig Kontakte zu älteren oder reiferen Partnern. Stark gefühlsbetonte Verbindungen mit der Tendenz zur Treue und Standhaftigkeit. Trotz dieser positiven Aspekte konnten Triebhemmungen auftreten, da die Saturn-Tendenz eben distanzierend, manchmal ernüchternd wirkt. Einmal geschlossene Freundschaften aber zeigten Beständigkeit. Auch Pflichtgefühle können eine Bindung beständig gestalten. Das Verhalten in der Liebe wirkt eher beherrscht, mit einer Tendenz zu Ernüchterung oder Triebhemmungen (dies besonders bei Konjunktionsaspekt, der ja an sich schon eine Einschränkung der Gefühle symbolisiert). Jeder Aspekt vom Saturn auf die Venus macht nicht unbedingt bereit zur Ehe. Der Aspekt zeigt sich positiver in jahrelang bewährten Freundschaften. Die positiven Aspekte hatten mitunter Bezug zur künstlerischen Begabung (insbesondere Musik, Malerei, Bildhauerei).

Saturn im negativen Aspekt
(Quadrat und Opposition) zur Venus

Dieser dissonante Aspekt von Venus zum Saturn wirkt speziell im weiblichen Horoskop ernüchternd, verzögernd (auf die Heirat), enttäuschend und tendiert häufig zu Liebeskummer, Eifersuchtsproblemen, überhaupt zu Hindernissen in der Liebe (daher auch manchmal Opfer aus Pflichtgefühl). Im männlichen Horoskop wirkt er zuweilen moralschädigend, wobei aber auch hier wiederum Kenntnisnahme des gesamten Kosmogramms nötig wäre. Bei jüngeren weiblichen Personen beobachtete man Pubertätsgefahren. Die Trennungen und Enttäuschungen in der Liebe sind zahlreich, am meisten Entwicklungsstörungen im Triebleben oder übertriebene Sinnlichkeit. Auf körperlichem Sektor zeigte der Aspekt Nierenleiden, Geschlechtsleiden.

Saturn im positiven Aspekt
(Sextil und Trigonal) zum Jupiter: Philosophenaspekt

Siehe hierzu die Analyse unter »Jupiter im positiven Aspekt zum Saturn«. Die Konjunktion zwischen beiden Gestirnen ergibt sich alle zwanzig bis einundzwanzig Jahre.

Saturn im negativen Aspekt
(Quadrat und Opposition) zum Jupiter

Siehe die bereits erfolgte Analyse unter »Jupiter im negativen Aspekt zum Saturn«.

Saturn im positiven Aspekt (Sextil und Trigonal)
zum Uranus: Konzentrationsaspekt

Ganz allgemein vertieft dieser Aspekt das Gedankenleben, erhöht gleichzeitig die Geduld und die Willenskraft, ein Ziel bis zur Reife durchzuhalten. Man beobachtete ferner Lebensernst, Konzentration, Methodik, Entschlossenheit. Es ergab sich auch Interesse an neuen, unbekannten Wissensgebieten (Astrologie). In allen Lebensäußerungen manifestiert sich Geduld und Vorsicht. Der Aspekt bessert andere negative Eigenschaften im individuellen Kosmogramm wesentlich auf. Der Konjunktionsaspekt zum Uranus könnte sich erst nach einundneunzig Jahren wiederholen. In allen Kosmogrammen beobachtete man eine ungewöhnliche Willenskraft, ein zähes Verfolgen der persönlichen Ziele.

Saturn im negativen Aspekt (Quadrat und Opposition)
zum Uranus: Herausforderung, Gewalt

Dieser Aspekt löst viele Berufskrisen und Umbrüche im Leben aus, denen Zwang oder Gewalt anhaftete. Psychische Spannungen und Depressionen ergaben sich infolge von festgefahrenen Verhältnissen, deren Lösung die größten Schwierigkeiten bereitete. Gesundheitlich wirkt der Aspekt kritisch, zeigte sehr häufig Unfalltendenz an. Aus dem Zusammenhang mit dem Gesamthoroskop gerissen, kann dieser Aspekt nicht exakt analysiert werden, denn sowohl Zeichenbesetzung als auch Felderstellung wie überhaupt alle übrigen Aspekte auf Saturn-Uranus lassen erst erkennen, auf welchem Lebensgebiet sich dieser dissonante Aspekt auslöst. Das fünfundvierzigste bis sechsundvierzigste Lebensjahr ist jeweils besonders wichtig. Im Leben ergeben sich mancherlei Beschränkungen und mitunter Eingriff von außen her durch Gewalt oder Zwang. In sehr vielen Terroristen-Horoskopen findet sich dieser Aspekt der Auflehnung, Rebellion und des fast stets überhöhten Freiheitsdranges, wobei sich manchmal schon im Elternhaus erhebliche Krisen ergaben (insbesondere zum Vater oder zu Berufsvorgesetzten). Die psychologischen Hintergründe des negativen Aspektes liegen in der inneren Unbeugsamkeit und dem Hang zur Gewalttätigkeit.

Saturn im positiven Aspekt
(Sextil, Trigonal) zum Neptum: Intuitionsaspekt

Dieser Aspekt äußert sich ganz selten in konkreten Eigenschaften, tendiert aber in der Regel zu eigenartigen psychischen Erfahrungen mit Interesse für Okkultismus und Parapsychologie. Die Konjunktion wäre besonders deutlich spürbar, da hier Schwierigkeiten bei der Berufsentscheidung auftraten oder aber falsche Ziele angepeilt wurden. Der Aspekt ergibt sich ungefähr alle sechsunddreißig Jahre. Neben eigenartigen Idealen lassen sich künstlerische Befähigungen und geschäftliche Begabungen mit gewissem Spürsinn für Kommendes oder eine Fähigkeit zur intuitiven Planung auf ferne Sicht nachweisen.

Saturn im negativen Aspekt
(Quadrat, Opposition) zum Neptun

Dieser Aspekt wirkt in der Liebe oder in den engeren Bindungen enttäuschend. Er benötigt größte Vorsicht im Beruf oder im Geschäftsleben, da man sehr häufig das Opfer von Vertrags- oder Vertrauensbrü-

96

chen wurde. Das Nervensystem kann außerordentlich anfällig sein. Man unterliegt oft anderen, stärkeren Persönlichkeiten. In den Emotionen zeigen sich gewöhnlich Übersteigerungen, ferner schlechte Erfahrungen mit der eng verbundenen Umwelt, zuweilen auch Behinderungen im Sex oder eigenartige, seelisch bedingte Störungen. Dieser Aspekt kann zu Kurzschlußreaktionen führen, wenn eine gewisse Aussichtslosigkeit in den Wünschen oder Zielen eintritt. Man hat ihn häufig bei der Jugend als Drogenaspekt erkannt. Manchmal verbindet sich großartiges Planen mit sehr wenig Durchführungskraft. Die Konjunktion zwischen Saturn-Neptun wirkt mehr oder minder im psychischen Bereich, und man beobachtete hierbei Neurosen, Psychosen oder Phobien.

Saturn im Aspekt mit dem Pluto

Der Pluto selbst ist noch nicht genügend erforscht, da er erst 1930 entdeckt wurde. Die Konjunktion ist etwas kritisch, zeigte manchmal Zwangsvorstellungen und eine Unberechenbarkeit in den Handlungen, daher Frustrationen. Durch anderweitige günstige Aspekte im Kosmogramm kann die reichlich problematische Mischung von Saturn mit Pluto einigermaßen gemildert werden. Man beobachtete aber in manchen Kosmogrammen Selbstmordversuche. Im günstigsten Fall wurde man um den Erfolg seiner eigenen Arbeit betrogen (speziell aber aufgrund staatlicher Verfügungen oder Gesetze). Man achte hier besonders auf die Positionen beider Gestirne im Geburtskosmogramm, wobei Achsenbesetzungen (bei dominantem Pluto) besonders stark und unheilvoll wirkten.

Die bisherigen Erfahrungen zeigen, daß die negativen und sehr schicksalhaften Einflüsse überwiegend von außen her auftreten. Befindet sich der Pluto am Aszendenten, wäre dies ein sicheres Anzeichen für ein Krisenhoroskop (starke Unfalltendenz). Siehe hierzu auch den Abschnitt über achsenscharfe Konstellationen. Wenn so manche positive Aspekte des Saturn zum Pluto zur Stärkung der Persönlichkeit beitragen, so wäre die Konjunktion unter negativem Aspekt als überwiegend kritisch zu bezeichnen.

Saturn – das Bewährungs- und Widerstandssymbol

Der Autor hat sich die Mühe gemacht, die alternativen Aspekte zum sogenannten Jupiter-Glück auszusondern. Wiederum ergab sich eine überzeugende Reihe von öffentlich bekannten Personen, die den Saturn am Meridian oder in Spannungsaspekten zu Sonne, Mond oder Mars aufwiesen.

Es handelt sich durchwegs um schicksalhaft angelegte Kosmogramme, die selbstverständlich in ihrer Gesamtheit noch weit prägnantere Konstellationen aufwiesen, aber hinsichtlich des Saturn und seiner Aspekte bestätigen, daß dieses Gestirn in maximaler Konstellation Bewährungsproben anzeigt, in manchen Fällen sogar einen »Sturz von der Höhe«.

Ingrid van Bergen: Saturn Opposition Pluto und Jupiter.

Mata Hari: Saturn Konjunktion Mond.

Dietmar Schönherr: Saturn Opposition Sonne.

Scott Carpenter (Astronaut): Saturn Opposition Sonne.

Pavel Popovich (Kosmonaut): Saturn Quadrat Sonne, Uranus Opposition Sonne.

Peter Kürten (Massenmörder): Saturn Konjunktion Sonne, Saturn Konjunktion Pluto.

Napoleon I.: Saturn am Meridian.

Napoleon III.: Saturn am Meridian.

Hitler: Saturn am Meridian, dazu noch Saturn Quadrat Mars.

Arthur Schopenhauer: Saturn Konjunktion Sonne.

Fidel Castro: Saturn Konjunktion Aszendent, Quadrat Meridian.

Helmut Schmidt: Saturn Opposition Uranus.

Josef Stalin: Saturn Quadrat Sonne.

Marylin Monroe: Saturn Quadrat Neptun.

John F. Kennedy: Saturn Konjunktion Meridian und Konjunktion Neptun.

Staatshoroskop Sowjetrußland: Saturn Quadrat Sonne exakt.

Robert Kennedy: Sonne Konjunktion Saturn.

Heinrich Himmler: Saturn Konjunktion Meridian und Opposition Neptun.

Hermann Göring: Saturn Opposition Mars.

Friedrich der Große: Saturn Opposition Mars exakt.

Astrid Königin von Belgien: Saturn Quadrat Sonne.

Alexander Dubček: Saturn Quadrat Pluto und Konjunktion Mars.

Therese Neumann: Saturn Opposition Pluto.

Rudolf Steiner: Saturn Opposition Sonne.

Albert Schweitzer: Saturn Opposition Uranus exakt.

Rasputin: Saturn am Meridian und Opposition Mars.

Prinzessin Margaret Rose: Saturn am Meridian.

Kaiser Wilhelm II.: Saturn Opposition Sonne.

Giovanni Agnelli: Saturn Opposition Sonne.

Gertrud Kückelmann: Saturn Opposition Mars exakt.

Peter Frankenfeld: Saturn Konjunktion Sonne.

Manfred Köhnlechner: Saturn am Aszendenten.

Anwar el-Sadat: Pluto Opposition Sonne.

In gleicher Weise könnte der Autor noch Hunderte von Kosmo-grammbeispielen mit ähnlich positiven Jupiter- oder negativen Saturn-Aspekten aufführen, dazu aber auch noch ausführliche Statistiken über den Uranus, Neptun und Pluto am Aszendenten oder am Meridian.

Hinsichtlich des problematischen Pluto am Aszendenten ergaben sich in meiner Statistik eine ganze Reihe von Unfällen »und auch Unfalltote«, wobei wir den Horoskopaufriß eines solchen Verkehrstoten hier abbilden.

Diese Belege aus einer verhältnismäßig kleinen Reihe von Jupiter- und Saturnerfahrungen (empirische Astrologie) sind nur für Astrologie-Studierende bestimmt, wollen und brauchen also keine Gegner zu überzeugen, da die letzteren gar nicht imstande wären, die individuellen Horoskope exakt mathematisch zu berechnen und schließlich zu analysieren. Ganz abgesehen von Kenntnissen in der Aspektlehre, in der Analyse und Synthese eines Kosmogramms.

Viele Astrologen lehnen die Statistik ab. In diesem Fall aber mußten handfeste Beweise in Form statistischer Auszüge geliefert werden, da wir in diesem Buch nicht Hunderte von Kosmogrammen abbilden können (sie sind in meinem Archiv vorhanden).

Zurückkommend auf die astropsychologischen Ursachen in der Auslegung solcher Gestirnsymbole wie Jupiter oder Saturn muß erwähnt werden, daß sie zwar ganz bestimmte Reaktionen auslösen, diese aber ihrerseits rückbezüglich sind zur Wesens- und Charakteranlage. Die Gestirne selbst sind nichts als »Anzeiger«, Symbole für mögliche Handlungen, die aber ursächlich vom Menschen selbst bewirkt werden. Nicht der Jupiter oder Saturn »schafft« ungewöhnliche Schicksale im positiven wie negativen Sinn, sondern sie sind äußere Erscheinungsform, Sinnbilder oder Spiegelbilder dessen, was im Menschen selbst angelegt ist und schließlich zur Tat drängt.

Uranus und seine astropsychologischen Entsprechungen

Spezifische Entsprechungen des Uranus: Reformen, Umbruch, Revolution.

Im psychischen Sinn: Intuition, Emanzipation, Beeindruckbarkeit, Freiheitsliebe, plötzliche Reaktionen, seelische Unrast.

Kosmogramm Rudi Carell: 19.12.1934, 3.30 Uhr Alkmaar. Dominanter Aspekt: Uranus Trigon Sonne: Ideen, Phantasie, Aufstiegsaspekt, Merkur Trigon Meridian: Vielseitigkeit. Schnittpunkt: Sonne/Uranus = Saturn: Freiheitsverlangen, ungewöhnliche Anstrengungen.

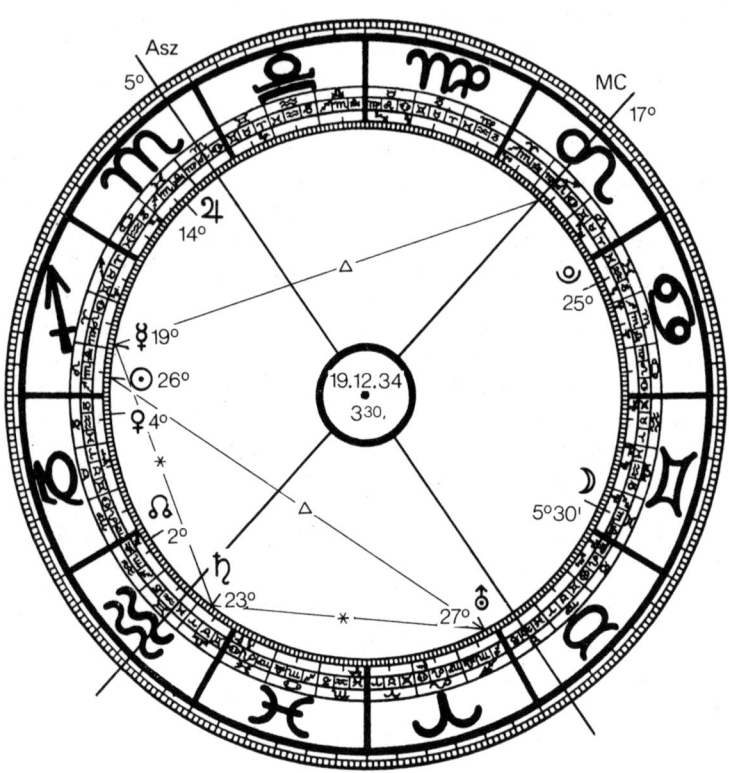

Im Berufsbereich: Umstellungen, Veränderungen, Totalumbrüche, das grundsätzlich Neue.
Im persönlichen Bereich: Erregbarkeit, Sprunghaftigkeit, Eigenwilligkeit, Selbständigkeitsdrang, Unabhängigkeitsliebe, Originalität.

Uranus im positiven Aspekt
(Sextil, Trigonal) zur Sonne:
Reformen, Freude an Neuem

Beide Aspekte gehören zu den am stärksten wirkenden im individuellen Kosmogramm und haben (wenn auch andere Gestirneinflüsse damit übereinstimmen) Beziehung zu Glücks- und Erfolgstendenzen, deren Wirkung (wie immer beim Uranus) plötzlich bis überraschend, jedenfalls unvorhergesehen eintritt. Es handelt sich um glückliche Wenden im Schicksal, so daß eventuell vorhandene Stagnationen überraschend geändert werden. Die geistige Entsprechung kann als Intuition, blitzartig auftretende Ideen und Einfälle bezeichnet werden. Daß alle Uranus-Aspekte die Eigenwilligkeit der Persönlichkeit erhöhen, hat sich erwiesen. Die Mentalität ist so gut wie immer freiheitlich, verträgt keinen geistigen Laufstall oder Einengung in moralische Zwänge. Man darf annehmen, daß die Persönlichkeit in irgendeiner Weise unkonventionell ist und daher auch originell. Die Eigenart des Uranus, die zur Humanität neigt, ist unverkennbar, daher immer auch soziale Einstellung. Man achte besonders auf die zeitliche Auslösung dieses Aspektes, da sie die gesamte Lage entscheidend verbessern oder gar verändern kann (siehe auch im Abschnitt Prognose). In künstlerischen Berufen erweist sich der Aspekt als äußerst erfolgreich.

Uranus im negativen Aspekt
(Quadrat, Opposition) zur Sonne:
Nervöse Erregbarkeit, Inkonsequenz

Dieser Aspekt erhöht die Eigenwilligkeit, macht unlenksam, auch undiplomatisch, da sich der Geborene durch seine subjektiven Ansichten und deren fanatische Verteidigung des öfteren selbst schädigt. Tendenz zum Sonderling oder Eigenbrötler, der von anderen schwer verstanden wird. Ideen oder persönliche Überzeugungen kollidieren mit der landläufigen Meinung, insbesondere mit den bürgerlichen Ansichten oder Gewohnheiten. Gleichwohl können auch bei diesem Aspekt fortschrittliche Ideen vorhanden sein, sie werden jedoch fanatisch vertreten und verteidigt. Die innere Unabhängigkeitslust ist auffallend groß und bringt in allen engeren Bindungen (besonders der Ehe)

Schwierigkeiten mit den Partnern, im Beruf mit Vorgesetzten, insbesondere mit gesetzlichen Vorschriften oder staatlichen Verfügungen. Schwierigkeiten zeigen sich meist schon in der Schule mit den Lehrern. Der Aspekt kann mancherlei Trennung auslösen, oft schon im Elternhaus vom Vater. In vielen Kosmogrammen hat sich der Quadrat- und Oppositionsaspekt auch als Unfallaspekt erwiesen, so daß mit dem Auto, Flugzeug oder überhaupt im Verkehr große Vorsicht am Platz wäre. Die psychische Haltung ist gespannt, reizbar, oft sprunghaft. Dies führt zu unvorhergesehenen Wenden im Schicksal, wobei die Kontinuität des beruflichen Aufstiegs plötzlich unterbrochen werden kann. Männliche Kosmogramme zeigen dies ganz besonders im Beruf, weibliche dagegen erfahren die Dissonanz der Aspekte im Bereich von Liebe und Ehe, weshalb Scheidungen hier überaus häufig beobachtet wurden. Im körperlichen Bereich tendiert der Uranus in erster Linie zum Nervensystem, andererseits aber auch zu Herzleiden (Infarkttendenz), da die geistige Entspannung denkbar schwierig wird. Es besteht (selbst inmitten einer erfolgreichen Laufbahn) sehr oft der Drang nach etwas Neuem. Der Zeitraum zwischen erstem bis drittem Lebensjahr kann bereits sehr kritisch sein.

Uranus im Konjunktionsaspekt zur Sonne:
Verlangen nach Sensationen, ungebundener Lebensführung, plötzliche Rückschläge

Dies wäre einer der stärksten Aspekte im Kosmogramm, der so gut wie immer plötzliche Umbrüche auslöst und überaus häufig Unfalltendenz anzeigt. Aber wie bei allen Uranus-Aspekten ist der Geborene originell im Wesen, keinesfalls bürgerlich, liebt keinerlei Zwänge oder gängige Ansichten. Der auch unter den übrigen Aspekten beschriebene Freiheitsdrang wird hier zu einer Gefahr, denn Willenskraft und Durchsetzungslust sind ganz erheblich. Je nach dem Zeichen, das der Uranus besetzt, zeigen sich plötzlich wechselnde Stimmungen und Launen, die dann zu unüberlegten Umbrüchen führen. Infolge der Originalität dieses Aspektes liegt möglicherweise auch ein ungewöhnliches Talent vor, dessen praktische (materielle) Ergebnisse aber zu wünschen übrig lassen. Im psychischen Bereich wird die innere Ruhelosigkeit am stärksten sichtbar und führt manchmal zu unkontrollierten Handlungen. Eine Reihe von technischen oder auch künstlerischen Berufen stehen unter direktem Uranus-Einfluß. Im körperlichen Bereich sind Herz und Kreislauf besonders betroffen (auch hier zeigte sich sehr oft die Infarkttendenz). Ferner ergaben sich Unfälle beim Sport, insbesondere im Motorsport. Im weiblichen Horoskop war dieser Aspekt ein beinahe sicherer Hinweis auf Scheidung oder plötzliche Trennung vom Partner (über schicksalhafte Einflüsse). Die moderne Heilkunst (Heilpraktiker) samt dem Hang zu Reformen in der Schulmedizin befinden sich besonders stark unter Uranus-Aspekten.

Uranus im positiven Aspekt
(Sextil, Trigonal) zum Mond

Infolge der Mondkomponente zeigen sich (wie bei allen übrigen Mond-Uranus-Aspekten) starke Stimmungsabhängigkeit und erhöhter Eigenwille, aber auch Ideen und Phantasie sind aktiviert, wenn das übrige Kosmogramm darauf hinweist. Manchmal ergaben sich parapsychologische Fähigkeiten, zumindest ein gesteigertes Intuitionsvermögen. Die Persönlichkeit ist reiselustig, verlangt nach äußeren Anregungen. Es besteht Interesse für Reformen, es zeigt sich Originalität und rasche psychische Aufnahmefähigkeit. Sympathie und Antipathie werden auf Anhieb verspürt. Die Mentalität ist regsam, vielseitig. Alle übrigen Mond-Aspekte müssen aber genau beachtet werden, da dieser Aspekt in vielen Fällen auch erhebliche psychische Erregbarkeit andeutete.

Uranus im negativen Aspekt
(Quadrat, Opposition) zum Mond

Bei diesem Aspekt beobachtete man ebenfalls Originalität, aber auch sehr starken Eigenwillen, der die engeren Kontakte störte oder trennte (dies besonders im männlichen Horoskop). Dissonante Partnerschaften bringen Aufregungen und Auseinandersetzungen. Im weiblichen Horoskop ergaben sich häufig psychische Affekte, ungewöhnliches Liebesleben. In den Ansichten, Wünschen, Überzeugungen zeigt sich eine Art Fanatismus, gepaart mit übersteigerten Wünschen, bei Konflikten Starrsinn, Festhalten an den eigenen Ideen, Unlenkbarkeit. Kinder mit diesem Aspekt nehmen Ratschläge aus zweiter Hand nicht an. Im psychischen Bereich zeigt sich deutlich die Ruhelosigkeit und Erregbarkeit der negativen Mond-Tendenz. Bürgerliche Ansichten oder die Regeln der Gesellschaft werden mit Absicht mißachtet. Schwierigkeiten der Kinder mit einem Elternteil, wobei sie oft früh das Elternhaus verlassen, um selbständig zu sein und die eigenen Wünsche durchzusetzen. Der Aspekt neigt mehr zum Konflikt als etwa zur Harmonie.

Uranus in Konjunktion zum Mond

Dieser Aspekt wirkt in allen Fällen stark spürbar im Sinne von großer Unabhängigkeitslust, aber auch innerer Nervosität. Das Unbewußte (Vorahnungen, Intuition, Gefühlszeichen, Wahrträume) mischt sich in den wachen Intellekt, weshalb man nicht selten parapsychologische Fähigkeiten beobachten konnte. Die persönlichen Interessen und Ansichten sind originell, jedenfalls nicht alltäglich, zeigen aber auch ein Verlangen nach Sensationen. Bürgerliche Konventionen oder die Anpassung an gängige gesellschaftliche Gewohnheiten werden wenig beachtet. In einigen Fällen exzentrische Neigungen (auch im Liebesleben). Häufig psychische Affekte und erhöhte Reiselust oder ein verstärktes Verlangen nach äußeren Anregungen. Schneller bis impulsiver Kontakt zum anderen Geschlecht. Im weiblichen Horoskop ergaben sich kapriziöse Einfälle und bei anderen negativen Aspekten auch Hysterie, jedenfalls psychische Unausgeglichenheit. In einigen schwierigen Fällen Nervenleiden, Neurosen und Phobien. Sämtliche Mond-Uranus-Aspekte gestalten die psychische Anlage ruhelos und erschweren die Partnerschaften durch die eigene Unberechenbarkeit der Gefühle.

Uranus im positiven Aspekt
(Sextil, Trigonal) zum Merkur

Ein äußerst wendiger Einfluß im intellektuellen Bereich, der geistige Regsamkeit und vielseitige, oft ungewöhnliche Interessen auslöst (oft auch Astrologen-Aspekt). Ausgezeichnetes Gedächtnis und rasche Assoziationen. Fast immer findet sich Redebegabung, Vortragstätigkeit oder Mitarbeit an öffentlichen Medien, falls das Horoskop anderweitige Konstellationen aufweist, die eine öffentliche Tätigkeit ermöglichen. Es zeigen sich Erfindersinn und konstruktives Denken, sehr oft tendierte die Aspektierung Uranus-Merkur zum Ingenieurberuf. Der Aspekt wirkt im ganzen schöpferisch, erhöht den Einfallsreichtum. Kinder legen in der Regel Basteltalent an den Tag. Man bezeichnet den Uranus als die höhere Oktave des Merkur im Sinne von geistig erweitertem Gesichtskreis und höherer Erkenntnisstufe. Daher auch unkonventionelles Denken, das die bürgerliche Schablone verläßt. Der Aspekt verlangt unbedingt nach geistiger Freiheit, Unabhängigkeit und hat wenig Verlangen, sich in ein politisches oder soziales Schema einzufügen. Selbständige Positionen gewähren hier die besten Entwicklungschancen.

Uranus im negativen Aspekt
(Konjunktion, Quadrat, Opposition) zum Merkur:
Eigenwilligkeit

Die Uranus-Tendenz wirkt auf den Merkur im negativen Aspekt äußerst widersetzlich, manchmal schroff, jeder Diplomatie abgeneigt. Die Persönlichkeit vermag sich nur sehr schwer in den gesellschaftlichen Rahmen und dessen bürgerliche Gesetze einzufügen, daher findet sich oft der Typ des Rebellen oder aber Revolutionärs. Es kommt aber überaus stark auf die gesamte Merkur-Konstellation im individuellen Kosmogramm an, ob sich hier Selbstüberschätzung oder gar Selbstherrlichkeit ergeben. So kann sich die Erfindergabe als Spleen äußern, die Freiheitsliebe als Taktlosigkeit. In engeren Gemeinschaften beobachtete man immer wieder Auseinandersetzungen, Lust an Debatten, die aber mehr aus Freude am Widerspruch geführt wurden (Hitler hatte beispielsweise diesen Aspekt im Kosmogramm). Körperlich fand man nervöse Störungen, starke psychische Spannungen. Hinsichtlich der beruflichen Position fällt eine Spezialisierung auf bestimmten Gebieten auf: Mathematik, Physik, Astronomie, Politik, Ingenieurberufe. Die Konjunktion erwies sich in allen Fällen als außerordentlich stark, wobei sie zwar ungVQöhnliche Einfälle und Ideen aufzeigte, deren Durchführbarkeit aber erschwert war. Auch beim Konjunktionsaspekt zeigten sich hartnäckige Verfechter geistiger Ideen oder ungewöhnlicher individueller Standpunkte, wobei zugleich Rednerbegabung entstand. Manchmal sind die Einfälle und Ideen bei der Konjunktion unzeitgemäß, erzeugen äußerliche Widerstände, Einsprüche, immer aber werden sie mit größter Zähigkeit durchgeführt.

Uranus im positiven Aspekt
(Sextil, Trigonal) zur Venus

Rasches bis plötzliches Ansprechen auf Gefühlsimpulse und Triebe. Schnelle, teilweise unvorhergesehene Kontakte in Liebe und Freundschaften, wobei die eingegangenen Bindungen aber nicht immer zur Stabilität ausreifen. Zeitweise ergaben sich sogar faszinierende oder originelle Bindungen, die über dem Durchschnitt waren. Fast immer schnelle Liebesabenteuer im Sinne von Liebe auf den ersten Blick (insbesondere bei der Konjunktion zwischen Venus-Uranus). Es besteht eine Begabung für Musik oder Tanz, manchmal auch für Rhythmik. Psychisch ergaben sich Reizbarkeit, Abenteuerlust und Verführbarkeit. Der Aspekt findet sich häufig bei Modeschöpfern, bei künstlerischen Berufsgattungen.

Uranus im negativen Aspekt
(Quadrat, Opposition) zur Venus

Oppos.'t.ou *176*

Im Bereich der Liebesbindungen (besonders in der Ehe) wirkt der Aspekt trennend, neigt zur freien Liebe. Auch hier ergeben sich wie bei allen Uranus-Venus-Aspekten schnelle, überraschende, aber wenig dauerhafte Kontakte. Man bezeichnete diesen Aspekt häufig als Untreue-Aspekt, denn das innere Freiheitsverlangen lehnt Verpflichtungen ab. Sehr starke Sinnennatur. Psychische Spannungen, Eigenwilligkeit und Reizbarkeit in den Gefühlen erschweren die Ehe. Im ganzen wirkt dieser Aspekt eher verwirrend, chaotisch als harmonisch. Im weiblichen Horoskop manchmal Beziehungen zu Frauen, im männlichen Horoskop fast immer Aufregungen mit oder wegen Frauen (in der Ehe Parallelbindungen). Im künstlerischen Bereich manchmal Vorliebe für moderne Kunst.

Uranus im positiven Aspekt
(Sextil, Trigonal) zum Mars

Auch beim positiven Aspekt schlägt die Uranus-Komponente immer durch und erhöht den persönlichen Freiheitsdrang, denn der Mars steigert die Willensantriebe. Beruflicher Ehrgeiz und Strebsamkeit. Der Aspekt erhöht die handwerkliche Geschicklichkeit und hat eine Beziehung zur Technik, zur Kraftfahrt, Feinmechanik, zum Ingenieurberuf. In einigen Fällen zeigte sich eine Tendenz zu Affekthandlungen, die aus plötzlichen Impulsen entstehen können, wobei Überlegung und nüchternes Denken plötzlich ausgeschaltet werden. Daneben läßt sich auch ein betont selbstherrliches Verhalten beobachten, das auf mangelnde Selbstdisziplin hinweist. Im Beruf allerdings häufig großer Ehrgeiz. Gute, meist reaktionsschnelle Autofahrer.

Uranus im negativen Aspekt
(Quadrat, Opposition) zum Mars

Alle vorhin genannten Eigenschaften zeigen sich hier noch viel deutlicher, und die Neigung zu unvorhergesehenen Handlungen wurde am meisten beobachtet. Der Aspekt wirkt aufsässig, reizt zum Widerspruch und zu Auseinandersetzungen. Da die Willensimpulse nicht genügend beherrscht werden, ergeben sich Konfliktsituationen mit der Umwelt (meist in der Ehe) oder auch eine gegen sich selbst gerichtete Energie im Sinne von Gewalttätigkeit. In allen Fällen war der Aspekt bei Unfällen (Auto, Technik, Motoren) beteiligt. Starke Besetzung des Feuerelements in einem individuellen Kosmogramm erhöht die Tendenz zu Gewaltlösungen. So manche Selbstmörder hatten diesen Aspekt, wobei der Mars jedoch zusätzlich anderweitig negativ aspektiert war. Jugendliche unter diesem Aspekt sind oft störrisch, unlenksam und zeigen schon sehr früh Absonderungstendenzen von Familie und Häuslichkeit. In verhältnismäßig günstigen Kosmogrammen äußert sich dieser Aspekt lediglich in einer schnellen Tatbereitschaft. Das Nervensystem ist fast immer labil.

Uranus im Konjunktionsaspekt zum Mars

Die Konjunktion wirkt in gleicher Richtung wie die negativen Aspekte, aber immer eigensinnig und unüberlegt, so daß oft akute Auseinandersetzungen stattfinden. Man erkannte sie als typischen Unfall- oder Operationsaspekt, aber auch als enorm energiesteigernd. In der Ehe beobachtete man Scheidungstendenz oder Trennungen, die urplötzlich auftraten. Alle negativen Aspekte zwischen Mars-Uranus zeitigen speziell im Beruf Veränderungen, Umstellungen oder schnelle Positionswechsel. Der Grund liegt häufig in der Unzufriedenheit mit den Umweltbedingungen. Der Konjunktionsaspekt hat manchmal nervliche Kollapse zur Folge. Viele Zerreißproben. Motorsportler haben nicht selten diesen Aspekt. Die Gefühlslage ist unausgeglichen und die Persönlichkeit eigenwillig, läßt sich nicht dirigieren, benötigt daher Selbständigkeit.

Uranus-Aspekte zum Jupiter

siehe unter Jupiter-Uranus.

Uranus-Aspekte zum Saturn

siehe unter Saturn-Uranus.

Uranus-Aspekte zum Neptun

Im ganzen ein schwer deutbarer Aspekt. Er wirkt sich am meisten im Psychischen aus im Sinne von Gemütsspannungen. Im günstigen Aspekt wurde Intuition, Erfindungsgabe beobachtet. Bei negativen Aspekten und auf materiellem Gebiet zeigten sich manchmal Übervorteilung, auch Betrugstendenzen, Schaden durch Intrigen. Ferner ergab sich eine Tendenz zur Täuschung, Enttäuschung, zu Illusionen, zu psychischen Anomalien. In neuerer Zeit wurde er auch als sogenannter Drogenaspekt erkannt, wobei Schädigungen ebenfalls durch Medikamentenabhängigkeit entstehen kann. Geburten um August,

September, Oktober 1953 und vom Juli, November, Dezember 1954, ferner vom Juni 1955, vom Januar 1956, April und Mai 1956 hatten diesen Quadrataspekt im Kosmogramm.

Uranus-Aspekte zum Pluto

Dieser Aspekt ist noch nicht völlig erforscht. Die bisherigen Beobachtungen gehen dahin, daß diese Konstellation häufig in Horoskopen von Menschen anzutreffen war, die ungewöhnliche und sogar außergewöhnliche Schicksale aufwiesen. Die Konjunktion zwischen beiden Gestirnen kam zwischen 1963 bis 1969 vor. Es handelt sich um einen Generationen-Aspekt, weil sich zwischen den einzelnen Generationen unüberbrückbare Gegensätze zeigten. In sehr vielen Fällen ergab sich Katastrophenschicksal. Im Psychischen ergaben sich Affekte und unberechenbare Handlungen. Es besteht eine Beziehung zum Kollektiv (auch Unfälle innerhalb des Kollektivs: Flugzeug-, Eisenbahn-, Schiffsunglücke).

Pluto-Aspekte

Hier handelt es sich um Generationen-Aspekte, die noch nicht genügend erforscht sind. Gemäß der Statistik brachten negative *Sonne-Pluto-Aspekte* bislang einen enormen Ehrgeiz, ein Verlangen nach Macht, Geltung und Einfluß (insbesondere die Konjunktion!), wobei manchmal mit Gewalt oder Impulsivität vorgegangen wird. Übersteigerungen des Ichgefühls. Gesundheitlich gesehen, wirken sie belastend (besonders im Bereich des Herzens). Der Aspekt verschafft große Zähigkeit und Selbstbehauptung. Die Opposition bringt viele Feinde und Gegner (auch aus hochgestellten Kreisen). Helmut Schmidt hat diesen Aspekt im Kosmogramm.

Mond-Pluto-Aspekte haben Bezug zum seelischen Komplex, zur Impulsivität des Handelns, zu psychischen Affekten. Man beobachtete urplötzliche Veränderungen der gesamten Lebenslage (Herzog von Windsor hatte diesen Aspekt). Psychische Erregungen und Aufregungen.

Jupiter-Pluto-Aspekte symbolisieren im positiven Aspekt finanzielle Glücksmöglichkeiten, Geldzufluß über das Kollektiv, ferner Organisationsbegabung und Durchsetzungsfähigkeit in der Gemeinschaft. Negative Aspekte haben Großverluste zur Folge, jedenfalls Finanzkrisen ungewöhnlicher Art (etwa Spekulationen).

Mars-Pluto-Aspekte negativer Art symbolisieren Verlangen nach Macht

Kosmogramm Helmut Schmidt: 23.12.1918, 22.15 Uhr, Hamburg (Archiv Ebertin). Saturn Opposition Uranus, Mars Opposition Neptun: Herzerkrankungen (Herzschrittmacher). Sonne Opposition Pluto: Große Widerstände und Angriffe aus dem Kollektiv (Pluto = Parteien).

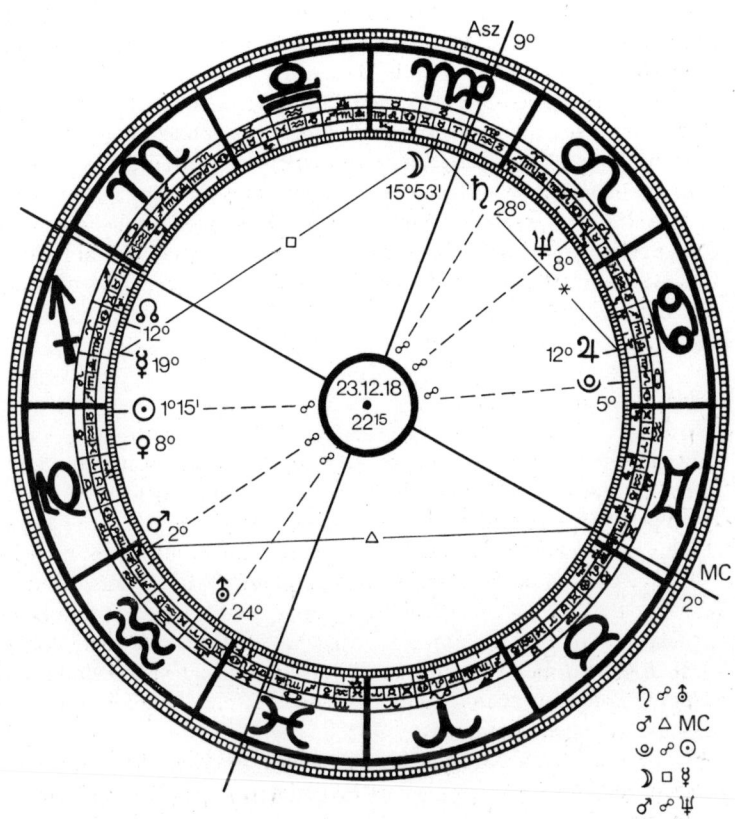

und Einfluß, wobei unter Umständen Gewalt angewendet wird. Mindestens Zähigkeit in der Durchsetzung eigener Wünsche und Ziele (dies ebenso beim positiven Aspekt). Es kann aber auch zu schweren persönlichen Krisen kommen mit Verlust des Ansehens (Nixon hatte diesen Aspekt). Der positive Aspekt wirkt im intellektuellen Bereich konstruktiv, zeigt Organisationsbegabung und ungewöhnliche Selbstbehauptung.

Saturn-Pluto-Aspekte wirken unberechenbar, hemmend im Aufstieg infolge zwangsbedingter Umstände. Fast immer ein Krisenaspekt ersten Ranges. Die positiven Aspekte sind nicht genügend erforscht.

Uranus-Pluto-Aspekte: Ungewöhnliche Dynamik im Wollen und Handeln. Enormes Freiheitsverlangen und strikte Ablehnung jeglichen Zwanges. Meist aber auch innere Spannungen, die dann zu plötzlichen Affekten ausarten können. Im ganzen ein nicht ungefährlicher Aspekt (hatte oft mit Kollektivgeschehen zu tun und war auch bei Unfällen beteiligt).

Merkur-Pluto-Aspekte zeigten im geistigen Sinne große Schaffenskraft und hatten oft Bezug zur Werbung/Propaganda. Geistige Beeinflussung der Masse. Schlagfertige Mentalität. Gewandt in Rede und Schrift.

Venus-Pluto-Aspekte: Diese Aspektierung wirkte zuverlässig im Sinne von Liebesaffären, fanatischen Liebeskontakten, »Liebe auf den ersten Blick«. Im negativen Aspekt zeigten sich erhebliche Schwierigkeiten im Liebesleben, Skandale, Rufschädigungen über sexuelle Bindungen. Im ganzen gesehen: »Liebe wird Schicksal«!

Die Sonne und ihre
psychologischen Entsprechungen

Spezifische Bedeutung der Sonne: Individualität, Selbstbewußtsein, das schöpferische Prinzip, Lebenskraft.

Im psychischen Sinn: Machtwille, Ehrgeiz, Strebsamkeit.

Im Berufsbereich: Organisation, Ansehen, Würde, Aufstiegsverlangen.

Im persönlichen Bereich: Autoritätsverlangen, Willenskraft, Selbstbehauptung.

Sonne im positiven Aspekt
(Sextil, Trigonal) zum Mond

Ein ausgezeichneter Aspekt, der zu Harmonie neigt. Beständigkeit in den Zielen, Verlangen nach Lebensfülle. Der Aspekt gewährt Popularität, bringt harmonische Umweltbeziehungen, macht ausgeglichen und zufrieden mit sich selbst. Allerdings benötigt er unterstützende Faktoren vom übrigen Kosmogramm. Im Beruf zeigt sich fast immer größere Beständigkeit. In den Partnerbeziehungen (Ehe) mehr Harmonie (dies kann aber bei anderweitigen negativen Aspekten eingeschränkt sein, denn man fand den Trigonalaspekt zwischen Sonne und Mond manchmal sogar bei Scheidungen, wenn etwa der Mars die Sonne oder den Mond verletzte). Die Vitalität ist ungewöhnlich stark.

Sonne im Konjunktionsaspekt zum Mond

Dieser Aspekt symbolisiert die sogenannte Neumondphase und schwächt in der Regel die körperliche Widerstandskraft. Das Verhältnis zu weiblichen Personen (Mutter, manchmal auch Gattin) wird wichtig. Die Anpassungsfähigkeit ist eingeschränkt. Ebenso wichtig ist hier die Position im Zeichen samt der Felderstellung im individuellen Kosmogramm. Das Sonnenzeichen läßt sehr häufig auf die Erkrankungssymbole schließen (insbesondere Herz und Kreislauf), manchmal auch Neigung zu Extremen, daher weniger geistige Ausgeglichenheit als bei den positiven Aspekten.

Sonne im negativen Aspekt
(Quadrat oder Opposition) zum Mond

Der Oppositionsaspekt symbolisiert Vollmondkonstellation. Starkes Machtstreben und daher zuweilen Konflikte oder Reibungen mit der Umwelt, auch in der Ehe. Ganz besonders wäre hier der Quadrataspekt zwischen Sonne – Mond dissonant, denn er symbolisiert Disharmonie mit sich selbst (beispielsweise im ungeliebten Beruf), manchmal auch Dissonanz in den Beziehungen zu Familie und Verwandtschaft. Beide Aspekte schwächen die Gesundheit und haben erfahrungsgemäß Bezug zu Herzerkrankungen, Herzschwäche, Kreislaufunregelmäßigkeiten, Blutdruckschwankungen. Sind seelische Konflikte vorhanden, wird der Beruf als Ausgleich benutzt. Häufig psychische Schwankungen: Auf Stimmungshoch folgt Depression. Innerhalb der Familie gehen zuweilen die Ansichten auseinander. Beim Quadrataspekt zeigt sich des öfteren ein kampfreiches Schicksal mit viel Wechselfällen. Bei diesem Aspekt beobachte man ganz besonders die Polarität (Sonne und Mond in den einzelnen Zeichen).

Sonne im positiven Aspekt
(Sextil, Trigonal) zum Mars

Diese Aspekte symbolisieren Aktivität, Einsatzbereitschaft, Tatkraft, Strebsamkeit, Vitalität. Starke Besetzung des sogenannten Feuerelementes (Widder, Löwe oder Schütze). Auch bei Besetzung der Kardinalzeichen entsteht Führungsanspruch und Organisationsbegabung. Der Aspekt bessert anderweitige labile Konstellationen wesentlich auf. Zum Beispiel: Sonne im labilen Zeichen Fische wird durch einen Marsaspekt äußerst zäh, arbeitsam, unermüdlich.

Sonne im negativen Aspekt
(Konjunktion, Quadrat und Oppositionsaspekt) zum Mars

Dieser Aspekt wirkt noch stärker, intensiver, aber auch zäher, durchsetzungslustiger in den jeweiligen Gemeinschaften (häufig Tendenz zu militärischen und technischen Berufsgattungen, auch Kraftfahreraspekt). Große Entschiedenheit in den Willensbestrebungen, daneben auch erhöhte Impulsivität. Der Konjunktionsaspekt zwischen Sonne und Mars ruft sehr häufig Konfliktsituationen in der engeren Umwelt (besonders in der Ehe) hervor. Er macht unruhig, rastlos (besonders in den Kardinalzeichen). Die negativen Aspekte bringen Jähzorn und Erregungszustände, die wiederum hinsichtlich der körperlichen Konstitution das Herz belasten. Man beobachtete plötzliche Unfälle, Schnittwunden, Sturzverletzungen, ferner Verbrennungen (= Mars). Daneben besteht wie bei allen Mars-Aspekten Redebegabung (insbesondere schnelle Rede), Lust an der Debatte. Nervliche Belastungen entstehen infolge Überarbeitung und Forcierungen. Im ganzen neigen diese Aspekte zu Aufregungen, unüberlegtem Handeln. Erst durch reichliche Erfahrungen werden diese Aspekte gemildert.

Sonne im Konjunktionsaspekt zum Merkur

Der Merkur kann nie mehr als 28 Grad von der Sonne entfernt sein, daher bildet er nur den Konjunktionsaspekt. Hierbei lehrte die Erfahrung, daß Abstand des Merkur von der Sonne mit weniger als 5 Grad die geistige Regsamkeit sehr stark herabsetzt. Oder es zeigte sich eine allzu subjektiv gefärbte Mentalität, also auch Vorurteile, dogmatische Ansichten. Fast immer besteht Redetalent, Sprachenbegabung, Organisationsgabe, geistige Beweglichkeit, vielseitige Interessen. Günstig ist der Aspekt für Studien, da er schnelle Auffassung fremder Materien bringt. Starke Reiselust infolge des Verlangens nach äußeren Anregungen oder Abenteuern.

Sonne im Konjunktionsaspekt zur Venus

Auch hier wäre nur der Konjunktionsaspekt möglich, denn der Abstand von Sonne zu Venus beträgt nie mehr als 48 Grad (wobei höchstens noch das Halbsextil oder das Halbquadrat möglich wäre). Die Venus-Nähe bei der Sonne wirkt verfeinernd, macht ästhetisch, fordert künstlerisches Interesse oder gar eigene Begabung (Musik, Literatur, Malerei). Die Gefühle werden intensiviert, persönlich zeigt sich Verlangen nach Lebensgenuß, verfeinerter Wohnkultur, guter Geschmack im Bereich der Mode. Der Aspekt wirkt speziell im weiblichen Horoskop sehr günstig und löst große Anziehungskraft auf das andere Geschlecht aus. Die Kehrseite sind größere Empfindlichkeit und rasche Verletzbarkeit, bisweilen auch Eitelkeit.

Aspekte der Sonne zu Jupiter, Saturn, Uranus, Neptun und Pluto

siehe unter diesen Gestirnen.

Der Mond und seine psychologischen Entsprechungen

Spezifische Entsprechungen zum Mond.
Im psychischen Bereich: Empfindungen und Gefühle, Einfühlungsgabe, Gemütsbewegungen und Stimmungen.
Im beruflichen Bereich: Der Wechsel, die Veränderung, Tageserlebnisse. Im persönlichen Bereich: Verhältnis zu weiblichen Personen und zur Familie (im männlichen Horoskop), Reaktion auf engere Umweltverbindungen (speziell im weiblichen Horoskop).

Mond im Aspekt zur Sonne

siehe unter Sonne-Mond-Beziehungen.

Mond im positiven Aspekt
(Sextil und Trigonal) zum Mars

Impulsivitätsaspekt mit Tendenz zu Tatkraft, Freimut oder Offenheit. Handlungsbereitschaft und Unternehmungslust. Die Mond-Komponente schwächt hier die marsische Heftigkeit etwas ab. Aktivität im Beruf und Selbstbehauptung. Der Aspekt unterstützt die Vitalität. Viel hängt hierbei von der Konstellation des Mars im individuellen Horoskop ab. Im ganzen ein Aktivitätssymbol bei praktischer Veranlagung.

Mond im negativen Aspekt
(Quadrat, Opposition) zum Mars

Die Impulsivität (hier besonders ausgebildet) tendiert zu unbedachtsamen Handlungen und Äußerungen und führt in der Regel zu Streitigkeiten und Auseinandersetzungen. Dies besonders im engsten Umweltbereich. Es besteht psychische Reizbarkeit und nicht selten Jähzorn. Der Aspekt stärkt die Kampfbereitschaft und vermeidet nicht leicht einen Streit. Offenheit und Freimut steigern sich hier zu einer brüsken Wesensart. Der Konjunktionsaspekt wirkt ganz besonders in den Bereichen der engeren Kontakte (daher sehr oft trennende Tendenzen in der Ehe). Ferner hat man ihn oft als Unfall-Aspekt erkannt, und hinsichtlich der Gesundheit betrifft er speziell den Magen, das Verdauungssystem. Gewisse Schärfe im sprachlichen Ausdruck oder auch eine Tendenz zur Unverbindlichkeit zeigt sich häufig. Innerlich besteht Rastlosigkeit.

Mond im positiven Aspekt
(Sextil, Trigonal, Konjunktion) zur Venus: Diplomatie

Dieser Aspekt verfeinert, bringt künstlerische Ambitionen oder auch Begabungen, Schönheitssinn, Interesse für Mode. Sehr starke Gefühlsbetonung, Streben nach Harmonie. Manchmal auch Zärtlichkeitsbedürfnis. Im Bereich von Liebe und Ehe wirkt der Aspekt positiv, macht sehr gesellig und charmant. Im ganzen ist der Wesenskern gutmütig, liebt Behaglichkeit, zeigt gute Manieren, daher Erfolge im gesellschaftlichen oder künstlerischen Bereich. In der Regel Liebesglück.

Mond im negativen Aspekt
(Quadrat und Opposition) zur Venus

Es zeigt sich Genußsucht oder Gefallsucht, auch starke Anfälligkeit zu Äußerungen verletzten Stolzes. In der Regel starke Beeinflußbarkeit und Stimmungsanfälligkeit, wobei letztere zuweilen in Launen ausartet, so daß Kontakte wieder enden. Liebesschicksal schwankend, zeitweilige falsche Partnerschaften. Mitunter psychische Schüchternheit, die äußerlich überspielt wird. Der negative Aspekt bringt ebenso oft positive künstlerische Interessen, die aber praktisch (oder beruflich) nicht zum Tragen kommen. Hier hängt sehr viel von den übrigen Konstellationen der Venus ab.

Mond im positiven Aspekt
(Sextil und Trigonal) zum Merkur

Der Aspekt macht geistig überaus regsam, beweglich, vielseitig interessiert und sorgt für eine schnelle Auffassungsgabe und ein gutes Gedächtnis. Es zeigt sich häufig Redegewandtheit und Fremdsprachenbegabung, manchmal auch zeichnerisches Talent, im Geistigen Scharfsinn und neben guter Beurteilungsgabe anderer Menschen auch Logik im Urteil (Juristenaspekt). Die positiven Aspekte sowie die Konjunktion fördern die Intelligenz und das Kombinationsvermögen. Sehr günstig für alle literarischen und intellektuellen Berufsgattungen. In der Regel ausgezeichnete Phantasie, Schlagfertigkeit und Witz. Gewandter Stilist (Schriftstelleraspekt), ferner Nachahmungstalent, guter Gesellschafter.

Mond im negativen Aspekt
(Quadrat und Opposition) zum Merkur

Neigung zu Klatsch oder phantasievollen Ausreden (Lügen). Im Geistigen ruhelos, nach Zerstreuung verlangend. Nervliche Spannungen oder überhaupt Anfälligkeit des vegetativen Nervensystems. Liebe zu Reiseabenteuern. Tendenz zur Neugier. Veränderlichkeit im Wesenskern. Unschlüssigkeit bei Entscheidungen. Schwierigkeiten mit Briefen oder bei Verträgen. Im Grund aber ist jeder Mond-Merkur-Aspekt erwünscht, da er einen gewandten Intellekt symbolisiert.

Mond-Aspekte zu Jupiter, Saturn, Uranus, Neptun und Pluto

siehe unter diesen Gestirnen.

Der Mars und seine
psychologischen Entsprechungen

Spezifische Entsprechungen des Mars: Kampf, Tat, Wille, Energie. Im psychischen Bereich: Temperamentsteigernd, reizbar, ruhelos, Angriffslust. Im beruflichen Bereich: Ehrgeiz, Aufstiegsstreben, Organisationsbegabung, Selbstbehauptung. Im privaten Bereich: Cholerisch, fordernd, impulsiv, ungeduldig, Neigung zu Extremen.

Mars in den Aspekten zur Sonne, zum Mond,
zu Jupiter, Saturn, Uranus, Neptun und Pluto

siehe unter diesen Gestirnen.

Mars im positiven Aspekt
(Sextil und Trigonal) zum Merkur

Die positiven Aspekte bewirken Entschlußkraft, Rede- und Ausdrucksgewandtheit, pädagogische Fähigkeiten und Gewandtheit bei Debatten, daher gute Diskussionsredner. Das Urteilsvermögen ist positiv. Häufig Begabung für Zeichnen, Bildhauerei, Architektur, aber auch für alle kaufmännischen Sparten. Reiselust. Begabung für Karikaturen.

Mars im negativen Aspekt
(Quadrat und Opposition) zum Merkur

Neigung zu Debatten und zu Auseinandersetzungen, etwas unduldsam bis aggressiv, verwickelt sich gern in Streitigkeiten. Anlage zu Satire oder Ironie. Zuweilen heftig in Rede und Gegenrede (oder aber Schlagfertigkeit). Im Psychischen reizbar. Überarbeitungen mit daraus resultierender nervlicher Labilität. Tendenz zum Handwerk oder zu technischen Berufen. In manchen Horoskopen Unehrlichkeit bis Lüge, wenn andere negative Gesamtaspekte den Merkur belasten. Die Konjunktion zwischen Mars und Merkur wirkt stets stark im Sinne von schnellen geistigen Reaktionen, aber auch Übertreibungen. Sehr oft Unfalltendenz (Verletzung der Gliedmaßen).

Mars im positiven Aspekt
(Sextil und Trigonal) zur Venus

Sinnlichkeit, aktives Sexualleben, Verführungslust, leidenschaftliche Liebe. Sehr oft Musikverständnis. Lebhafte Gefühle und Vielseitigkeit der Liebesaffären.

Mars im Konjunktionsaspekt zur Venus

Übersteigerungen im Sex, starke Triebhaftigkeit, Gefühlsleidenschaften, Disharmonien in der Triebsphäre, häufig Schauspieleraspekt. Im weiblichen Horoskop oft Komplikationen bei der Schwangerschaft oder bei Geburten, zuweilen auch Unterleibsleiden. Im männlichen Horoskop Tendenz zu Nieren- und Sexualleiden. In den engeren Bindungen besteht Unberechenbarkeit, oft schnelle bis akute Kontakte mit nachfolgenden Trennungen.

Mars-Aspekte zu Sonne, Mond,
Jupiter, Saturn, Uranus

siehe unter diesen genannten Gestirnen.

Merkur in seinen
psychologischen Entsprechungen

Spezifische Entsprechungen: Intellekt, Denken, Nervensystem.
Im psychischen Bereich: Nervensystem, Ausdrucksfähigkeit, Assoziationen. Im beruflichen Bereich: kaufmännische und wissenschaftliche Berufe, Journalismus, Literatur.
Im privaten Bereich: praktisch orientierter Intellekt, Beredsamkeit, gewandte Ausdrucksgabe, Lehrtätigkeit, Geschäftsgeist.

Merkur im günstigen Aspekt zur Venus

Der Merkur kann sich nie mehr als 76 Grad von der Venus entfernen. Daher ist hier nur der Konjunktionsaspekt möglich: starke Einfühlungsgabe, künstlerische oder literarische Fähigkeiten (Schriftstelleraspekt). Im ganzen ästhetische Wirkungen, Kunstinteressen. Mitunter auch künstlerisches Handwerk, Beziehungen zur Mode, zum Handarbeiten. Der Intellekt wird gefühlsmäßig gesteuert. Freude an allem Schönen, an Rhythmik und Tanz.

Merkur im Aspekt zu allen übrigen Gestirnen

siehe unter den übrigen Planeten.

Venus und ihre
psychologischen Entsprechungen

Im psychischen Bereich: Triebleben, Sinnlichkeit, Ästhetik.
Im beruflichen Bereich: Schauspiel, Literatur, künstlerische Anlagen.
Im privaten Bereich: Liebesleben, Kontakte zum Du, Gefühlsbindungen.

Venus im positiven Aspekt
(Şextil und Trigonal) zum Mars

Sinnlichkeit, aktives Sexualleben, Vergnügungslust, leidenschaftliche
Liebe, Musikverständnis.

Venus im Konjunktionsaspekt zum Mars

Übersteigerung im Sex, starke Triebhaftigkeit.

Venus im Aspekt zu den übrigen Gestirnen

siehe unter Jupiter, Saturn, Uranus.

Einschränkung hinsichtlich der
Aspektanalysen

Sämtliche Aspekte hängen zusätzlich von der Felderstellung und der
Zeichenbesetzung im individuellen Kosmogramm ab! Sie sind also
nicht absolut für sich allein zu bewerten. Die genannten Eigenschaften
der Aspekte sind also nur Anhaltspunkte aus der empirischen Astrologie. Die vorhin beschriebenen Aspekte können speziell für den
zweiten Teil (Prognose) hinsichtlich der Auswirkungsmöglichkeiten
verwendet werden.
Die einstige Aufteilung der Gestirne in günstige oder ungünstige Zeichen hat sich nicht bewährt. Auch wäre die Beurteilung von Mars, Saturn als »Übeltäter« in der modernen Astropsychologie nicht mehr
haltbar. Diese Gestirnsymbole sind nur Hinweise auf die eigene Psyche und die daraus erfolgenden Handlungen. Nicht die Gestirne sind

also böse oder unglückbringend, sondern der Mensch selbst in seiner ganzen moralischen Haltung, in seiner Erbanlage und seiner individuellen Willensausprägung prägt selbst sein Schicksal. Alle Auslösungsmöglichkeiten, die hier angegeben wurden oder die im zweiten Teil genannt werden, sind Erfahrungstatsachen und gehören in das Gebiet der empirischen Astrologie, die den Hauptinhalt dieses Buches darstellt.

Das Betriebskapital des Schicksals

Der gesamte geistige, seelische und körperliche Fundus eines Menschen prägt seinen Wesenskern oder seinen Charakter. Die Charakteranlage wird zum Betriebskapital des Schicksals. Die Gestirne – ihre Konstellationen, ihre Aspekte und ihre Zeichenbesetzung – sind symbolische Entsprechungen für das, was der Mensch aus den erwähnten Anlagen (eben seinem Betriebskapital) macht. Dies ist auch der Grund, warum die moderne Astropsychologie den Anspruch erheben darf, eine psychologische Hilfswissenschaft genannt zu werden. Durch jahrzehntelange Beobachtung individueller Kosmogramme und im Vergleich mit den äußeren Tatbeständen wurde sie zur empirischen Astrologie. Dies führt zu einer weiteren Fragestellung: *Ist die Astrologie eine Wissenschaft?*

Hier müssen selbst Experten, die sich über Jahrzehnte hin mit der Materie beschäftigt haben, mit einem klaren Nein antworten. Die Voraussetzung exakter Wissenschaft liegt darin, daß jedes Experiment oder jedes Forschungsergebnis bei gleicher Versuchsanordnung die gleichen Resultate liefert. Die Astrologie muß diese Wiederholbarkeit exakter Fakten verneinen. Sie bringt vielmehr, je nach den Variationen und Kombinationsmöglichkeiten der gesamten Konstellationen (in Zeichen, Feldern und Aspekten), wechselnde Aussagen, deren wirkliche Auswertung erst in der Synthese zutage treten. Die letztere ist das schwierigste und erfordert jahrzehntelange Erfahrung.

Was vermag die Astrologie –
was vermag sie nicht?

Die heutige Astropsychologie vermag aufgrund der Signaturen in einem mathematisch exakt berechneten Kosmogramm die psychologischen Hintergründe aufzudecken, die zu gewissen Handlungsweisen führen. Grundmotiv dieser Astropsychologie wäre daher die lapidare Erkenntnis: Charakter ist Schicksal! Das individuelle Kosmogramm gibt also die Möglichkeiten (nicht den Zwang!) an, die dem Menschen offenstehen, seine Fähigkeiten zum richtigen Einsatz zu bringen. Genau dies vermag ein Kosmogramm auszusagen.

Was die Astropsychologie nicht vermag und was auch kein seriös arbeitender Astrologe jemals beantworten würde, sind Fragen nach dem

Tod eines Menschen, genau gesagt: der Todesart oder der Todeszeit. Kein Astrologe, dem diese Frage nicht schon einmal gestellt wurde. Man hat beispielsweise 1944 und schon bei Beginn des Zweiten Weltkrieges zahllose Fragen an bekannte Astrologen gerichtet, wann Hitler stirbt oder wodurch er stirbt. Es wurden auch vielfach Berechnungen der vermutlichen Todeszeit Hitlers unter notarieller Hinterlegung dieser Prognosen angestellt. Eine ganze Reihe dieser Prognosen konzentrierte sich auf das letzte Drittel von 1944, und hierbei wurde das Attentat in der Wolfsschanze zeitlich mehrfach richtig berechnet. Aber die eigentliche Todeszeit 1945 überschritt diese Berechnungen ganz wesentlich. Indessen wurde das Ende Hitlers (Saturn im Feld X) schon bei der Machtübernahme richtig vorhergesagt! Der Tod jedoch ist ein metaphysisches Ereignis (»niemand weiß den Tag und die Stunde«) und kann zeitlich im besten Fall anhand von ungewöhnlichen Krisenperioden über massive negative Gestirnkonstellationen eingekreist werden.

An dieser Stelle darf der Autor aus eigener Erfahrung versichern, daß es »nichts gibt, was es nicht gibt«. Mehrfach erbat man von mir Berechnungen, welcher Ehepartner zuerst stirbt und ob es Sinn hätte, noch eine Todesfallversicherung abzuschließen. Dieses Rentabilitätsmotiv ist ein häufiges Thema von astrologisch orientierten Spekulationen. Aber auch politische Themenkreise kehren in den Anfragen immer wieder. In diesem Zusammenhang muß leider gesagt werden, daß eine ganze Reihe von Pseudo-Astrologen das Sowjetsystem mitsamt seinen Führern schon ein Dutzend Mal zusammenbrechen ließen. Auch die Wiedervereinigung Deutschlands wurde in vergangenen Jahren immer wieder vorausgesagt. Ebenso ließ man Breschnew schon ungezählte Male sterben, und der englischen Königin prophezeite man in der Vergangenheit schwerste Schicksale, lebensbedrohende Erkrankungen und Thronverzicht.

Was den Tod des Schah angeht, war die Trefferquote dagegen hoch, und seine Karzinomkonstellation wurde in Fachzeitschriften schon zu einem Zeitpunkt bekanntgegeben, als diese Gerüchte noch grundsätzlich in Abrede gestellt wurden. Auch das Attentat auf den US-Präsidenten war seinerzeit vorhergesagt worden. Allerdings gehört diese politische Astrologie in keiner Weise zur modernen Astropsychologie. Eine ganze Reihe von Astrologen vermeidet sogar grundsätzlich zeitliche Prognosen. Manche sind Zufallstreffer, andere wieder Spekulationen. Der Autor selbst hat trotz fünfzigjährigen Studiums für sehr viele einschneidende Ereignisse im privaten Lebensbereich keine überzeugenden oder gar auslösenden astrologischen Fakten gefunden. Vieles im Schicksal gehört zu den Imponderabilien, die sich mathematisch nicht errechnen lassen, und aus Erfahrung kann ich sagen, daß es für eine ganze Reihe labiler Naturen weitaus besser wäre, wenn sie von Astrologie nichts wüßten!

In früheren Jahren wurden immer wieder Verifikationsversuche mit der Astrologie unternommen – beispielsweise Reihentests anhand von genauen Geburtsdaten.

Ein solch großangelegter Versuch über mehrere Jahre wurde seinerzeit von Professor Bender von der Universität Freiburg vorgenommen, an dessen Versuchen ich ebenfalls teilnahm. Das Ergebnis war in einigen wenigen Fällen überzeugend gut, prozentual (gemessen an den Testreihen) aber mäßig.

1958 schrieb der Hamburger Reeder Franz Eskau einen astrologischen Wettbewerb aus: vorgegeben war ein exaktes Geburtsdatum, dessen Eigner jedoch niemand kannte. Wie sich dann später herausstellte, handelte es sich um Professor Hahn (der Autor gewann hier den ersten Preis). Über das Ergebnis wurde eine Broschüre: »100 Wege zur Horoskopdeutung« veröffentlicht.

Wenn wir aber von der Astropsychologie sprechen, so kann diese speziell für den jungen Menschen, was die Erkenntnis seiner Berufseignung, seiner Anlagen und Befähigungen betrifft, von echtem Nutzen sein. Weitere sehr günstige und überaus zutreffende Ergebnisse weisen Vergleichskosmogramme zwischen Liebes- und Ehepartnern auf. Die neuesten Forschungen beschäftigen sich weiterhin mit der medizinischen Astrologie sowie mit der politischen oder Mundan-Astrologie. Was die Astrologie indes trotz aller speziellen Forschungsmethoden nicht vermag, ist die Feststellung des Intelligenzquotienten eines Horoskop-Eigners. Hierzu wären weitere Zweige der angewandten Psychologie (insbesondere Graphologie) in Betracht zu ziehen.

Das »geozentrische Weltbild der Astrologen«

Hartnäckig und unausrottbar wird seit Jahrzehnten immer wieder ein Haupteinwand gegen die Astrologie und vor allem gegen die »unverbesserlichen« Astrologen, deren geozentrisches Weltbild längst überholt sei, vorgebracht. Es handelt sich hierbei um die Inkongruenz der Sternbilder, die von den astronomisch unkundigen Astrologen auch heute noch benutzt werden. Sie sahen, heißt es, die Erde als Bezugsmittelpunkt der Welt, obwohl dieses Weltsystem doch längst vom kopernikanischen Weltbild abgelöst wurde.

Jeder Abiturient weiß, daß Kopernikus im 16. Jahrhundert das Ptolemäische Weltsystem (in dem die Erde als Bezugsmittelpunkt galt) endgültig abschaffte zugunsten des neuen Weltsystems, indem er die Sonne als Mittelpunkt und die Erde als einen ihrer Trabanten erkannte. Soweit die astronomische Richtigkeit dieser Tatsache.

Die astrologische These aber ist erdbezogen, da sich der Mensch hier auf dieser Erde befindet, und *hier* wird er von den Planeteneinflüssen betroffen, wie alles andere Irdische auch. Nur insofern sind die Gestirnwirkungen auf uns erdbezogen oder geozentrisch.

Die Präzession des Frühlingspunktes zeigt das Vorrücken der Sternbilder alle 2500 Jahre. So wollen die Gegner beweisen, daß die Sonne beispielsweise im Widder heute gar nicht mehr im Zeichen Widder befindlich ist, sondern noch in den Fischen, oder beispielsweise wäre ein Krebs-Typ gar kein Krebs, sondern noch ein Zwilling.

Mit diesem Irrtum wurde schon Hunderte von Malen aufgeräumt, ohne irgendeine Wirkung zu erzielen. Die Gegner verwechseln nämlich die Tierkreiszeichen mit den gleichnamigen Sternbildern! Die Deckung (oder die Kongruenz) zwischen Sternbildern und Tierkreiszeichen fand vor rund 2500 Jahren statt. Aber die Astrologie *rechnet nicht mit den Sternbildern, sondern mit den Tierkreiszeichen.* Sie beginnt mit dem Frühlingspunkt, also im Zeichen Widder, und dies hat nicht den geringsten bezug auf die jeweils dahinter liegenden Sternbilder! *Nur diese Sternbilder selbst unterliegen der Präzession* und bezeichnen damit die Weltzeitalter: Noch vor 2000 Jahren war das Fische-Zeitalter am Werk, heute befinden wir uns im Wassermann-Zeitalter. Aber nicht das Fixsternbild übt eine Wirksamkeit auf den Menschen aus, sondern die betreffenden Abschnitte auf der Ekliptik – nämlich die Tierkreiszeichen, die man mit magnetischen Kraftfeldern vergleichen kann. Dies ist die Quintessenz: Die Widder-, Stier-, Zwillings-Typen haben nichts mit den Widder-, Stier-, Zwillings-Sternbildern vor 2000 Jahren zu tun, sondern es handelt sich *um symbolische Deutungen des Tierkreises!* Will man also feststellen, wie die planetarischen Konstellationen auf den Menschen wirken, so muß man wohl oder übel die Gestirne auf die Erde beziehen, auf der dieser Mensch mit beiden Füßen steht – und nicht auf die Sonne. *Die Erde* ist also für die astrologische These *nur Bezugsmittelpunkt!*

Die Feldersysteme in der Astrologie

Ein wunder Punkt in der Astrologie sind seit altersher die verschiedenartigen Häuser (oder Felder)-Einteilungen, die je nach den einzelnen Systemen der zwölffachen Aufteilung auf den Ekliptikgürtel nicht immer denselben Umfang besitzen. Dies kann zu erheblichen Unterschieden führen (ganz besonders durch die Fehlbeurteilung von Gestirnen in einem bestimmten Feld). Beispielsweise wären die zwölf Felder am Äquator völlig gleich, da sie von der Ekliptik abhängen, während Feldereinteilungen an den Polen nicht mehr möglich sind. Von diesen zwölf Feldern sind die sogenannten Eckfelder (Aszendent und Meridian), also die Hauptachsen eines Horoskops, die wichtigsten. Demzufolge wirken Gestirne an diesen Hauptachsen oder in der Nähe mit einem Umkreis von 5 bis 10 Grad am stärksten, und man bezeichnet sie daher als die Dominanten im Kosmogramm. Die Wirkungen solcher Gestirne treten hier zuverlässig und überzeugend zutage (wie in den folgenden Ausführungen noch näher zu sehen ist). Was nun aber die Feldereinteilung betrifft, gehen die Ansichten der Astrologen auseinander.

Am gebräuchlichsten ist noch heute die Einteilung der Felder nach dem System des Plazidus. Sie entspricht den geophysikalischen Bedingungen am meisten, da sie abhängig von der Kreiselbewegung der Erde auf die Ekliptik ist. Über den exakt berechenbaren Meridian ergibt sich der Aszendent, und damit sind die beiden Hauptachsen eines Kosmogramms festgestellt. Nur die inneren Felder differieren um einige Grade, und man bezeichnet daher das System des Plazidus als inäqual (ungleichmäßig).

Daneben gibt es aber noch die äquale Manier: das System von Vehlow. Doch hier liegt der Aszendent in der Mitte des ersten Feldes, und alle übrigen Feldermitten liegen dann um 30, 60, 90, 120 und 150 Grad davon entfernt. Dieses System wird kaum mehr verwendet. Schließlich haben wir noch seit zwanzig Jahren das meistgebrauchte GOH-System des Dr. Walter Koch, das sich auf die Geburtsorte bezieht (also örtlich fixiert ist). Ferner existiert noch die Grimmsche Methode, die kurzerhand alle Quadranten gleichmäßig drittelt.

In diesem permanenten Streit um die Feldersysteme im Kosmogramm ging die Ebertin-Methode dazu über, die einzelnen Felder überhaupt wegzulassen und nur noch die mathematisch gesicherten Eckpunkte der Hauptachsen (Aszendent und Meridian) zu benutzen. Auch der

Autor hat sich zu dieser Methode entschlossen, denn sowohl Horizont als auch Meridian sind gesicherte Bezugspunkte im Kosmogramm, während die Zwischenfelder bei allen übrigen Systemen differieren. Dies führt uns nun zu den gesicherten Aussagen in einem Horoskop-Aufriß:

Die Wirkung der Dominanten
oder achsenscharfe Konstellationen

Gestirne an oder nahe einer der Hauptachsen eines Kosmogramms zeigen, wie langjährige statistische Beobachtungen anhand Tausender von Horoskopen belegen, eine zuverlässige Wirkung. Da Aszendent und Meridian nebst den gegenüberliegenden Punkten die diagnostisch gesichertsten Komponenten eines Kosmogramms darstellen, haben Konstellationen in Reichweite dieser Achsen eine besondere Dynamik, wie sie Gestirne in variablen Zwischenfeldern nicht aufweisen. Diese sind in ihrer Aussagekraft vielmehr Schwankungen unterworfen. Selbst Gestirne, die sich noch innerhalb der verschiedenen Eckfelder befinden, zeigen noch eine maximale Wirkung.

Die Diagnose einer astrologischen Konstellation ist ohnedies zuweilen ebenso mehrdeutig, zwielichtig und problematisch wie die ärztliche Feststellung einer Krankheitsursache. Wer über vier Jahrzehnte hin suchender und forschender Weise im Labyrinth der Häusermethoden, der auftauchenden und wieder verschwindenden Moden antiker, neuer und gänzlich revolutionärer Systeme hin und her gewandert ist, den überkommt das unwiderstehliche Verlangen nach einem roten Faden, der ihn aus diesem Labyrinth sicher herausgeleitet.

Nach einem enttäuschungsreichen Weg von äqualer und inäqualer Manier, ausgerüstet mit klassischem Ballast, angezogen von den Spannungsherrschern und weiterwandernd zu den Schnittpunkten und Halbsummen bis hin zu den Klöcklerschen Dominanten fand der Autor schließlich den roten Faden – die empirische Astrologie. Allerdings – an seinem Anfang stand blindwütig eiferndes Feuer der Begeisterung, an seinem Ende Skepsis, Prüfung, Sichtung, Statistik. Empirische Astrologie betreiben heißt, das Pferd beim Schwanz aufzuzäumen: von gesicherten Schicksalsabläufen auf die Ursachen zu schließen, diese Ursachen aufzuschlüsseln und statistisch auszuwerten. Auch Freiherr von Klöckler kam auf diesem nicht mehr ungewöhnlichen Weg zu seiner Dominantenlehre, die nichts anderes darstellt als einige tragfähige Balken im irrlichternden Sumpf spekulativer Analysen.

Es erwies sich, daß auch die Balken einer gesicherten Aussage gar nicht so zahlreich sind, wenn man das unabdingbare Verlangen nach siebzig Prozent Treffern als Minimum aufstellt. Die selbstlose, unbezahlbare Arbeit, die beispielsweise einige exponierte Schicksale über Jahre hinweg erfordern, ahnt kein Laie, noch viel weniger ein wetternder Gegner der Astrologie.

Die Ergebnisse aber sind in der Tat verblüffend. Schon heute ergeben meine statistischen Reihenuntersuchungen über dominante Konstellationen, Aspektgruppen, achsenscharfe »Übeltäter«, anhand von jeweils zwanzig bis zu hundert Einzelhoroskopen statistisch ausgewertet, einen stattlichen Band. Erschwerend bei der Aufschlüsselung der einzelnen Findungen ist die Tatsache, daß keine Rezepte gängiger Art dabei herausschauen – es handelt sich fast immer nur um komplexe Konstellationen, die schwer in eine Art Nachschlagewerk einzureihen sind.

Die sicherste Aussage liefern die Horizontal- und Vertikalachsen samt deren Aspekten, Konstellationen und Schnittpunkten!

Gestirne an der Horizontalachse
des Kosmogramms

Der Aszendent oder der aufsteigende Ekliptikgrad ist der individuellste Punkt im gesamten Kosmogramm und hat Bezug zur körperlichen Erscheinung (ist daher auch erbbezüglich), zur Konstitution, zu den persönlichen Reaktionsweisen, zeigt die Wirkung der eigenen Persönlichkeit auf die Umwelt (und schließlich noch die Art dieser Umwelt). *Gestirne am Aszendenten* (oder im Umkreis von dieser Spitze I des Kosmogramms) *gehören zu den Dominanzen des Horoskops* und zeigen stärkste Wirkung, die sich aber auch noch in 6 bis 10 Grad Distanz vom Aszendenten deutlich äußert. Die Wirkung selbst wird natürlich auch von jenem Tierkreiszeichen beeinflußt, das sich am Aszendenten befindet. Es steigert oder schwächt die Wirkung des betreffenden Gestirns erheblich und hängt schließlich zusätzlich ab von den Aspekten, die das jeweilige Gestirn an dieser Stelle aufweist. Diese dreifache Kombination hinsichtlich der Wirkung eines einzelnen Gestirns am Aszendenten zeigt schon auf, daß es hier keine Rezepturen geben kann. Immerhin ergaben sich prozentual hohe Treffer bei diesen Dominanten, so daß sie manchmal sogar den Wahrheitskern der Astrologie bestätigen.

Das Jupiter-Symbol als Dominanz am Aszendenten

Ob hier alle die bekannten jovischen Eigenschaften, über die wir bereits unter dem Jupiter-Symbol berichteten, zum Durchbruch gelangen, hängt sehr wesentlich von den Aspekten und der Zeichenbesetzung des Jupiter ab. Ganz allgemein tendiert diese Konstellation zur Generosität, zum positiven Temperament, zu einem erhöhten Ichgefühl im Sinne von Optimismus und Verlangen nach Erweiterung des geistigen Horizonts. Im körperlichen Bereich neigt der Jupiter zur Fülle (daher meist auch pyknische Veranlagung). Der Natur des gebenden, schenkenden Jupiter entspricht das Verlangen nach einem erfüllten Leben, nach irdischen Gütern (die in der Tat bei guten Aspekten gewährt werden), nach Leitung und Führung, nach sozialem Aufstieg und Verantwortung. Philosophische Neigungen und Sprachbegabung wurden festgestellt, vor allem aber auch Ehrgeiz. Das Wissen um den eigenen Wert steigert indirekt das Ehrgefühl, den Stolz, der sich bei guter Aspektierung als eine natürliche, achtunggebietende Ausstrahlung zeigt, die innerhalb der Umwelt Bestätigung findet. In zahlreichen Kosmogrammen von weltlichen und geistlichen Würdenträgern, von Großkaufleuten tritt diese Jupiter-Tendenz deutlich zutage.

Hinsichtlich der Zeichenbesetzung des Jupiter im Aszendenten ergaben sich folgende Tendenzen:

Jupiter (und Aszendent) im Zeichen Widder: Begeisterungsfähigkeit, Großzügigkeit, Ehrgeiz, Aufstiegsstreben und markanter Wille zu Führung und Leitung. Dieses Zeichen des Feuerelements aktiviert alle Jupiter-Eigenschaften. In der Regel hohe Ziele und bemerkenswerte Durchsetzungskraft.

Jupiter im Zeichen Stier: Auf Geld und materielle Werte wird großer Wert gelegt. Neigung zum Wohlleben und zum Lebensgenuß. Es besteht eine bemerkenswerte Fähigkeit, vorhandene Möglichkeiten zum eigenen Vorteil zu nützen. Der Venus-Einfluß des Zeichens Stier macht die Persönlichkeit freundlich, entgegenkommend, zeigt eine ruhige, ausbalancierte Wesensart an. Die Arbeitskraft ist ungewöhnlich und widmet sich vorwiegend praktischen Zielen.

Jupiter im Zeichen Zwillinge: Fast immer vielseitige Begabungen und sehr oft literarische oder technische Fähigkeiten. Die Position ist hervorragend günstig für Studien, Examen, überhaupt für Erweiterung des geistigen Horizonts. Nicht selten zeigen sich kaufmännische, künstlerische oder auch schriftstellerische Veranlagungen. Die gesamte Konstellation macht kontaktfreudig, mitteilsam, gesprächig. Gute Beobachtungsgabe, auch anderer Menschen, bringt Vorteile.

Jupiter im Zeichen Krebs: Es besteht Neigung zum Luxus und zum Wohlleben, auch Geschäftstüchtigkeit. Daneben aber häusliche Interessen. Nach außen hin freundlich, großzügiger als sonst das Zeichen Krebs. Meist starke Intuition und Phantasie. Freude an materiellen Genüssen.

Jupiter im Zeichen Löwe: Ausgezeichnete Wirkung auf Besitz, sozialen Aufstieg, auf Liebe und Freundschaften. Fast immer besteht eine Befähigung zu Leitung und Führung. Liebe zu kultivierter Lebensführung, manchmal gesteigert zur Prunksucht. Generosität neben persönlichem Mut zeigt sich so gut wie immer. Der innere Wesenskern ist hilfsbereit, großzügig, die Gefühle sind stark entwickelt. Würde und Repräsentation werden ausgestrahlt. Oft schauspielerische Begabung.

Jupiter im Zeichen Jungfrau: Das Merkur-Zeichen Jungfrau bringt dem Jupiter größere Vorsicht bei Geschäftsunternehmungen, zeigt Nützlichkeitsstandpunkte und Kritikfähigkeit. Im Wesen freundlich, aber skeptisch. In sehr vielen Fällen wissenschaftliche Begabung und Befähigung. Die Auffassungen sind realistisch, praktisch orientiert. Manchmal eine Tendenz zur Selbstgefälligkeit.

Jupiter im Zeichen Waage: Sehr gesellig und beliebt aufgrund eines gerechtigkeitsliebenden Wesens. Fast immer werden Sympathie und Gastfreundschaft entgegengebracht. Neigung zu den Künsten oder Erfolg in öffentlichen Positionen. Bei ungünstiger Aspektierung wird der Jupiter hier selbstgefällig bis eitel.

Jupiter im Zeichen Skorpion: Sehr ehrgeizig, selbstbewußt und manchmal genußsüchtig. Neigung zur Skepsis, ausgesprochen praktische Fähigkeiten. Die ausgeprägte Empfindungsnatur zeigt manchmal leidenschaftliche Auswirkung. Die Skorpion-Komponente macht zeitweilig schlau, sehr vorsichtig in Geldgeschäften, hat auch Tendenz zur Diplomatie.

Jupiter im Zeichen Schütze: Ein ausgezeichneter Aspekt, der Gerechtigkeitsempfinden und intellektuelle Fähigkeiten entwickelt. Liebe zum Sport, zu wissenschaftlichen Studien, insbesondere auch zur Jurisprudenz. Im ganzen geeignet für Literatur, Philosophie oder Historik. Das Zeichen Schütze verstärkt die Tendenz des Jupiter zu Optimismus und zu einer philosophischen Lebensauffassung. In ungünstigen Aspekten Auftrumpfen bis Prahlerei.

Jupiter im Zeichen Steinbock: Außerordentlicher Ehrgeiz oder Aufstiegswille. Fast immer diplomatische Veranlagung. In der Regel Positionen in Wirtschaft und Industrie. Erfolge nur durch gewissenhafte Arbeit und harte Einsätze. Der Wesenskern ist etwas konventionell veranlagt, so daß erheblicher Wert auf äußere Umgangsformen (auch Titel und dergleichen) gelegt wird. Die Steinbock-Komponente tendiert zu großer Sparsamkeit und Wirtschaftlichkeit.

Jupiter im Zeichen Wassermann: Fast immer wissenschaftliche Interessen, große Freiheitsliebe und geistige Originalität. Im Wesenskern unparteiisch, tolerant. Starkes Verlangen nach geistiger Unabhängigkeit. Soziale Interessen und Gerechtigkeitssinn. Rasche Reaktionen auf Sympathie und Antipathie. Bei ungünstigen Aspekten auf den Jupiter kann sich Intoleranz ausbilden.

Jupiter im Zeichen Fische: Sympathisches, freundliches Wesen mit Liebe zu Geselligkeit und Gastfreundschaft. Ausgeprägtes Gerechtigkeitsgefühl und Interesse für die Künste. Es besteht starke Einfühlungskraft und Phantasie. In vielen Fällen ergab sich Tendenz zu sozialen Berufen und zur Medizin (Ärzte, Tierärzte), aber auch Positionen in der kirchlichen Hierarchie.

Hinsichtlich aller negativen Aspekte auf den Jupiter und dessen Beziehungen zu anderen Gestirnen beachte man die Ausführungen unter den Aspekten des Jupiter. Im ganzen gesehen verbessert diese Jupiter-Dominanz anderweitige negative Konstellationen in einem Kosmogramm wesentlich.

Die verlängerte Aszendenten-Achse führt zum Deszendenten oder zur Spitze VII des Kosmogramms.
Die Horizontalachse zeigt symbolisch den Weg vom Ich (= Aszendent) zum Du (= Feld VII des Kosmogramms). Diese Spitze VII symbolisiert die Partnerschaften, die Ehe, aber auch öffentliches Wirken.

Jupiter an der Achsenspitze VII

Diese dominante Position des Jupiter symbolisiert bei guter Aspektierung sofort Harmonie in der gesamten Umwelt. Es handelt sich um eine ausgezeichnete und harmonisch wirkende Konstellation für alle Verbindungen, Freundschaften, besonders auch für eheliche Bindungen (falls gut aspektiert). Sehr oft ergaben sich Erfolge in öffentlichen Positionen (wie etwa bei Richtern, Anwälten), aber auch günstige Tendenzen für geschäftliche Teilhaberschaften und Partnerschaften. Allerdings: Jeder negative Aspekt auf den Jupiter an dieser Stelle schmälert im Sektor der Ehe die Stabilität. Oft genug war ein solch aspektverletzter Jupiter Anlaß zur Scheidung, und dies besonders in den Zeichen Waage, Zwillinge und Schütze. Beispielsweise wirken Aspektverletzungen von Sonne, Venus, Mars und Saturn auf den Jupiter hier erfolgsmindernd. Die persönlichen Bestrebungen werden in diesem Fall egozentrischer, daher auch weniger anpassungsfähig in den ehelichen Verbindungen. Solche negative Aspekte auf den Jupiter brachten sehr häufig auch Leber- und Gallenleiden.

Der Saturn als Dominanz am Aszendenten oder in Nähe des 1. Horoskopfeldes

Auch der Saturn gehört zu den bedeutendsten Konstellationen eines Kosmogramms, wenn er am Aszendenten oder in der Nähe des Aszendenten konstelliert ist. Die einschränkenden, sammelnden, konzentrativen Eigenschaften des Saturn machen sich hier in geistiger wie in materieller Hinsicht besonders bemerkbar. Die Persönlichkeit wird im Wesenskern härter, hartnäckiger, weniger zur Anpassung bereit, egozentrischer. Aber immer besteht gleichzeitig großer Fleiß, ungewöhnliche Ausdauer, Befähigung zu harten Einsätzen oder größeren Mühen. Verloren gehen jedoch die großzügigen Eigenschaften, es entsteht eine Tendenz zur Engherzigkeit, Vorsicht, Sparsamkeit, Verschlossenheit, und man vermag sich nur sehr schwer anderen gegenüber zu öffnen. Alle Erlebensinhalte münden stark ins eigene Ich. Bei positiven Aspekten symbolisiert der Saturn Konzentration, Gründlichkeit, Fleiß, Zurückhaltung, konservative Haltung und Ablehnung aller äußeren Eitelkeiten. Körperlich konserviert er die Gesundheit und bringt in der Regel ein hohes Alter mit sich. In seiner Auswirkung hängt der Saturn hier ungemein vom geistigen und seelischen Reifegrad der Persönlichkeit ab. Ohne seine Aspekte oder Schnittpunkte mit anderen Gestirnen zu beachten, kann man erheblichen Irrtümern ausgesetzt sein, denn die Skala seiner Wirkungen reicht von harten Mühen über Pflichtkomplexe bis zur geistigen Reife, und seine Dynamik liefert keine hektischen Kurven im Schicksal, sondern langwierige und zähe Entwicklungslinien. Die spezifische Wirkung des Saturn zeigt sich als konservierend, festigend, aber auch schleichend, unterminierend. Hinsichtlich des Wesenskerns wird der Saturn zurückhaltend, distanzierend, zeigt bei ungünstigen Aspekten eine einschränkende Tendenz, wird also überaus sparsam und in einigen Fällen auch gefühlskalt. Je nach den Aspekten auf den Saturn kann sich auch eine depressive Haltung ergeben. Das Pflichtmotiv und der mühevolle soziale Aufstieg sind so gut wie immer vorhanden. Das Hauptsymbol des Saturn ist Einschränkung, Mühe, Hemmung, und am Aszendenten bezieht sich diese Gesamttendenz daher auf eine langsame Entfaltung der eigenen Persönlichkeit, die mitunter durch ältere Personen (Vater, Berufsvorgesetzte, Respektspersonen) belastet wird. Über die verschiedenen Aspekte auf den Saturn beachte man hier die Ausführungen unter dem Abschnitt »Aspekte«.

Der Saturn in den zwölf Zeichen

Saturn im Zeichen Widder: Das Marszeichen Widder aktiviert die an sich etwas langsame, schwerfällige, zähe Tendenz des Saturn und löst größeren Ehrgeiz und härtere Durchsetzungslust aus. Die Tendenz des Widder reicht vom praktischen Handwerker bis zum organisationsbegabten Geschäftsmann. Im ganzen sehr leistungsstark und hartnäckig. Die Konstellation wirkt trotz des Mars-Zeichens Widder im Bereich der Gefühle einschränkend, behindernd. Daraus kann sich Hemmung und Zurückhaltung ergeben. Entstehende Konflikte lassen sehr selten Kompromisse zu. Daher auch Schwierigkeiten im Bereich engerer Bindungen und der Ehe.

Saturn im Zeichen Stier: Sehr starker Wille, der sich auf ruhige, aber zähe Weise äußert. Die Materie, die Erwerbsmöglichkeit, das Geldverdienen spielen eine große Rolle. Die etwas schwerfällige Tendenz des Zeichens Stier macht den Saturn geduldig, vorsichtig, in der Regel ausgesprochen praktisch und realistisch. Die eigenen Vorteile und die materielle Absicherung werden zäh verfolgt. Die Wirtschaftlichkeit des Zeichens Stier kann hier zu erheblicher Sparsamkeit ausarten.

Saturn im Zeichen Zwillinge: Am Aszendenten tendiert dieser merkurial beeinflußte Saturn zu Studien, wissenschaftlichen Arbeiten, aber auch zu manueller Geschicklichkeit. Das Zwillings-Zeichen lockert den Saturn wesentlich auf, hat auch oft Bezug zu Mathematik, Planung und Organisation. In der Regel langsamer sozialer Aufstieg. Die reine Gefühlskomponente ist benachteiligt. Bei ungünstigen Aspekten ergeben sich, besonders in der Jugend, Schwierigkeiten mit Geschwistern und Verwandten.

Saturn im Zeichen Krebs: Verlangen nach Absicherung (über Haus, Grundstücke, Familie) und in der Regel sehr sparsam bis wirtschaftlich. In den innersten Zielen zäh und beharrlich. Das Mond-Zeichen Krebs wirkt unterm Saturn-Einfluß etwas mißtrauisch, manchmal auch depressiv, zumindest sehr empfindlich im Gefühlsbereich. Manchmal Schüchternheit infolge mangelnder Aufgeschlossenheit. Der Saturn erhöht die Tendenz zu Stimmungsanfälligkeit und Launen.

Saturn im Zeichen Löwe: Starkes Aufstiegsverlangen und Zielstrebigkeit bringen hier vorwärts. Die Konstellation wirkt organisationsbegabt und zeigt starken Willen. Meist besteht Lebensernst und eine Tendenz zu rascher Verletzbarkeit des persönlichen Stolzes. Das Zeichen Löwe steigert die Unternehmungslust, sekundär jedoch auch die Überheblichkeit. Im Bereich der Partnerschaften ergeben sich leicht Eifersuchtsprobleme. Starkes persönliches Streben nach Beherrschung der näheren und weiteren Umgebung.

Saturn im Zeichen Jungfrau: Ein etwas ichbezogener Typ, der stark zur Kritik neigt und sehr schnell den Splitter im Auge des Nächsten entdeckt. Der Blick bleibt mehr auf das Detail einer Sache gerichtet als etwa auf die große Linie. Fast immer zeigen sich jedoch Pflichtgefühl und Ordnungsliebe. In den Bindungen wenig Anpassungsfähigkeit und oft strenges bis kühles Verhalten in Gemeinschaften. Nörgeln wurde oft beobachtet. In eigenen Angelegenheiten sehr verschwiegen. Hinsichtlich der persönlichen Entwicklung weist die Jugend erhebliche Hemmungen und Hindernisse auf.

Saturn im Zeichen Waage: Starke Abhängigkeit nicht nur von den Partnern, sondern auch von der Verwandtschaft und sonstigen älteren Personen. Häufige Trennungen und Scheidungstendenzen. Der Wesenskern ist freundlicher als sonst unter Saturn-Einfluß und gerechtigkeitsliebender. In den Liebesverbindungen entsteht häufig eine Ernüchterungstendenz, obgleich man nur schwer allein sein kann. Es wird zwar Harmonie erstrebt oder ersehnt, aber aus den Umweltverhältnissen kommen Widerstände und Schwierigkeiten. Diese Konstellation verlangt viel Diplomatie. Manchmal Einengung persönlicher Wünsche über den Partner.

Saturn im Zeichen Skorpion: Die Mars-Saturn-Natur dieser Konstellation wirkt streng, hart, eigenwillig. Es zeigt sich ein ausgezeichneter Geschäftssinn und die Fähigkeit, andere zu beherrschen. Das Selbstbewußtsein kann sehr bedeutend sein, die Mentalität ist stets sehr realistisch. Oft tiefgehende Gefühle und Leidenschaften, die aber nach außen hin kontrolliert werden. Der Wesenskern ist überaus hartnäckig, beharrend auf den eigenen Zielen, die Anpassungsfähigkeit an fremde Wesenskerne sehr gering.

Saturn im Zeichen Schütze: Fast immer philosophische Interessen und Verlangen nach Erweiterung des Horizonts neben einem offenen Wesen, das keine Auseinandersetzungen scheut. Sehr häufig Neigung zu juristischen Studien, zu Positionen bei Staat oder Behörden. Bei ungünstigen Aspekten auf den Saturn Tendenz zu Übertreibungen und zum Prahlen. Die Lebensführung verlangt nach Unabhängigkeit und Freiheit. Größere Redebegabung als sonst unter Saturn-Einfluß.

Saturn im Zeichen Steinbock: Egozentrisches Wesen mit ausgesprochen materiellen Interessen und Absicherungsstreben. Der Ehrgeiz wird zur treibenden Kraft. Fast immer aber auch Selbstdisziplin. Die beruflichen Ambitionen überwiegen Gefühlsäußerungen. Alle Widerstände werden mit größter Zähigkeit und Ausdauer besiegt. Die einengende Tendenz des Saturn in seinem eigenen Zeichen Steinbock kann übertriebene Sparsamkeit, ja sogar Geiz auslösen. Haus- und Grundstücksprobleme. Sehr gute Aspekte äußern sich in Zurückhaltung und Diplomatie.

Saturn im Zeichen Wassermann: Philosophische oder psychologische Interessen mit Vorliebe für Studien. Sehr anhänglich in den jeweiligen Bindungen, aber andererseits auch Hang zur Unabhängigkeit, so daß die Verhältnisse in Liebe und Ehe problematisch werden, während freundschaftliche Bindungen stabil bleiben.

Saturn im Zeichen Fische: Der Saturn-Einfluß bringt hier starke Intuition, aber auch Mitgefühl mit anderen. Im psychischen Bereich wirkt er häufig depressiv, und in den engsten Verbindungen schwierig, so daß·manchmal Vereinsamung eintritt. Das Selbstvertrauen und die Selbstbehauptung sind schwach ausgebildet, so daß die Ziele nicht immer erreicht werden oder das eigene Wirken nicht voll anerkannt wird. Häufig entsteht auch schnelle Niedergeschlagenheit bei auftretenden Widerständen.

Saturn an der Partner-
oder Ehe-Achse VII oder im Feld VII

Das Zähigkeits- und Beharrlichkeitsmoment des Saturn erweist sich auch im Feld der Ehe oder Partnerschaften im guten wie im negativen Sinn. Man beobachtete sehr oft langanhaltende Gemeinsamkeit mit dem Partner oder Rückwirkungen aus dessen Schicksal auf die eigene Lebensgestaltung. Zum Beispiel gingen den Trennungen langwierige Krisen oder schweres seelisches Leid voraus. Das beigefügte Horoskop-Beispiel einer Arztgattin zeigt den Saturn in Konjunktion mit dem Uranus im Ehefeld VII: Der Mann wurde als Widerstandskämpfer in Prag von der Gestapo nach langem Aufenthalt im Gefängnis erschossen. Die Geborene selbst erlag nach zweijährigem Aufenthalt im Untergrund einer Leukämie. Konjunktionen anderer Gestirne zum Saturn werden hier besonders wichtig, wie auch alle Aspekte auf das Ehefeld VII. In günstig gelagerten Fällen wird die Heirat zuweilen verzögert, oder es ergaben sich Kontakte zu älteren (reiferen) Partnern oder Partnerinnen. Ein gewisses »Zwangsmotiv« in der Ehe, bedingt durch Eigenart des Partners oder dessen Schicksal, war oft festzustellen. Bei positiv konstelliertem Saturn ergaben sich langanhaltende Bindungen (Treue-Aspekt) im Sinne einer Schicksalsgemeinschaft oder Kameradschaft. Verbindungen mit Mars oder Uranus wirkten auf jeden Fall schicksalhaft (wie im oben angeführten Beispiel), insbesondere auch was langwierige und schwere Erkrankungen angeht. Da das Feld VII auch die Teilhaberschaften symbolisiert, signalisiert ein ungünstig aspektierter Saturn hier zugleich mögliche Verluste oder Schwierigkeiten mit Geschäftspartnern oder Mitarbeitern. In diesem Fall würden Prozesse einen negativen Verlauf anzeigen, mindestens Trennungen von den Teilhabern.

Der Uranus am Aszendenten

Dies wäre eine der markantesten Konstellationen, die man in einem Kosmogramm haben kann, da sich die Uranus-Dynamik oft in Form von Umbrüchen und manchmal auch äußerem Zwang herausstellt. Die Wirkung des Uranus ist selten vorhersehbar, denn die Ereignisse treten bei dieser Konstellation plötzlich, spontan ein und zeigen keine langsame Anlaufzeit wie etwa beim Saturn. Das Symbol des Uranus ist der Umbruch, das grundsätzlich Neue, die Umstellung, so daß er an dieser wichtigen Stelle am oder in Nähe des Aszendenten einen äußerst bewegten, unruhigen und von vielerlei Wenden erfüllten Lebenslauf symbolisiert. Ideen, neue Pläne, Reformen tauchen urplötzlich auf und können die bisherige Stabilität völlig aufheben. Es zeigten sich Ortsveränderungen, Reisen, Auslandsreisen, Umbrüche in den Berufspositionen, die ganz selten stabil bleiben. Bei positiven Aspekten wirkt der Uranus willensstark, unabhängigkeitsliebend, originell in den Ideen und Plänen. Bei Aspektverletzungen auf Uranus oder den Aszendenten zeigt sich in vollem Ausmaß die negative Tendenz des Uranus in Form von Jähzorn, Widerspenstigkeit, Exzentrik in den Ansichten und Plänen.

Uranus hat eine Tendenz zu außergewöhnlichen Schicksalsreaktionen, zu modernen technischen Berufen, aber auch zum Sport. Bei Personen mit öffentlicher oder politischer Tätigkeit wirkt er unberechenbar, zeitweise gefährlich aufgrund der bestehenden Exzentrik, er kann urplötzlich ins Rampenlicht führen, aber ebenso wieder stürzen.

Dieses umstürzlerische Prinzip des Uranus, das aus inneren oder äußeren Spannungen, aus Widersetzlichkeit gegenüber dem Überholten (etwa Tradition) oder auch nur aus der bloßen Rebellion im Geistigen besteht, ist auch im Wesenskern der vom Uranus beeinflußten Menschen stets deutlich zu erkennen. Unter dieser Dominanz kann sich kein stabiler, durchschnittlicher Lebenslauf ergeben. Die beiliegenden Uranus-Kosmogramme wirken im Schicksal der Betroffenen überzeugend. Im Abschnitt »Prognose« sind die zeitlichen Abläufe der Uranus-Aspekte genauer erläutert. In der Vorhersage solcher Uranus-Rhythmen können sie selbst Skeptiker überzeugen. Das Wesen eines Menschen ist bei markanten Uranus-Konstellationen niemals ausgeglichen, folgerichtig, sondern zeigt neben Sprunghaftigkeit und Exzentrizität bisweilen auch fanatisches Festhalten an eigenen Überzeugungen und Ansichten. Übersteigende Energie, Mut oder Furchtlosigkeit wurden aber ebenfalls sehr oft beobachtet. Ein aspektverletzter Uranus am Aszendenten ist ein denkbar schicksalhafter Einfluß, der infolge seiner brisanten Wirkung und der Unvorhersehbarkeit dieser Wirkungen (bzw. den Folgen eigener Taten) kaum zu paralysieren ist. Die Erkrankungssymptome unter dem Uranus-Einfluß betreffen sehr häufig das Nervensystem, ferner zeigten sich Unfalltendenzen durch Sport, Auto, Motoren, Flugzeuge, moderne Technik, ferner im Kriegsgeschehen. Die Wirkung des Uranus in seinen Aspekten ist unter dem Abschnitt »Aspekte« nachzulesen.

Der Uranus in den zwölf Zeichen

Uranus im Zeichen Widder: Willensstärke und Energie, Erfindergabe, stures Verfolgen eigener Pläne. Hier zeigte sich die Unfalltendenz und das Motiv der plötzlichen Veränderungen am deutlichsten (bei Kindern oft schon in frühen Jugendjahren). Das Selbständigkeits- und Unabhängigkeitsstreben ist besonders markant, und es ergeben sich zahlreiche Konfliktsituationen in den engeren Bindungen nach Trennungen oder Auseinandersetzungen. Der Wesenskern ist unausgeglichen, sprunghaft und dies besonders in den psychischen Reaktionen.

Uranus im Zeichen Stier: Die Widersetzlichkeit des revolutionären Uranus tendiert im Zeichen Stier zur Sturheit und zeigt festgefahrene Ansichten, die (richtig oder falsch) mit großer Hartnäckigkeit verfolgt werden. Finanziell wirkt diese Konstellation wenig stabil, kann allerdings bei guter Aspektierung auch plötzliche Gewinne auslösen. Bei positiven Aspekten oft wirtschaftliche Begabung und Aufstieg zum Experten.

Uranus im Zeichen Zwillinge: Unstete Position mit viel Wechsel, der urplötzlich eintreten kann, wobei er die gesamte persönliche Situation verändert. Rasche nervliche Reaktionen, Reiseliebe und plötzliche

Auslandsreisen. Intellektuelle Wendigkeit mit Vielseitigkeit der Ideen und Pläne. Schnelle Anpassungsfähigkeit an veränderte Sachlagen oder Berufspositionen. Gewagte finanzielle Aktionen – bei positiven Aspekten die Möglichkeit plötzlichen Geldzuflusses. Beim Sport mitunter Tendenz zu Verletzung der Gliedmaßen.

Uranus im Zeichen Krebs: Sensibles Wesen, das Stimmungsschwankungen unterliegt. Plötzliche Unzufriedenheit mit dem Bestehenden und daher Positionswechsel. Unberechenbare Handlungen und zuweilen starke psychische Spannungen, die die engeren Beziehungen als unberechenbar erscheinen lassen. Schwierigkeiten in der Familie bringen häufig Ortswechsel.

Uranus im Zeichen Löwe: Großes Gefühlsengagement und leidenschaftliche Bindungen in der Liebe. Befähigung zur Leitung eines Unternehmens, daher auch Verlangen nach Autorität, bei negativen Aspekten Konfliktsituationen oder Aggressionen. Versucht sich mit großer Energie durchzusetzen und an die Spitze zu gelangen. Zahlreiche Liebesverhältnisse infolge ausgeprägten Triebverlangens. Meist Erfolge in der Öffentlichkeit. Bei guten Aspekten Geldzufluß durch gewagte Spekulationen. Häufig künstlerische Ambitionen.

Uranus im Zeichen Jungfrau: Wissenschaftliche Interessen oder Forschertätigkeit in den Bereichen Technik, Chemie. Kritisches bis analytisches Denken. Interesse an Reformen oder Heilkunde (Heilpraktiker) oder auch im Ernährungswesen. Schwierigkeiten mit Personal oder Arbeitskollegen. Bei negativen Aspekten Überschätzung der eigenen Fähigkeiten. Fast immer Redebegabung (insbesondere bei Politikern).

Uranus im Zeichen Waage: Tendenz zu öffentlichen Positionen oder Beeinflussung der Öffentlichkeit durch Rede und Schrift. Die Wesensart kann freundlich bis charmant sein, wirkt daher stark auf die Umwelt ein. Künstlerische Interessen (Malerei, Musik, Bildhauerei). Sehr starke Phantasie und Vorstellungskraft. Der Wesenskern ist ungeduldig, hat manchmal schauspielerische Fähigkeiten, versteht andere für sich einzunehmen. Fast immer groß angelegte Ideen und Pläne. Launen und plötzliche Stimmungsausbrüche können andere Menschen brüskieren.

Uranus im Zeichen Skorpion: Außerordentliche Energie und manchmal fanatisches Durchstehvermögen in schwierigen Situationen. Der Wesenskern zeigt Zivilcourage, vermeidet Kämpfe nicht. Starke Suggestionskraft, Kombinationsgabe und Scharfsinn. Manchmal Beziehungen zur Medizin oder Chemie. Die eigene Unnachgiebigkeit führt in engen Bindungen zu Auseinandersetzungen, die ohne Rücksicht auf Verluste verfolgt werden.

Uranus im Zeichen Schütze: Freiheitsgefühl und Unabhängigkeitslust. Abneigung gegen jegliche Art von äußeren Zwängen (auch gegenüber Respektspersonen und insbesondere gegen Vorschriften, Gesetze oder gängige Weltanschauungen bzw. Dogmen). Starke Intuition, aber innerliche Unruhe und Rastlosigkeit, verbunden mit großer Reiseliebe und Ortswechsel. In den Berufspositionen wenig echte Stabilität – es sei denn, daß die innere Freiheit unangetastet bleibt. Interesse an philosophischen oder psychologischen Problemen. Wechselnde Liebesverhältnisse. Bei negativen Aspekten auf den Uranus nervöse Spannungen.

Uranus im Zeichen Steinbock: Sehr starke Konzentrationsgabe auf ein Ziel, Ehrgeiz und sozialer Aufstiegswille. Im Wesenskern etwas einseitig und manchmal voller Widerspruchsgeist. Differenzen mit Respektspersonen. Aufgezeichnete Organisationsgabe mit der Fähigkeit, ein Unternehmen aus dem Nichts zu schaffen. Fast immer Führungsqualitäten. Sehr empfindlich gegen Ich- oder Stolzverletzungen. Fast immer Auflehnung bei Eingriffen in die eigenen Persönlichkeitsrechte.

Uranus im Zeichen Wassermann: Gesunder Menschenverstand und starke Intuition. Überhaupt wird hier mehr aus dem Gefühl als aus dem Intellekt gehandelt, daher geistige Originalität und häufig eine Vorliebe für Ironie oder Satire. Neben wissenschaftlicher Begabung auch Interesse für die Künste (Tanz, Rhythmik). Fast immer eine Spezialbegabung. Viele Freundschaftskontakte, die oft impulsiv vor sich gehen. Schnelle Auffassung fremder Materie. Starke Anlage zu Humanität und soziale Bestrebungen. Große Reiselust.

Uranus im Zeichen Fische: Viele Widerstände im Schicksal und Umbrüche. Idealistische Auffassung oder Ziele, die manchmal kaum oder schwer durchführbar sind. Sehr starke Phantasie (Wahrträume, Vorahnungen). Soziale Bestrebungen und Interesse an philosophischen Fragen, Weltverbesserungsideen. Das Unterbewußtsein ist stark entwickelt.

Uranus an der Horizontalachse
im Feld VII des Kosmogramms

Die achsenscharfe Konstellation des Uranus an der Ehe- oder Partnerspitze VII ist das Kennzeichen der plötzlichen, überraschenden Kontakte, aber auch der erregenden und akuten Trennungen, gleichgültig, ob im männlichen oder weiblichen Horoskop. Das Verhältnis zum Du ist aufregend, fluktuierend, oft auch faszinierend. Die Kontakte zeigen Impulsivität, Originalität, Unberechenbarkeit. Der jeweilige Partner tritt mit heftiger Dynamik in das eigene Leben (ebenso häufig aber sind plötzliche, unvorhergesehene Abschiede). Der Uranus an dieser Stelle symbolisiert unkonventionelle Bindungen, Heftigkeit der Gefühle, Voreiligkeit in den Entschlüssen (oft auch hinsichtlich der Heirat), seelische Krisen als Folgeerscheinung der psychischen Affekte. Es kann sich aber auch um Höhepunkte des seelischen Erlebens handeln, die große Affekte auslösen.

Im Scheidungstest der Horizontalachse (Aszendent zur Ehespitze VII) erreichten die Achsenspitzen in den Zeichen Widder, Waage, Zwillinge, Schütze, Fische ein Höchstmaß an Labilität, Schwankungen, Enttäuschungen, Ernüchterungen, und manchmal gingen auch sogenannte Versuchsehen wieder in die Brüche.

Bei Achsenbesetzungen (der Spitze VII) mit den Zeichen Stier, Skorpion, Wassermann machten Trennungen und Scheidungen (die durch anderweitige Konstellationen und Aspektierungen angezeigt waren) den Horoskop-Eignern schwer zu schaffen. Es kam zu Streitscheidungen, manchmal jedoch auch zur Rücknahme eingeleiteter Scheidungen, zu langwierigen, hartnäckigen Ehekonflikten, die sich nur schwer lösen ließen. Siehe auch die Ausführungen über Mars an der Spitze VII oder im Feld VII selbst.

Ein Beispiel für die Uranus-Wirkung in Feld VII: Eine Klientin mit dieser Konstellation des Uranus im Feld VII war glücklich verheiratet, als ein Künstler bei einem öffentlichen Auftritt sie dermaßen in seinen Bann zog, daß der Ehemann von einer Umnachtung ihres geistigen Wesenskerns sprach. Sie ließ Haus, Mann und Kinder im Stich. Nach kurzer Zeit des Rausches jäh erwacht, verübte sie Selbstmord. Ein Mädchen mit Uranus am Aszendenten wurde aus einem Internat wegen amoralischen Verhaltens entlassen. Eine Mars-Opposition auf den Uranus im Feld VII wirkte sich tragisch aus: Ein junger Mann, der ein Mädchen liebte, seine Liebe aber nicht erwidert sah, lud seine Geliebte (kurz vor deren Heirat mit einem anderen) in seinen Wagen ein und fuhr mit ihr in den Tod (er rannte gegen eine Böschung). Eine prominente Filmschauspielerin mit achsenscharfem Uranus landete dreimal in kurzer Frist hintereinander im Nervensanatorium. Ein sehr verletzter Uranus in diesem Partnerfeld erwies sich im Verhalten vom Ich zum Du als Stichflamme, ebensooft auch als Kurzschluß oder als Blitz aus heiterem Himmel, jedenfalls als Affekt oder Höhepunkt eines Lebens. Seine Versprechungen sind ungewöhnlich, erregend, meist jedoch kurzfristig, seine Verheißungen aufrüttelnd, umstürzlerisch und außerhalb aller Konventionen. So stört er am Aszendenten die geistige Balance, an der Spitze VII die Stabilität. Er allein erreicht in den statistischen Reihenuntersuchungen bei Aspektverletzungen im Feld VII nahezu 90 Prozent Treffer hinsichtlich der Scheidungen. Ein aspektverletzter Uranus an der Horizontalachse war in allen Fällen eine außerordentliche Schicksalskonstellation und zeitigte einen ungewöhnlichen Lebenslauf.

Neptun am Aszendenten

Der Neptun benötigt fünfzehn Jahre, um ein Zeichen zu durchlaufen und gehört infolge dieses langsamen Laufes durch den Zodiak zu den sogenannten Generationsaspekten. Am Aszendenten oder in Nähe desselben wurde er über langjährige Beobachtungen als Hinweis auf allzugroße Beeindruckbarkeit, auf übersteigerte Phantasie und daher auf gefühlsbedingte Handlungen, die die eigene Entfaltung hemmten, erkannt. Einbildung, Phantasie und Vorstellungskraft sind die Hauptmerkmale des Neptun, die aber bei negativen Aspekten zum Mediumismus, in einigen sogar zu Unwahrheit und Betrug tendieren. Daß die psychische Sensibilität stets erhöht ist, gehört zur neptunischen Anlage. Nicht selten werden Menschen mit dieser Konstellation zu Opfern von Betrügern oder Erpressern. Das meiste hängt hier von den Aspekten ab, die der Neptun erhält. Man beobachtete auch gewisse Probleme wie Drogenabhängigkeit, nebulose weltanschauliche Ideen und soziale Auflösungserscheinungen (Blumenkinder, Rocker, Punker). Gefühlsbezogene Medien wie Schallplatte, Film, Massensuggestionen haben Bezug zum Neptun, der in seiner negativen Anlage das Chaos schlechthin symbolisiert. In abgeschwächter Form zeigt er sich im Alltag als Täuschung, Enttäuschung oder auch als krankhafte Vorstellung, Manien, Süchtigkeit. Die aktive und zielstrebige Klarheit des Denkens und Handelns fehlt bei Neptun-Dominanz. In einigen Fällen beobachtete man auch Abhängigkeit von Sekten, irrationalen religiösen Begriffen.

Das durchschnittliche Kosmogramm darf jedoch nicht absolut im Sinne dieser extremen neptunischen Auswüchse betrachtet werden, da die gesamte Neptunkonstellation vom übrigen Zustand des Kosmogramms abhängt. Positive Sonnen- oder Mars-Aspekte können künstlerische Inspirationen bringen. Bedeutende positive Neptun-Konstellationen zeigen sich beispielsweise auch bei künstlerischen Berufsgattungen, bei denen es auf viel Phantasie, Intuition, Einfühlungsgabe (wie etwa bei Komponisten) ankommt. Die Neptun-Wirkung in den einzelnen Zeichen ist noch nicht genügend erforscht. Man spricht ihm

Kosmogramm Erich von Dänicken: 14.4.1935, 11.30 Uhr, Zofingen. Dominanz: Merkur am Meridian in Opposition zum Mars: Streitigkeiten, Prozesse, Angriffe. Pluto am Aszendenten im Trigon zum Jupiter: Aufstiegsaspekt, Organisator, weltweite Publicity.

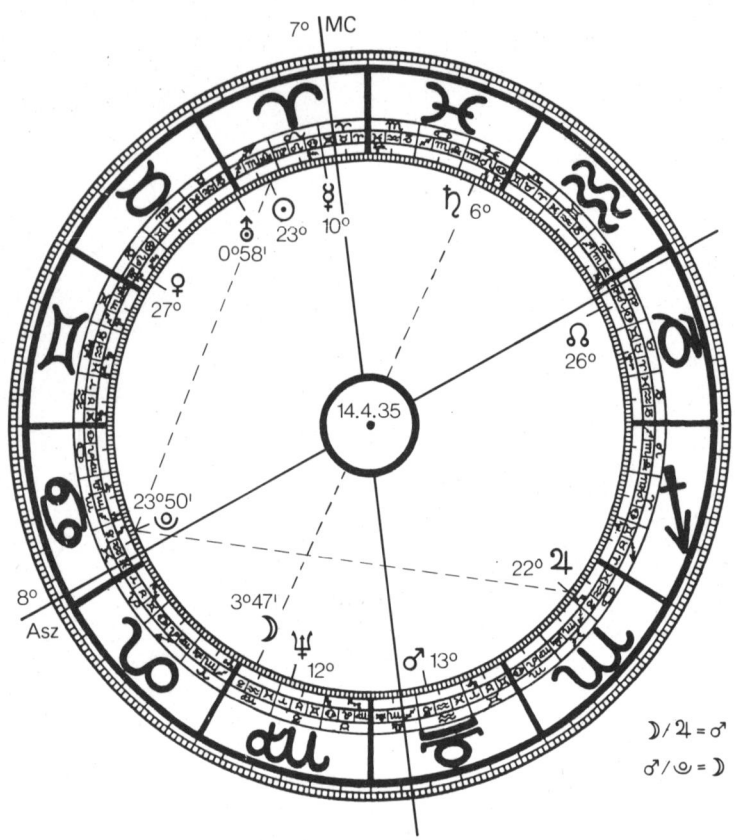

Kosmogramm Katja Ebstein: 9.3.1945, 14 Uhr bei Breslau. Dominanz: Pluto am Aszendenten: plötzlicher Aufstieg. Venus im Berufsfeld X, Mond Trigon Jupiter: Popularitätsaspekt.

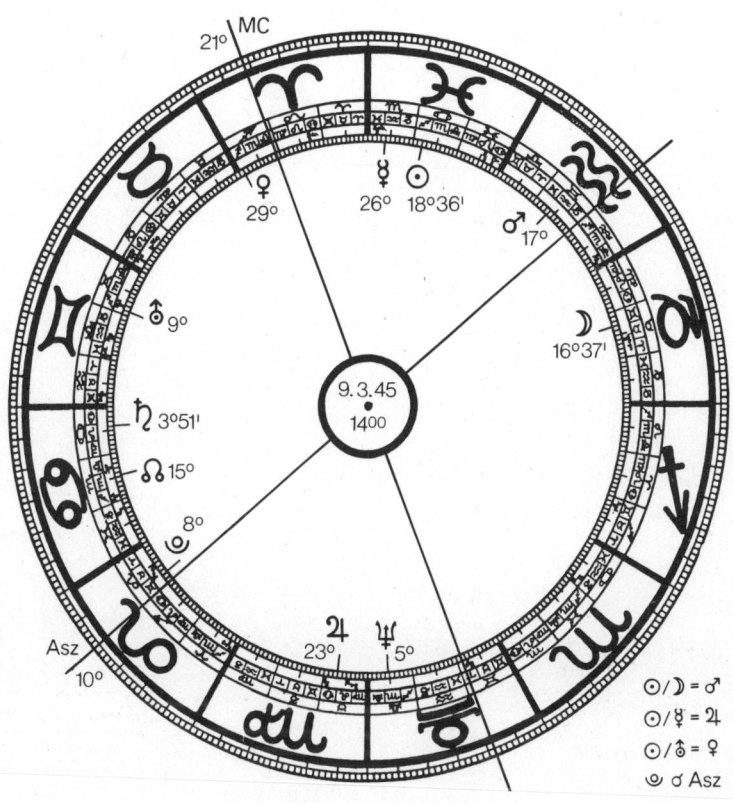

Kosmogramm männlich: 15.12.1926, 17.30 Uhr. 48 Grad Breite. Pluto exakt am Aszendenten: Unfall-Tod im Auto (zusammen mit Tochter). Uranus Quadrat Sonne (Unfall-Aspekt), Uranus Quadrat Venus (mit Tochter).

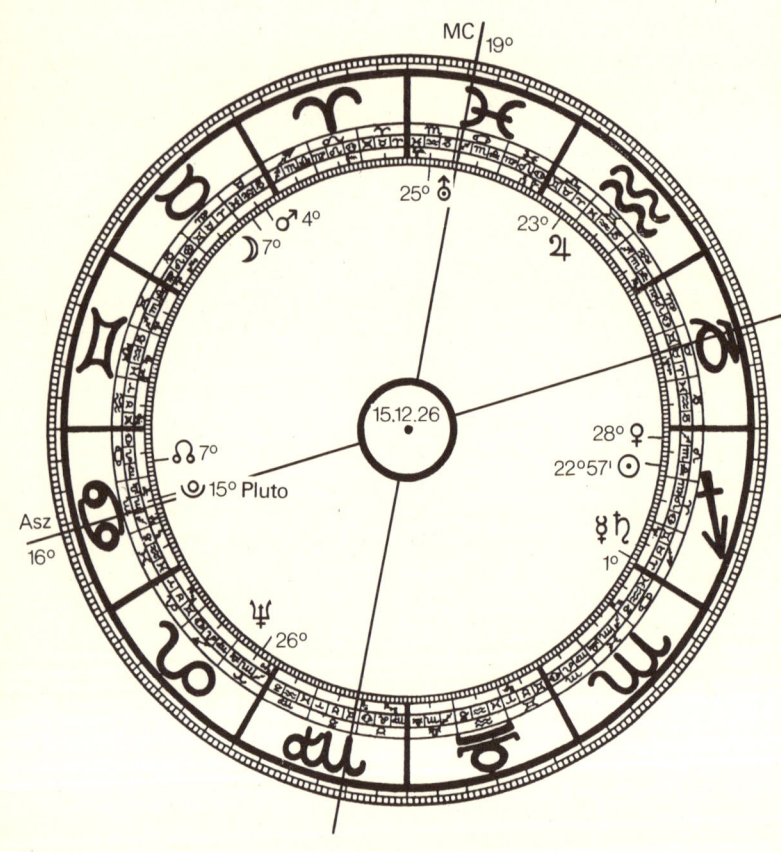

Schnittpunkt: Merkur/Saturn zu Pluto = Sonne!

eine besondere Wirkung in den Zeichen Krebs und Fische zu, wie überhaupt das Wasserelement dem Neptun zugehörig wäre.

Pluto am Aszendenten

Hier handelt es sich wieder um eine ausgesprochen starke, daher dominante Konstellation in jedem Horoskop, die erst in den letzten Jahrzehnten genauer vermittels der Statistik erforscht wurde. Die Auswirkungen des Pluto, den man erst 1930 entdeckte, wurden vom Autor in zahllosen Kosmogrammen bei dieser Aszendentenstellung als Unfallkonstellation erkannt, wobei diese Unfälle oder sonstige Katastrophen fast immer im Kollektiv, also in der Masse (Flugzeug, Auto, Schiff, Eisenbahn) beobachtet wurden. Man hat Kosmogramme von ausgesprochenen Plutonikern festgestellt, also Persönlichkeiten von einer ungewöhnlichen Dynamik, die unter Gewalt- oder Zwangseinflüsse geraten. Gerade Gewalt oder Zwang wurden als Schicksalsmotive unterm Kollektivgestirn Pluto erkannt. Beachten Sie auch die weiteren Ausführungen über Pluto an der Vertikalachse. Der Autor hat speziell über die Pluto-Aspekte und -konstellationen eine umfangreiche Statistik aus Tausenden von Horoskopen erstellt. Im politischen Sektor gilt Pluto als Symbol der Zerstörung und der darauffolgenden Erneuerung. Daß er im Aspekt zur Sonne in einem individuellen Kosmogramm enormen Ehrgeiz und Autoritätsverlangen auslöst, hat sich erwiesen. Im negativen Aspekt zur Sonne wirkt er gewalttätig, riskant, teils gefährlich.

Die Sonne am Aszendenten

Die dominate Konstellation der Sonne an der Horizontalachse oder auch im 1. Feld des Kosmogramms ist in allen Fällen ein Symbol für Lebenswille, Vitalität, Machtwillen, Ehrgeiz, Leistungskraft, Aufstiegsstreben. Ähnlich wie beim Mond hängt hier außerordentlich viel vom jeweiligen Tierkreiszeichen ab, in dem sich die Sonne befindet, und ebensoviel von den jeweiligen Aspekten, die die Sonne am Aszendenten erhält. Im weiblichen Kosmogramm symbolisiert die Sonne die Beziehungen zum Partner, im männlichen Horoskop hat sie Beziehung zum Vater und zu Autoritätspersonen. Im ganzen gehört diese Sonnen-Position zu den markantesten, da sie die Persönlichkeit aus der Masse heraushebt und damit in besonderem Maße die Individualität betont. Außerdem stellt sie ein soziales Aufstiegsmotiv dar (falls frei von negativen Aspekten). Die Sonnenkraft ist aber stets sehr abhängig vom jeweiligen Sonnenzeichen. Auch negative Aspekte auf die

Sonne (siehe unter »Aspekte«) schmälern die Substanz der Sonnenkraft ganz erheblich und können schwache Lebenskraft, berufliche und soziale Aufstiegshemmungen andeuten.

Die Sonne in den zwölf Zeichen

Sonne im Zeichen Widder: Ausgesprochene Persönlichkeit mit dem Willen zur Selbstbehauptung und mit Durchsetzungsvermögen. Daher auch Führungseigenschaften und Organisationstalent. Die Sonne am Aszendenten hat Bezug zum Herz und zum Kreislauf, ferner zu den Augen. Die Willensintensität wie auch die Impulsivität der Persönlichkeit ist infolge des Mars-Zeichens Widder besonders betont.

Sonne im Zeichen Stier: Geduld und Ausdauer, erhöhter Eigenwille, Verlangen nach Ruhe und Behaglichkeit. Konservative, leidenschaftliche und tiefgehende Gefühlsnatur. Neigung zum Lebensgenuß, Verlangen nach materieller Absicherung. Langsamer, aber sicherer Aufstieg. Zuverlässigkeit im Charakter. Starke Sinnennatur. Vermag Widerstände und äußere Schwierigkeiten durch Zähigkeit und Ausdauer zu überwinden.

Sonne im Zeichen Zwillinge: Geistige Beweglichkeit, rasch erfassender Verstand, aber auch schnelles Vergessen. Gewisser Mangel an Konzentration. Begabung für Sprache und Fremdsprachen. Literarische oder künstlerische Neigungen. Unruhige Mentalität mit Liebe zum Reisen. Anpassungsfähigkeit und Diplomatie.

Sonne im Zeichen Krebs: Der Gefühlssektor ist am stärksten ausgeprägt, daher rasch beeindruckbar, voller Stimmungen und Launen. Große Empfindlichkeit. Teils Verlangen nach persönlicher Beachtung, teils Zurückhaltung bis Schüchternheit. Anlage zur Sparsamkeit und Wirtschaftlichkeit. Man hängt an Familie, Häuslichkeit und Tradition. Das Verlangen nach Harmonie ist stärker als die Angriffslust.

Sonne im Zeichen Löwe: Diese Konstellation aktiviert das Selbstbewußtsein, das Verlangen nach Beachtung und sozialem Aufstieg. Starke Gefühlsimpulse, Begeisterungsfähigkeit. Tendenz zum Leiten, Herrschen und Führen. In der Regel großzügig bis freigebig. Bei ungünstigen Aspekten zuweilen etwas tyrannisch, selbstherrlich, gönnerhaft. Man verfügt dann kurzerhand über andere Personen der Umwelt. Ausgesprochene Löwe-Typen wollen fast stets eine Rolle spielen (übrigens sehr oft schauspielerische Fähigkeiten).

Sonne im Zeichen Jungfrau: Eher zurückhaltend und abwartend, in der Regel sehr gute Beobachtungsgabe und Neigung zur Kritik. Persönliche Gefühle werden nicht gerne gezeigt. Ausgezeichneter Realitätssinn mit sachlicher Beurteilung der Tatbestände. Es zeigt sich fast immer Fleiß, Überlegung und die Fähigkeit, Vorteile rasch zu erkennen und zu nützen. In der Regel sparsam bis berechnend.

Sonne im Zeichen Waage: Starker Ehrgeiz und Anfälligkeit im Stolz, da die Persönlichkeit beachtet und anerkannt sein will. Zurücksetzungen werden schwer ertragen. Stets zu engeren Kontakten und Verbindungen bereit. Gesellige Natur, die schwer allein sein kann. Verlangen nach Harmonie zwischen Gefühl und Verstand. Sehr gerechtigkeitsliebend. Man reagiert stark auf Lob und Schmeichelei. Interesse an den Künsten.

Sonne im Zeichen Skorpion: Starkes Selbstbewußtsein und Energie bis Zähigkeit in der Durchsetzung eigener Wünsche. Leidenschaften können stark ausgeprägt sein. Die selbstbewußte Art des Mars-Zeichens Skorpion verträgt wenig Widerspruch. Innerhalb der engeren Umwelt oft erhebliche Auseinandersetzungen. Bei sehr guten Aspekten große Zuverlässigkeit und Arbeitskraft, bei negativen Aspekten Jähzorn und psychische Erregbarkeit. Keine Anlage zu Schmeichelei oder allzugroßem Entgegenkommen.

Sonne im Zeichen Schütze: Im Wesenskern liegt Freimut, Offenheit, Impulsivität in den Gefühlen. Hang zu Übertreibungen. Große Liebe zum Sport und Freude am Reisen. Beweglicher Typ, der nicht sitzen kann. Großartige Projekte und weitreichende Pläne. Im ganzen fast immer hilfsbereit und organisationsbegabt.

Sonne im Zeichen Steinbock: Das sogenannte Arbeitszeichen Steinbock tendiert zu starkem Pflichtgefühl und zu rastlosen Einsätzen. Enormes Aufstiegsstreben und großer Ehrgeiz, der Schwierigkeiten und Widerstände über lange Zeit aushält. Im Psychischen wenig zugänglich, daher werden Gefühle nicht gern gezeigt. Zuweilen Neigung zu Absonderung und Distanzierung. Personen mit dieser Konstellation bauen Unternehmen aus kleinsten Anfängen auf. Eifersuchtstendenzen infolge des schnell verletzbaren Stolzes.

Sonne im Zeichen Wassermann: Große Gerechtigkeitsliebe und humane Veranlagung. Sehr intuitiv und beharrlich in den Zielen. Der Wesenskern ist entgegenkommend, zeigt sehr viel Witz. Neigung zu den Künsten. Wechselnde Interessengebiete und wechselnde Freundschaften. In manchen Fällen besteht eine etwas autoritäre Anlage. Bei negativen Aspekten leicht eigensinnig. Technische Begabung.

Sonne im Zeichen Fische: Beeindruckbare Psyche mit gelegentlichen Depressionen, Launen und wechselnden Stimmungen, hilfsbereit, zuweilen aufopfernd. Je nach den Aspekten zeigt die ansonsten anfällige Fisch-Tendenz aber auch große Arbeitsintensität und heftige Einsätze. Organisationsbegabung. Interesse an philosophischen und weltanschaulichen Problemen.

Die Sonne an der Partner- oder Ehespitze VII

Eine gut aspektierte Sonne im Feld VII ist ein sofortiger Hinweis auf positive Verbindungen, Glück in der Ehe sowie in allen Angelegenheiten mit Teilhabern, Geschäftspartnern. Man konnte beobachten, daß diese Sonnenkonstellation stets zum richtigen Ergänzungstyp führte. Sie wirkt hierbei am stärksten im Zeichen Löwe, Widder, Schütze. Alle Umweltverbindungen werden wichtig, und der Partner selbst hat gewöhnlich eine markante Position in der Öffentlichkeit. Allerdings kommt hier jedem Aspekt auf die Sonne besondere Bedeutung zu, und auch eventuelle weitere Gestirne im 7. Feld können die Aussagen modifizieren. Männliche Horoskope zeigten bei der Sonne im 7. Feld Verlangen nach Beachtung der eigenen Persönlichkeit in der engeren Umwelt wie in der Öffentlichkeit. Im weiblichen Horoskop dagegen ist diese Sonnenposition speziell auf die Ehe bezogen. Wird die Sonne aspektverletzt, so kann man darauf schließen, daß sich der Partner allzusehr in die persönlichen Belange einmischt, so daß Spannungstendenzen oder gar gewisse Kämpfe in der Ehe entstehen. Bei Mars- und Jupiter-Verletzungen auf den Sonnenort ergaben sich häufig Prozesse, Scheidungen, zuweilen aber auch nur der Versuch des Partners, die Herrschaft in der Ehe auszuüben.

Positive Sonnenkonstellationen oder auch -aspekte im Ehefeld VII sind eine Garantie für sozialen Aufstieg, für Popularität und eine stabile Ehe. Gemäß der Eigenart vom Feld VII werden sämtliche Umweltbeziehungen wichtig für das eigene Schicksal, aber auch für die jeweiligen Teilhaber und Mitarbeiter. Es zeigt also insgesamt auf, welche Bedeutung der Partner für den Horoskop-Eigner selbst erlangt. Die schwierigste Situation für eine Ehe bei Sonne im Feld VII ergäbe sich durch Quadrat- oder Oppositionsaspekte vom Saturn oder Mars ins Feld VII.

Eine positiv aspektierte Venus im Feld VII wäre Symbol für Liebesheirat. Ein günstiger Aspekt ist Saturn im gleichen Feld VII, läßt selbst bei anderweitigen ungünstigen Konstellationen die Ehe so gut wie nie in die Brüche gehen.

Mars am Aszendenten

Diese äußerst markante Mars-Konstellation signalisiert stets erhöhte Aktivität und Impulsivität, Energie und Entschlossenheit sowie eine ausgeprägte Triebnatur. Gemäß dem Mars-Symbol handelt es sich um erhöhte Antriebskräfte, die je nach Zeichenbesetzung und günstigen Aspekten auch zur Aggression, zum Jähzorn oder ganz einfach zur

Rücksichtslosigkeit tendieren können. Überschätzung der eigenen Kräfte und daher Forcierungen im Beruf können gesundheitliche Nachteile auslösen. Ungeduld ist ein Hauptmotiv dieser Konstellation, und bei negativen Aspekten fand man viele Unfälle bestätigt (insbesondere beim Sport). Daß der Mars im sogenannten Feuerelement besonders stark wirkt, hat sich bestätigt, desgleichen in den Führungszeichen Widder und Steinbock.

Mars im Zeichen Widder: In seinem eigenen Zeichen ist die Mars-Tendenz außerordentlich überhöht, und es zeigt sich mitunter das Motiv von Gewalt. Tatkraft, Initiative, aber auch allzu große Offenheit und nicht selten Streitlust kennzeichnen die maximale Wirkung der Mars-Konstellation. Die Statistik ergab viele Kopfverletzungen, Schlafstörungen, Schnittverletzungen. Das Impulsivitätsmotiv wird hier ganz besonders zutage treten. Im eigenen Ich eine Art Kampfkonstellation.

Mars im Zeichen Stier: Der Wille wird hier enorm zäh, hartnäckig, und die Persönlichkeit ist schwer lenkbar, zeigt überaus großen Eigenwillen, der bis zur Starrköpfigkeit gehen kann. Bei günstigen Aspekten viel Geduld und Ausdauer. Ungewöhnlich ist die Arbeitskraft im Zeichen Stier samt der Ausdauer bei schwierigen Einsätzen. Die überwiegend materielle Einstellung ist unverkennbar. Daher fast immer Praktiker, Realisten.

Mars im Zeichen Zwillinge: Die marsische Antriebskraft samt der Wendigkeit des Zeichens Zwillinge tendiert zur Ruhelosigkeit, zum Drang nach ständig Neuem, so daß die Konzentration auf ein einziges Ziel abgeschwächt wird. Intellektuell vielseitig interessiert und redebegabt, gewandt in der Verteidigung eigener Überzeugungen. Anfällig im Nervensystem. Wechsel in den beruflichen Positionen, aber auch in den triebhaft betonten Verbindungen.

Mars im Zeichen Krebs: Ungeduld und psychische Spannungen. Willensantriebe wechseln zwischen Aktivität und Passivität. Sensibles Nervensystem. Bei negativen Aspekten leicht aufgeregt. Starkes Verlangen nach Familienbindungen. Erhöhte Sinnlichkeit. Körperlich tendiert diese Konstellation zu nervös bedingten Magenleiden, daher bedarf der Mars im Wasserzeichen Krebs der inneren wie äußeren Harmonie und eines Rückhalts in der Familie.

Mars im Zeichen Löwe: Im Feuerzeichen Löwe wird die Triebhaftigkeit des Mars noch erhöht und löst daher vielseitige und mitunter impulsiv erfolgende Kontakte aus. Das Zeichen Löwe tendiert zur Begeisterungsfähigkeit und Leidenschaftlichkeit in den Gefühlen, die bei negativen Aspekten manchmal zu körperlicher Verausgabung führen können. Ausgesprochene Ehrgeiz-Konstellation, die nach Leitung und Führung verlangt. Alles Kleinliche und Engherzige wird abgelehnt. Zeitweilig lebt man über seine Verhältnisse. Es besteht fast immer Interesse an den Künsten. Bei positiven Aspekten Glück in der Liebe.

Mars im Zeichen Jungfrau: Erfolge mehr in Vertrauenspositionen und Anstellung unter der Leitung anderer. Fast immer Praktiker mit viel Sinn für das Detail einer Sprache, mit Konstruktionstalent und Erfindergabe. Schwierigkeiten in der Triebsphäre. Der Intellekt mischt sich in die Gefühle ein, daher Ernüchterungen. Negative Aspekte verursachen Erkrankungen im Bereich des Darms und des Verdauungssystems.

Mars im Zeichen Waage: Schwankende Energieeinsätze, die infolge Ungeduld nicht durchgehalten werden. Die Ichbezogenheit führt schnell zu gekränktem Stolz. Rasche und teils mühelose Kontaktnahme zur Umwelt, Liebe zum anderen Geschlecht. Es besteht Rede- und Überzeugungsgabe sowie das Bemühen, guten Eindruck auf andere zu machen, daher auch Eitelkeit. Trotz Enttäuschungen oder Ernüchterungen in den engeren Bindungen (Liebe und Ehe) werden immer wieder neue Kontakte versucht. Rasche Erregbarkeit im Gefühlssektor.

Mars im Zeichen Skorpion: Starke Erotik und eine eigenwillige Tendenz, sich auf ein Liebesobjekt zu kaprizieren, daher häufig Eifersuchtsprobleme und Krisen. Auch Ehrverletzungen werden hier schwer vergessen. Bei negativen Aspekten ist diese Konstellation kritisch, da sie die Triebkräfte übersteigert. Festigkeit und Ausdauer in den Zielen.

Mars im Zeichen Schütze: In diesem Feuerelement wirkt die marsische Energie außerordentlich stark und leidenschaftlich. Der Wesenskern ist voller Temperament, zuweilen laut und impulsiv. Große Begeisterungsfähigkeit für ein Ziel und zeitweilig enorme Antriebskräfte. Im Psychischen ruhelos, stets nach Tätigkeit verlangend. Es besteht fast immer starke Sportbegeisterung samt großem Einsatzwillen bis zu Übertreibungen. Bei negativen Aspekten beobachtete man Verletzungen an Händen oder Füßen, Sehnenzerrungen oder Knochenbrüche.

Mars im Zeichen Steinbock: Das Saturn-Zeichen dämpft die Triebhaftigkeit des Mars mit dem Ergebnis größerer Zurückhaltung. Starkes Selbstbewußtsein, das schnell gekränkt ist und dann schwer vergessen kann. Die Ziele werden mit großem Durchhaltevermögen angestrebt, und der soziale Aufstieg gelingt so gut wie immer. Der We-

senskern verlangt nach äußerer Anerkennung und ist sehr geltungsbedürftig. Alle Handlungen werden mit Überlegung durchgeführt.
Hinsichtlich der engeren Umwelt besteht ein Streben nach Autorität
oder Leitung.

Mars im Zeichen Wassermann: Der Mars zeigt hier technische oder wissenschaftliche Begabung, konstruktive Fähigkeiten und Ideenvielfalt.
Gleichzeitig kann die Mars-Tendenz impulsiv sein, zeigt aber Festigkeit in den Entschlüssen. Bei negativen Aspekten plötzliche Zielände-
rungen. Sehr starkes Verlangen nach persönlicher Freiheit, so daß
Einengung oder Abhängigkeit von der Umwelt zu plötzlichen Umbrüchen führen können. Technische Berufsgattungen werden bevorzugt.

Mars im Zeichen Fische: Unausgeglichene Willensimpulse, wobei plötzliche Einsätze mit nachfolgender Passivität abwechseln. Große Leidenschaft der Gefühle und speziell im weiblichen Horoskop große
Hingabefähigkeit. Psychische Unruhe aufgrund eines rasch beein-
druckbaren Gemüts. Bei negativen Aspekten unbeherrschte Gefühle
und häufig ein Manko in der Zielrichtung des Willens.

Mars an der Partner- oder Ehespitze VII

Eine wirkliche Harmonie ist nur bei gut aspektiertem Mars zu erzielen,
da dieses Impulsivitätssymbol im Feld VII in sehr vielen Fällen ein ab-
solutes Konfliktsymbol darstellte, das Aggressionen oder langwierige
eheliche Konflikte auslöste. Im ganzen ist diese Konstellation Symbol
für Zwangszustände oder für Aggressionen in der Ehe, wobei die entstehenden Konflikte von spannungsgeladener Zweisamkeit bis zur offenen Gegnerschaft reichen können. Alle engeren Verbindungen
(auch Kontakte zu Mitarbeitern oder Teilhabern) tragen das Motiv der
Reizbarkeit, der Affekte und manchmal der spontanen Trennungen.
Sekundär kann auch der jeweilige Partner (oder die Partnerin) Wesenszüge marsischer Prägung aufweisen – wie etwa allzu extreme
Selbstbehauptung und daher Mangel an Anpassung oder Tendenz zu
Rechthaberei. Erst recht gehört ein negativ aspektierter Mars zu den
sichersten Konfliktaspekten. In diesem Fall kommt die Individualität
des Horoskop-Eigners nur sehr schwer und nur unter heftigsten
Durchsetzungskämpfen zum Durchbruch. Der Mars am Gegenpol des
eigenen Ich (Feld VII) versucht, den anderen zu überwältigen. Die Individualität eines Horoskop-Eigners mit Mars an Spitze VII zeigt diese
Variationen einer Überwältigung von der passiven Resistenz bis zu
Aggression. Ein Mars im Stier an Spitze VII (aspektverletzt) war für einen Ehepartner die Hölle auf Erden (nach einer Aussage des Klienten).

Ein Mars in den Zwillingen nahe der Spitze VII bescherte einer Frau ständige Wortgefechte, wahre Rededuelle, die mit beißender Ironie jahrelang geführt wurden, bis der Partner ein anderes Objekt für seine Selbstbestätigung suchte – die Ehe wurde rasch und schmerzlos geschieden, aber der vorausgehende Kampf war ermüdend.

Der Mars im Feld VII oder nahe der Horizontalachse im Zeichen Fische verwickelte eine Frau in Verleumdungen von seiten ihres Partners, die ihr die Rehabilitierung lange Zeit unmöglich machte, bis sie ihn selbst auf frischer Tat ertappte (er wollte unschuldig geschieden werden, um finanziellen Verpflichtungen zu entkommen).

Ein Mars dicht an der Spitze VII im Zeichen Löwe brachte einer Frau jahrelange Ehekämpfe mit ihrem Mann, der ein ausgesprochener Erotiker war. Aber sie konnte sich nicht zur Trennung entschließen, weil sie ihn liebte. »Meine Ehe war ein Vulkan«, schrieb sie nach einer heftigen Streitscheidung, die sich über zwei Jahre hinzog. Mars dicht an der Spitze VII im Zeichen Waage trennte einen Mann von seiner Frau sozusagen hinterm Standesamt. Er war geheiratet worden allein wegen seiner Position und seines Geldes, die Frau hatte noch zwei intime Freunde, die nicht von ihr ließen, ja, sogar Geld ihres Mannes forderten. Eine Frau mit Mars im Zeichen Schütze 8 Grad von der Spitze VII entfernt kam ihrem Mann immer dann auf die Schliche, wenn dieser Fall schon längst überholt war und er eine andere Freundin besaß. Die nachgewiesenen Fälle der Seitensprünge füllten ein ganzes Notizblatt. Er war aber ein charmanter, geistreicher, witziger Partner, und nach erfolgter Scheidung trug er ihr – die Freundschaft an! Sie sagte von sich selbst, daß sie diese Ehe mit einem lachenden und einem weinenden Auge geführt habe (Mars-Schütze, Aszendent Zwillinge!). Selbst ohne die selbstverständlich vorhandenen komplexen Konstellationen und Aspekte für Scheidungen etc. lieferte der achsenscharfe Mars aus Spitze VII ein umfassendes Beweismaterial, das nur noch vom Uranus übertroffen wird.

Venus am Aszendenten

Diese Konstellation verfeinert das gesamte Horoskop, verstärkt die ästhetischen Neigungen und intensiviert die künstlerischen Anlagen. So gut wie immer erscheint das Verlangen nach Harmonie in den engeren Bindungen, wobei auch das Zärtlichkeitsbedürfnis stark erhöht war. Es besteht Geselligkeit, überhaupt gesellschaftliche Fähigkeiten in Form von gewandten, verfeinerten Umgangsformen. Überhaupt lehnt das Venus-Symbol am Aszendenten alles Unkultivierte und jegliche Aggressionen ab. Es besteht in der Regel Interesse für Mode, Schauspiel, Tanz. Eine Anlage zur Eitelkeit infolge des eigenen Geltungsbedürfnisses wurde häufig beobachtet. Rein praktische bis materialistische Neigungen sind kaum vorhanden. Bei ungünstigen Aspekten sehr starke Sinnennatur und leidenschaftliche Gefühle. Immer aber zeigte sich auch Charme, Gewandtheit, Verfeinerung der Gefühlswelt, modische Gefühle. Negative Aspekte auf die Venus bringen häufig falsche Partnerwahl mit mancherlei Verwirrungen.

Venus im Partner- oder Ehefeld VII

Bei guten Aspekten fast immer harmonische Bindungen, die auf Liebeserfüllung schließen lassen. Bei Berufen innerhalb der Öffentlichkeit (Schauspieler) ist Popularität zu erwarten samt großer Fernwirkung der eigenen Persönlichkeit. Die negativen Aspekte der Venus sind Symptome mangelnder Liebeserfüllung oder Gefühlsenttäuschungen, die sich zuweilen erst nach vollzogener Heirat herausstellen. In männlichen Kosmogrammen zeigte sich zuweilen Eroberungsdrang oder starke Abhängigkeit von Partnerinnen und deren Schicksal. Alle künstlerisch orientierten Berufe werden durch diese Venus-Konstellation günstig beeinflußt. Die Venus äußert ihre besten Eigenschaften an dieser Stelle in den Zeichen Zwillinge, Waage, Wassermann. Etwas kritischer war die Wirkung in den Zeichen Steinbock und Skorpion.

Venus in den zwölf Zeichen

Venus im Zeichen Widder: Im Marszeichen Widder symbolisiert die Venus Impulsivität in den Kontakten (oft zeigt sich das Motiv: Liebe auf den ersten Blick), wobei aber die Stabilität der Beziehungen zu wünschen übrig läßt. Es ergaben sich vielfache Beziehungen, zuweilen in der Ehe auch Parallelkontakte. Die Emotionen unter diesem Mars-Zeichen Widder sind stark, leidenschaftlich, bei negativer Aspektierung zeigen sich Störungen, Extreme im Gefühlsleben und manchmal Trennungen. Im Liebesleben herrschen gewöhnlich Affekte oder abenteuerliche Beziehungen vor. Feste, konservative Liebesbeziehungen wurden selten beobachtet. Stimmungen und Reizbarkeit beherrschen die Gefühle. Die jeweiligen Kontakte werden überaus spontan ausgelöst.

Venus im Zeichen Stier: Die Venus in ihrem eigenen Zeichen symbolisiert gefühlsstarke bis leidenschaftliche Bindungen, wobei aber sehr häufig eine Art Besitzanspruch des jeweiligen Partners vorherrschte, so daß Eifersuchtsprobleme die Bindungen gefährdeten. Bei guter Aspektierung wirkt aber das Zeichen Stier freundlich, sympathisch, eher beständig in den Zuneigungen als schwankend. Sehr oft zeigten sich künstlerische Interessen oder Begabungen (am meisten Musik, Gesang). Im weiblichen Horoskop besteht meist eine Vorliebe für Schmuck, ein Hang zum Luxus in der Lebensführung, in der Regel fast immer auch Interesse oder Begabung für Mode. Im männlichen Horoskop zeigen sich materielle Wünsche neben starkem Sexverlangen. Das bekannte Zähigkeitsmotiv des Zeichens Stier trat in harmonischen Bindungen ganz besonders hervor.

Venus im Zeichen Zwillinge: Fast immer sehr schnelle Kontakte, die aus Augenblicksstimmungen heraus geschlossen werden, aber auch Neigung zum Flirt und zu unverbindlichen Bekanntschaften, später oft Parallelverbindungen in der Ehe. Die Kontakte selbst sind manchmal etwas oberflächlich, ohne Tiefgang, und bei negativen Aspekten besteht eine gewisse Scheu vor Verpflichtungen. In einigen Fällen beobachtete man auch Einmischung von Verwandten in die Eheverhältnisse, oder es ergaben sich Liebesbeziehungen zu Verwandten (Cousinen, Cousin etc.). Gewandter Ausdruck in Rede oder Schrift, Phantasie in der Liebe und einnehmende Umgangsformen begünstigen die schnellen Kontakte in der Liebe.

Venus im Zeichen Krebs: Überaus starke Beeindruckbarkeit der Gefühle bei ebenso großer Hingabefähigkeit können die Verbindung schicksalhaft gestalten. Fast immer besteht starke Beeinflußbarkeit durch äußere Dinge, und der erste Eindruck ist meist entscheidend. Das Zeichen vermag große Zuneigung und tiefe Sympathien aufzubringen und damit verbunden auch eine gewisse Opferfähigkeit. Die Emotionen sind daher maximal. Beim richtigen Partner zeigt dieses Zeichen eine ausgesprochene Anhänglichkeit, vergißt aber auch frühere Bindungen oder Freundschaften nicht leicht. Im weiblichen Kosmogramm beobachtete man sehr oft Bindungen an ältere oder reifere Partner. Das eigene Heim und die Häuslichkeit werden hoch geschätzt, besonders ab der zweiten Lebenshälfte.

Venus im Zeichen Löwe: Dies wäre die stärkste Anlage der Venus im Sinne von Lebens- und Sinnenfreude, wobei sich auch immer tiefgehende Kontakte ergeben, die aber ausschließlich für sich selbst beansprucht werden. Dieses Zeichen fordert den jeweiligen Partner ausschließlich und hätte wenig Verständnis für Parallelkontakte. Bei eventuellen Enttäuschungen in der Liebe bestehen große Eifersuchtsprobleme und schwere seelische Krisen, da Stolz und die Geltungsbedürfnisse keine Einbußen vertragen können. Zuweilen wird auch versucht, den Partner oder die Partnerin zu beherrschen. In den echten und harmonischen Liebesbeziehungen aber besteht Treue und große

Herzlichkeit sowie eine gewisse Freude am Schenken. Bei schwierigen Aspektverletzungen auf die Venus beobachtete man hier dramatische Auseinandersetzungen. So gut wie immer ist Liebe zu Kindern vorhanden und oftmals künstlerische Fähigkeiten (insbesondere zum Schauspiel). Der Lebensstil ist gewöhnlich großzügig, man liebt Schmuck, Eleganz in der Kleidung, eine kultivierte Heimgestaltung. Ein negativ aspektierter Saturn auf die Venus selbst wirkt hier außerordentlich ernüchternd und in allen Liebesangelegenheiten erschwerend.

Venus im Zeichen Jungfrau: Diese Position der Venus wirkt eher kühl, distanzierend, wobei sich oft der Intellekt in die Gefühle einmischt. Daher zeigt sich mehr oder minder eine Zurückhaltung, eine kühl abwägende Haltung dem Partner gegenüber, wobei man auch etwaige Charakterfehler oder Schwächen desselben rasch erkennt. Die Konstellation ist nicht unbedingt zur Ehe bereit. In einigen Fällen beobachtete man auch Berechnung aus Furcht vor Enttäuschungen. Bei sehr guter Aspektierung der Venus gewinnen diese Verbindungen nach einiger Zeit größere Bedeutung und können dann später zu einer echten kameradschaftlichen Bindung führen.

Venus im Zeichen Waage: Die Venus befindet sich hier wiederum in ihrem eigenen Zeichen und entfaltet bei guter Aspektierung alle bekannten Venus-Eigenschaften, wie etwa eine heitere Lebensauffassung mit Liebe zu den Künsten bei verfeinerter Sinnlichkeit und ästhetischen Neigungen. Diese Konstellation findet man häufig bei Schauspielern oder ausübenden Künstlern. Im finanziellen Bereich dagegen besteht keine besondere Kalkulationsgabe, eher ein Hang zum Luxus oder gar zu Verschwendung, falls die Venus ungünstig aspektiert wäre. Auf die gesellschaftliche Lage und die Bedeutung der eigenen Persönlichkeit (bei Heirat) wird viel Wert gelegt. Insgesamt verfeinert das Zeichen Waage den Geschmack und hat sehr viel Begabung für Mode. Ungünstige Aspekte auf die Venus (insbesondere vom Saturn oder Uranus) wirken hier allerdings sehr stark in Richtung von Trennung oder Scheidung.

Venus im Zeichen Skorpion: Die Gefühle erlangen hier eine außerordentliche Steigerung und Intensität im Bereich des Sex, der (wie immer unter dem Zeichen Skorpion) in der Liebe eine besondere Rolle spielt. Aber wie bei allen fixierten Zeichen (Löwe, Stier, Skorpion) wird das geliebte Objekt mehr oder minder in Besitz genommen, so daß unter Umständen sehr große Eifersuchtsprobleme entstehen, da die eigene Person ausschließlich auf das geliebte Objekt konzentriert ist. Kinder mit dieser Venus-Konstellation neigen zu Frühreife und Neugier, später zeigen sich extreme Gefühlsbindungen. Negative Aspekte auf die Venus können übertriebene Sinnlichkeit auslösen. Kontakte in der Jugend sind bereits sehr bedeutsam, und bei Kindern ist auf den Umgang mit Freunden oder Freundinnen zu achten. Im weiblichen Horoskop stellte man hier schnelle Konzeption fest.

Venus im Zeichen Schütze: Die innerste Veranlagung ist freiheitlich und will ungebunden sein, weshalb feste Verbindungen lange Zeit vermieden werden. Das Zeichen neigt eher zu schnellen, aber vorübergehenden Freundschaften und zu mehreren Verbindungen gleichzeitig. Oft ergeben sich Reisebekanntschaften bedeutsamer Art. In der Ehe benötigt diese Konstellation eine gewisse persönliche Freiheit, da sich sonst rasch Dissonanzen oder gar Trennungen ergeben. Allerdings wird vom Partner oder der Partnerin Verläßlichkeit verlangt, wobei dieses Zeichen sehr zu Stolzverletzungen neigt. Freundschaften halten bei dieser Konstellation oft sehr lange an. Die Ehe selbst leidet zuweilen stark unter den jeweilig wechselnden Stimmungen oder der seelischen Reizbarkeit.

Venus im Zeichen Steinbock: Im Saturn-Zeichen Steinbock wirkt die Venus überlegt, kühl, reserviert, zeigt aber beim richtigen Partner Treue, Verläßlichkeit und Beständigkeit. Oft beobachtete man starke Altersunterschiede und einen Hang zum reiferen Partner. Die Gefühlsäußerungen sind nicht übermäßig lebhaft, man spricht auch nicht gern über eigene Probleme. Häufig ergibt sich aber eine sehr gute Kameradschaft und finanzieller Aufstieg über die Heirat. Einmal erwachtes Mißtrauen hält lange an, und man kann schwer vergessen. Hinsichtlich der Ehe besteht eher eine überlegte, sachliche und vorsichtige Einstellung. Man beobachtete zuweilen auch, daß Pflichtkomplexe die Gefühle beeinträchtigen. Hemmungen in der Erotik.

Venus im Zeichen Wassermann: Häufig zeigen sich hier romantische Liebesangelegenheiten (nicht selten illegaler Art), die außerhalb der konventionellen Ansichten liegen. Die Venus wirkt in diesem Zeichen freundlich und entgegenkommend, aber jeglichen Zwang (insbesondere zur Ehe) ablehnend. Auch in den Freundschaften wird völlige Freiheit verlangt. Trotzdem ist man bereit, für andere einzutreten. Die Beständigkeit legaler Bindungen ist nicht gesichert, da zuweilen ganz plötzlich neue Bekanntschaften auftreten können. Die Haupttendenz des Zeichens Wassermann wären unverbindliche Freundschaften und Kameradschaften. Das Zeichen liefert sehr persönliche Ansichten, die sich von der Umwelt oft auffallend unterscheiden. Im Leben ergeben sich stets mehrere Verbindungen. Die erste Liebe wird häufig getrennt.

Venus im Zeichen Fische: Das Zeichen zeigt so gut wie immer sehr starke Sympathien, insbesondere für Hilfsbedürftige oder sozial Schwache, so daß man von einer gewissen Opferfähigkeit reden kann. Bei negativen Aspekten auf die Venus gibt es viele Enttäuschungen und Ernüchterungen, viele Abschiede oder sonstige Trennungen. Die hilfsbereite Art der Venus in den Fischen wird von anderen häufig ausgenützt. Die Gefühle selbst sind in diesem Zeichen am stärksten, neigen auch zur Sentimentalität und bleiben dem jeweiligen Partner gegenüber manchmal bis zur Selbstaufgabe lange Zeit konstant. Damit besteht im Seelischen eine ausgesprochene Hingabefähigkeit, sehr starke Phantasie, die schwärmerisch ausarten kann. Bei Aspektverletzungen zeigt die Venus viele Launen, plötzliche Stimmungsumschwünge, manchmal auch Depressionen (besonders bei Enttäuschungen in der Liebe).

Merkur am Aszendenten

Die Konstellation wirkt aktivierend im intellektuellen Bereich und erhöht die geistige Energie, verstärkt alle Tendenzen des Merkur wie etwa Redebegabung, gewandter Ausdruck in Sprache und Schrift, zeigt pädagogisches Geschick an, manchmal auch schriftstellerische Begabung, mindestens kaufmännische Fähigkeiten. Jeder Aspekt anderer Gestirne auf den Merkur ist erwünscht, da dieses Gestirn außerordentlich von der Kombination mit den übrigen Planeten abhängt, von denen es die spezifische Färbung und die Substanz bezieht. Bis zu einem gewissen Grad lassen sich hier Rückschlüsse auf die Intelligenzstufe aus dieser gesamten Merkur-Konstellation ableiten. Negative Aspekte tendieren zu geistigen Spannungen, zu Kritik und zur Abschwächung der nervlichen Energie. Die Rhetorik des Merkur kann dann zur bloßen Diskussionslust und zu seichtem Geschwätz absinken. Bei guten Aspekten sind alle kaufmännischen, geschäftlichen, aber auch wissenschaftlichen Berufe begünstigt. Jeder Saturn-Aspekt auf den Merkur wäre sehr erwünscht, da er die Gedankentiefe und Konzentrationsfähigkeit erhöht. Über die Merkur-Aspekte siehe unter dem Abschnitt »Aspekte«. Der Merkur wirkt im positivsten Sinn in den Zeichen Zwillinge, Jungfrau, Widder, Löwe, Waage und Wassermann. Schwieriger wäre seine Wirkung in den Zeichen Stier und Skorpion.

Merkur an der Partnerspitze VII

Eine überwiegend günstige Konstellation für den Merkur, da er hier wissenschaftliche oder literarische Interessen auslöst und Redebegabung andeutet (für alle politischen Berufe ausgezeichnet). Über den

Partner sind geistige Anregungen zu erwarten und lebhafter Gedankenaustausch. Negative Aspekte auf den Merkur bringen hier ermüdende Diskussionen und Debatten, manchmal aber auch Auseinandersetzungen in Rede oder Schrift bei öffentlichen Berufen. Nachteile durch unüberlegte Äußerungen, die zu Prozessen führen. Sehr oft Heirat mit jüngeren oder geistig interessierten Partnern. Günstig für Personen, die mit der Öffentlichkeit oder mit Publikum zu tun haben. Der Merkur kann aber auch an dieser Stelle nicht für sich allein analysiert werden, sondern nur im Zusammenhang mit dem übrigen Kosmogramm.

Merkur in den zwölf Zeichen

Merkur im Zeichen Widder: Anlage zu Technik, Physik, Mathematik, zum Ingenieurberuf. Es besteht ausgesprochene Veranlagung zur Schlagfertigkeit, zu Witz oder Ironie. Gewandt in Rede und Gegenrede. Befähigung zu wissenschaftlichen oder kaufmännischen Berufsgattungen, aber auch zu politischen Positionen. Geistige Impulsivität oder Ruhelosigkeit. Der Einfluß tendiert zu spontanen Entscheidungen.

Merkur im Zeichen Stier: Praktiker mit realistischen Gedankengängen, wenig flexibel, eher festhaltend an konservativen Ansichten. Wie immer hängt die Merkur-Position vor allem von den übrigen Konstellationen im individuellen Kosmogramm ab, insbesondere von jenem Zeichen, in dem sich die Sonne befindet. Der Mangel an intellektueller Wendigkeit wird ersetzt durch Erfahrung. Erhebliche Konzentrationsfähigkeit und Abneigung gegen Debatten. Manchmal festgefahrene Ansichten.

Merkur im Zeichen Zwillinge: Lebendige und vielseitig interessierte Mentalität mit Tendenz zu innerer Unruhe und Zersplitterung. Sehr schnelle Auffassungsgabe und Anpassungsfähigkeit, auch schnelles Erfassen fremder Materien. Verlangen nach Erweiterung des geistigen Gesichtskreises und ausgesprochene Rede- bzw. Fremdsprachenbegabung. Vielseitiger Gedankenaustausch zur Umwelt und Geselligkeit. Liebe zum Reisen, Mangel an Tiefgang. Außerordentlich sensibles Nervensystem und daher psychische Reizbarkeit. Schwierigkeiten bei Entscheidungen, daher des öfteren geistige Zwiespalte.

Merkur im Zeichen Krebs: Sehr empfänglicher Intellekt, wobei sich aber der Verstand in die Gefühle einmischt. Sehr gutes Gedächtnis, Intuition, jedoch abhängig von Stimmungen und Launen. Umgänglich im Wesen und Fähigkeit zur Diplomatie. Leicht gekränkt. Liebe zu den Künsten (Musik) sowie zum Reisen, zuweilen abhängig von den Meinungen und Ansichten anderer Menschen. Bei aspektverletztem Merkur Fähigkeit zum Täuschen.

Merkur im Zeichen Löwe: Verlangt nach geistiger Führung oder will Vorbild sein. Der Wesenskern ist optimistisch, aufrichtig, aber eigenwillig und sehr auf persönliche Beachtung, Ruf und Anerkennung bedacht. Unabhängigkeitsliebe und Ablehnung jeglicher Art von Zwängen und Dogmen. Sehr selbständiges Denken und Liebe zu den Künsten. Häufig schriftstellerische Fähigkeiten. Festhalten an einmal gewonnenen Überzeugungen. Im allgemeinen Optimismus und Organisationsbegabung.

Merkur im Zeichen Jungfrau: Sehr exakt und das Detail einer Sache beachtend. Begabung zur Mathematik, zu den Wissenschaften. Kritischer Verstand und scharfe Beobachtungsgabe, Genauigkeit und Methodik. Häufig auch schriftstellerisches Talent (Sachbücher). Es besteht Interesse für Ernährungs- und gesundheitliche Probleme. Eignung zum Pädagogen, zum Kritiker, Steuer- und Wirtschaftsberater. Der Blick ist stark auf das Detail einer Sache gerichtet, weshalb zuweilen die große Linie unbeachtet bleibt.

Merkur im Zeichen Waage: Sehr beweglicher Intellekt, rasch erfassender Verstand mit der Gabe der Diplomatie, so daß Gegensätze überbrückt werden können. Nach außen hin verbindliches Wesen, gutes Urteilsvermögen und gewandter Redner. Anlage zu Fremdsprachen. Vermeidet Aggressionen und jede Art von Auseinandersetzungen innerhalb von Gemeinschaften. Psychologie, Rechtswissenschaften und Soziologie sind bevorzugte Wissensgebiete. Gerechtigkeitsliebend und klares Abwägen einer Sache. Verlangen nach persönlicher Beachtung.

Merkur im Zeichen Skorpion: Eindringlicher bis bohrender Intellekt, der allem auf den Grund geht. Manchmal eigensinnige, ichbetonte Ansichten mit der Tendenz zu Ironie oder Sarkasmus. Gut ausgeprägte Kombinationsgabe. Es besteht Neugier und zuweilen ein reizbarer Intellekt, der auf Angriffe scharf reagiert. Man scheut keine Auseinandersetzung. Kritischer Intellekt, der kein Blatt vor den Mund nimmt.

Merkur im Zeichen Schütze: Vielseitig interessierter Intellekt mit geistiger Beweglichkeit bis zur Ruhelosigkeit und Zwiespältigkeit bei Entscheidungen. Kompromißlösungen. Man wechselt zuweilen schnell die Ansichten. Häufig gewandter Ausdruck und schriftstellerische Begabung. Große Reiselust und Verlangen nach neuen Anregungen. Soziale, religiöse oder philosophische Fragen interessieren. Gedankenfreiheit wird verlangt.

Merkur im Zeichen Steinbock: Kühler, abwägender Intellekt mit großer Konzentrationsfähigkeit. Meist wissenschaftliche Interessen, sehr gutes Gedächtnis. Große geistige Arbeiskraft und Beschäftigung mit schwierigen Problemen. Organisationstalent und gründlich durchdachte Argumentationen. Praktischer, nüchterner und disziplinierter Intellekt.

Merkur im Zeichen Wassermann: Starke Anlage zur Intuition und häufig psychologische Interessen. Erfinderisch bis originell, aber häufig Stellungswechsel und unvorhergesehene Änderungen in den Ansichten oder Meinungen. Interesse für geistige oder philosophische Probleme. Nach außen hin freundlich und entgegenkommend. Viele Freundschaften und plötzliche bis impulsive Kontakte, Reiseliebe. Fast immer wissenschaftliche Interessen. Viele Freundschaften, die sich über gemeinsame geistige Interessen ergeben.

Merkur im Zeichen Fische: Der Intellekt wird von den Gefühlen beherrscht. Starke Phantasie und Stimmungsanfälligkeit. Sehr schnell beeindruckbar. Anlage zum Grübeln und bei negativen Aspekten zu Depressionen. Innerhalb der Umwelt freundlich, entgegenkommend, hilfsbereit. Starke intuitive Eingebungen. Sympathie und Antipathie werden auf Anhieb verspürt. Erhöhte Phantasie und manchmal Tagträume.

Gestirne an der Vertikalachse
des Kosmogramms

Die Vertikalachse ist eine der wichtigsten individuellen Achsen eines Kosmogramms und führt vom Feld IV (Familie, Elternhaus, Geburtsort, Tradition) zum Feld X, dessen Spitze den Meridian bildet. Es ist der Schnittpunkt der Ekliptik mit dem Meridian über dem Geburtsort. Symbol des Meridians ist das Ichbewußtsein mit den daraus folgenden Handlungen, ferner der soziale Aufstieg, der Beruf, der Lebenserfolg, die Rolle in der Öffentlichkeit, also auch das Verhältnis des einzelnen zur Gemeinschaft. Jahrzehntelange Beobachtungen von Gestirnen samt deren Aspekten im Feld X oder an der Spitze dieses Feldes bestätigten in vollem Umfang die Aussagen der klassischen Astrologie, wobei achsenscharfe Gestirne an dieser Spitze die jeweilige Berufsbegabung wie auch die Erfolgstendenz im Leben sehr genau erkennen ließen. Markante Gestirne brachten an dieser Stelle auch markante Wirkungen, wobei das jeweilige Planetensymbol Rückschlüsse auf Karriere oder mühevolle Entfaltungsmöglichkeiten ermöglicht. Bei Beobachtung einer großen Reihe von Schicksalen historischer Persönlichkeiten erwies sich die gesamte Konstellation des 10. Feldes als ein Spiegelbild von Aufstieg oder Sturz. Wer hier einflußreiche Konstellationen besitzt, tritt aus der Anonymität heraus und wird eine besondere Wirksamkeit entfalten, deren Erfolge oder Mißerfolge von den jeweiligen Aspekten oder Schnittpunkten abhängen. Es ist unverkennbar, daß auch die Zeichenbesetzung der Spitze X eine ebenso große Rolle spielt wie jenes Zeichen, das den Aszendenten besetzt. Die beigegebenen Studienhoroskope werden dies illustrieren. In der Symbolik kennzeichnet das 10. Feld oder die Vertikalachse den Mittag, im übertragenen Sinn daher den Zenit des Lebens, die erreichbare Höhe des sozialen Aufstiegs (im Gegensatz zum Aszendenten – dem Sonnenaufgang oder dem Beginn des Lebens). Da gewisse psychische Grundanlagen äußere Schicksalssituationen zur Folge haben, liegen die Aussagen des 10. Feldes wiederum im Bereich der Astropsychologie und haben nichts mit Wahrsagerei zu tun. Die folgenden Analysen sind in jedem Horoskop nachprüfbar und bestätigen sich immer wieder.

Das Erfolgssymbol Jupiter
am Meridian oder im 10. Feld

Das Symbol von Erfolg, Expansion und materiellem Aufstieg an der Berufsachse ist die beste Konstellation, die man in einem individuellen Kosmogramm haben kann. Es darf aber gleich hinzugefügt werden, daß eventuell weitere Gestirne im Feld X (die also Konjunktionsaspekte mit dem Jupiter bilden) sowie die Zeichenbesetzung und ganz besonders die Aspekte, die auf den Jupiter fallen, von größter Bedeutung sind und möglicherweise das große Glück abschwächen bzw. modifizieren.

Immerhin – es gibt kaum einen Menschen, der bei dieser Jupiterkonstellation nicht leichter oder müheloser ans Ziel käme als etwa ein Mensch mit starken Mars- oder Saturnpositionen an dieser Achse. Im einzelnen ergaben sich Ehrgeiz, Machtstreben, sozial gehobene Berufspositionen oder auch Protektionsmöglichkeiten. Ruf und Ansehen werden vom Jupiter unterstützt, die Karriere oft schon früh (um das 25. bis 32. Lebensjahr) eingeleitet. Selbst negative Aspekte auf diesen exponierten Jupiter können ein gewisses Maß von Erfolg nicht beeinträchtigen, es sei denn, daß der Geborene infolge einer Art Hybris seine eigenen Möglichkeiten überschätzt, wie dies beispielsweise durch einen negativen Mars-Aspekt auf den Jupiter ausgelöst werden kann.

Jupiter am oder im 4. Feld

Gemäß der Symbolik des 4. Feldes, das immer Bezug hat zum Elternhaus, zur Familie, wären die über das Geburtsmilieu gegebenen Verhältnisse im Elternhaus als glücklich, helfend, sozial unterstützend zu
werten. Aber auch innerhalb der eigenen Familie selbst erfährt der Geborene eine positive Unterstützung. Sekundär hat das 4. Feld noch mit
dem Elternteil (Vater) zu tun und läßt Rückschlüsse auf die Startmög-
lichkeiten zu, die die soziale Lage des Vaters gewährt. Eine weitere
Symbolik des 4. Feldes liegt – zeitlich gesehen – im letzten Drittel des
Lebens (auch im Alter). Während der Aszendent das Jugenddrittel,
der Meridian die Lebensmitte symbolisiert, zeigt das 4. Feld den Lebensabend samt dessen Verhältnisse an. Im Fall des Jupiter wäre damit die materielle Sicherheit (etwa Pension, Renten und dergleichen)
angezeigt. Jeder negative Aspekt auf den Jupiter wirkt an dieser Stelle
schwierig, einschränkend und löst materielle Probleme im Alter aus,
sekundär auch Schwierigkeiten zu einem Elternteil oder Trennung
von diesem.

Saturn an der Vertikalachse des Kosmogramms

Diese Konstellation des Saturn bedarf einer eingehenden Analyse
über Aspekte, Zeichenbesetzung und eventuelle Zusammengestirnung mit anderen Planeten.
Die Ergebnisse dieser Saturn-Konjunktion mit der Berufsachse X sind
problematisch, und alle Kosmogramme bedeutender politischer Persönlichkeiten (deren Lebenslauf klar überschaubar war) zeigten hier
zwar Aufstieg durch ungewöhnliche Mühen und heftige Durchsetzungskämpfe, andererseits aber auch überaus häufig einen Absturz
von der erreichten Höhe, wenn die Aspektierung auf den Saturn negativ war. Beispielsweise hatten Hitler sowie Napoleon I. und Napoleon III. diese Konstellation. Der persönliche Ehrgeiz kann ungewöhnlich heftig sein, zeigt bei Geduld und Ausdauer beträchtliche Erfolge.
Die Gefahr der absoluten Konzentration auf sich selbst führt zur Ab-
kapselung von der Umwelt oder auch zu Depressionen. Der Saturn an
dieser Stelle hat Bezug zur Industrie und Wirtschaft, häufig aber auch
zu politischen Tätigkeiten. Jede Aspektverletzung nötigt hier zu
Selbstbegrenzung und Selbstbescheidung. Sehr oft ergaben sich
Schwierigkeiten zum Elternhaus oder überhaupt zu einem Elternteil
(Vater). Der Saturn zeigt hier seine stärkste Wirkung in den Zeichen
Stier, Steinbock, Wassermann. Seine schwächste ergibt sich im Zei-
chen Krebs. In der Berufstendenz bezieht er sich auf das gesamte
Handwerk, das gesamte Bauwesen, Bergbau, Landwirtschaft und In-

Kosmogramm Hitler: 20.4.1889. Saturn im Feld X im Quadrat zu Mars/Venus. Merkur in Opposition zum Uranus, Uranus als Dominanz! Saturn in X: Sturz von der Höhe.

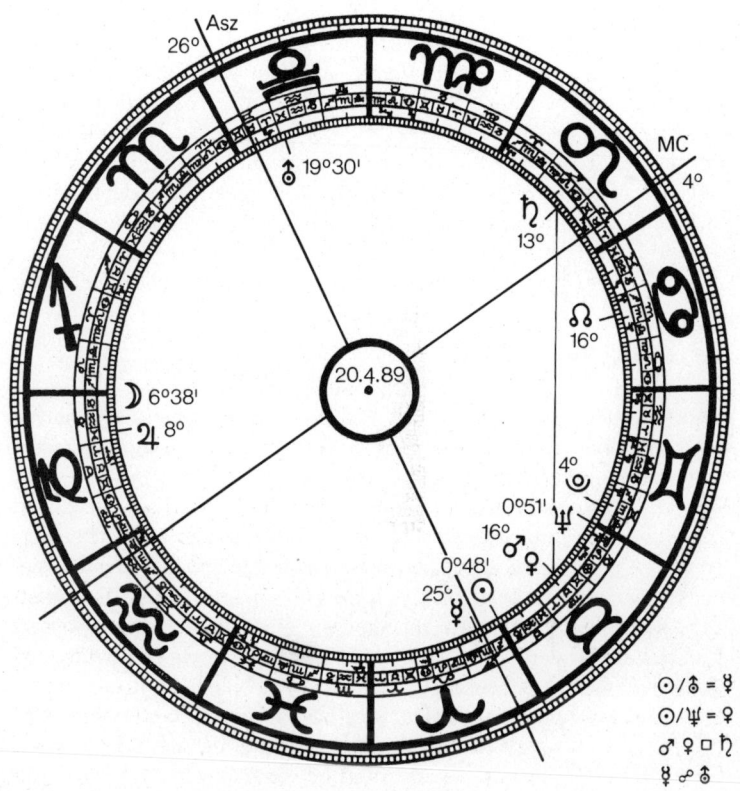

dustrie. Aber auch Politik und Militär sowie wissenschaftliche Berufsgruppen zeigen starke Saturn-Tendenz im Feld X. Der soziale Aufstieg geht langsam und zäh vor sich. Sehr oft behindern Respektspersonen oder ältere Jahrgänge (Vater; Berufsvorgesetzte) die persönliche Entfaltung.

Uranus am Meridian oder im 10. Feld

Hier entfaltet der Uranus seine stärkste Wirkung, je näher er sich am Meridian befindet. Er ist das Symbol des Unberechenbaren, Plötzlichen, Unvorhergesehenen, und dies besonders im Hinblick auf Berufs- und Positionswechsel. Dies wiederum resultiert aus den Veränderungstendenzen von Wünschen, Ansichten und Zielsetzungen. Gewöhnlich besteht starke Intuition und eine Neigung zu Reformen, zum grundsätzlich Neuen. Es kann sich hier eine schöpferische Begabung zeigen, aber auch Außenseitertum und Aufsässigkeit gegenüber allem Bürgerlichen, Alltäglichen, daneben sowohl Originalität als auch Exzentrizität und ein überdurchschnittliches Freiheitsverlangen, das unpassende Berufspositionen ohne Rücksicht auf die Folgen verändert. Bei negativen Aspekten auf den Uranus ergaben sich hier empfindliche Rückschläge und überaus häufig völlige Neubeginne. Der Uranus selbst hat Bezug zur modernen Technik, zu wissenschaftlich orientierten oder öffentlichen Berufsgattungen. Daß dem Horoskop-Eigner bei dieser Uranus-Konstellation fast immer ein unruhiges bis exponiertes Berufsschicksal beschieden ist, hat sich zahllose Male erwiesen. Die Aspekte sind hier maximal wichtig. Jede Verletzung von seiten des Mars tendiert zu Aggression, Rebellion, zu einschneidenden Umbrüchen im Schicksal. Innerhalb der Familie (besonders zum Vater) ergaben sich Distanzierungen, wenn nicht Trennungen. Neben dem eigentlichen Beruf bestehen oft Hobbys ungewöhnlicher Art.

Uranus am Feld IV

In den Beziehungen zum Vater oder überhaupt zur Familie bestehen Gegensätze, denn die elterlichen Vorstellungen kollidieren mit den ideellen und freiheitsbewußten Eigenschaften des Geborenen. Daher sehr oft frühe Trennung vom Elternhaus. Im häuslichen Bereich wirkt der Uranus unruhig, brachte Orts- und häufig Wohnungswechsel mit sich. Meist wächst der Geborene geistig über enge Verhältnisse des Geburtsmilieus hinaus und bricht mit den traditionell gebundenen Verhältnissen seiner Umwelt. Das letzte Lebensdrittel ist stets besonders markant, was geistige oder materielle Umbrüche angeht. Im gu-

Kosmogramm Manfred Köhnlechner: 1.12.1925, 6.55 Uhr, Krefeld: Uranus im Trigon zum Aszendenten (im Skorpion): Heilpraktiker. Saturn am Aszendenten im Skorpion und im Sextil zum Jupiter: Besitzstreben, Organisation.

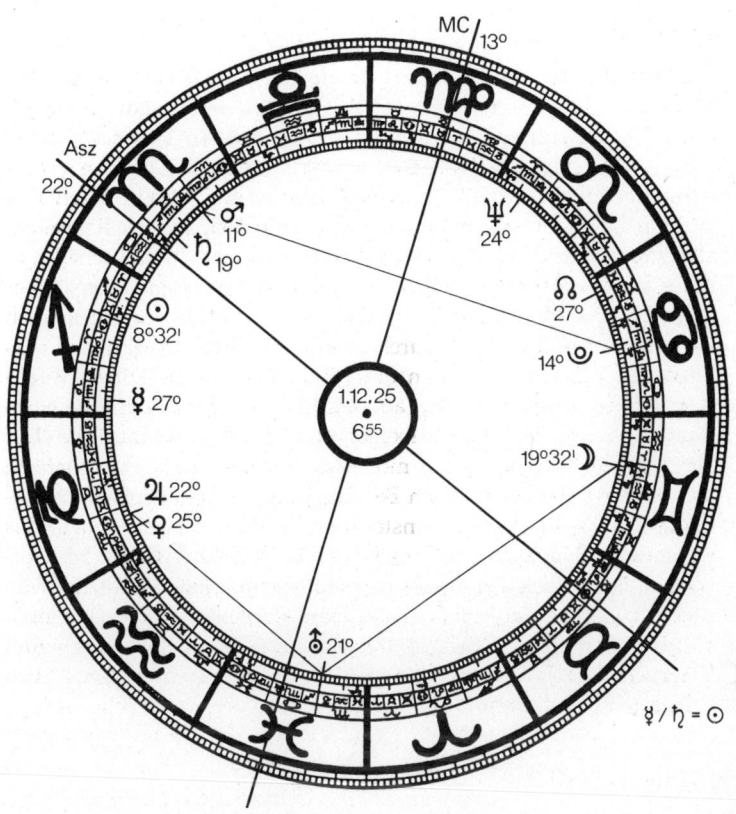

163

ten Aspekt vermittelt der Uranus an der Vertikalachse philosophische, psychologische Neigungen, aber auch parapsychologische Interessen, wenn nicht sogar Fähigkeiten. In der Jugend und besonders um zwanzig herum ergaben sich viele Umbrüche, und manchmal nimmt das ständige Suchen nach dem richtigen oder befriedigenden Beruf lange Jahre in Anspruch. *Die Entwicklung kann dann urplötzlich in eine völlig andere Richtung gehen.** Bei günstigen Aspekten wird die Unruhe-Konstellation des Uranus wesentlich gemildert, und es kann dann in der zweiten Lebenshälfte Selbständigkeit eintreten. Jeder Mars- oder Saturn-Aspekt verletzender Art auf den Uranus ist ein ganz besonderes Symbol für die angegebenen negativen Auswirkungen in den Feldern IV oder X.
* (siehe Horoskop Köhnlechner)

Neptun an der Vertikalachse

Diese Konstellation ist schwer analysierbar, da der Neptun weit mehr den seelischen Bereich erfaßt. Er hat Bezug zur Intuition, zur Phantasie, zu den Künsten. Bei negativen Aspekten brachte der Neptun viele Täuschungen, Illusionen, Ernüchterungen und innerhalb des Berufssektors auch Intrigen, deren Urheber man nicht zu fassen bekam. Im positiven Aspekt bringt er künstlerische Anlagen, insbesondere Musik (mein Archiv weist viele Kosmogramme von Musikern, Pianisten und Sängern mit dieser Konstellation auf). Unter starkem Neptun-Einfluß Geborene sind gute Psychologen, verstehen andere zu nehmen, manchmal ergaben sich auch Beziehungen zu Sekten oder Religionen, Philosophien. Es besteht Interesse an okkulten Wissenschaften. In der Medizin zeigten sich viele Homöopathen. Diese Konstellation wirkt am nachhaltigsten in den Zeichen Krebs und Fische.

Neptun am Feld IV

Konkrete Wirkungen waren schwer festzustellen. Bei Erkrankungen fast immer erbliche Ursachen. Unklarheiten in der Familie, manchmal illegal. Negative Aspekte stören die Expansion und bringen speziell im letzten Lebensdrittel Sorgen. Der Neptun an der Vertikalachse hatte gemäß der Statistik viel zu tun mit Neurosen, Psychosen, besonders mit Schädigungen durch Drogen oder Narkotika (auch Alkohol). In den Kosmogrammen von Komponisten, Musikern beobachtete man starke Phantasie und schöpferische Fähigkeiten. Bei jeglicher Art von Vergiftungen hatte der Neptun markante Aspektverletzungen (zum Beispiel im Falle einer Pilzvergiftung ergab sich Saturn-Opposition-Neptun).

Pluto an der Vertikalachse

Hier konnte man bei Nähe zur Achsenspitze X bedeutende Wirkungen feststellen im Sinne von ungewöhnlichem Ehrgeiz, geschäftlichem Spürsinn, Verlangen nach Macht und Einfluß. Andererseits wurde er als Symbol für höhere Gewalt, für Zwangseinflüsse erkannt. In Verbindung mit Sonne oder Mars wirkt er in Richtung von persönlichem Machtstreben, das auch rücksichtslose Eigenschaften zeigen kann. Häufig zeigt sich im Beruf eine Verbindung zum Publikum, zur Öffentlichkeit, also zur Masse oder zum Kollektiv. Der Pluto versucht stets, Einfluß über andere zu gewinnen, oft im Sinne von Gewalt. Ferner brachte er im 10. Feld eine Befähigung zu Propaganda und Werbung. Diese Pluto-Positionen sind je nach Aspektierung und Zeichen nicht immer ganz harmlos, können die eigene Persönlichkeit aber auch zum Mittler zwischen übergeordneten Interessengruppen und einzelnen Personen machen. Eine Verbindung des Pluto mit der Sonne wirkt stets außerordentlich stark auf den persönlichen Machtwillen oder ein gewisses Autoritätsbewußtsein ein. Meist besteht eine bemerkenswerte Rede- oder Überzeugungsgabe, wobei der Pluto als Symbol der Beeinflussung (über die Masse) gilt. Vielfach Unruhe am Wohnort und betontes Streben nach Geld und Sicherung bzw. Selbständigkeit. Beziehungen zur Finanzwelt und zu Banken bestanden häufig.

Pluto am Feld IV

Unruhiges Schicksal, oft eine Tendenz des Getrieben-Werdens. Geistige Unruhe, starke Abhängigkeit von Familie, häufige Wohnungswechsel. Exakte Wirkungen sind noch nicht völlig erforscht. Aber das zwangsbedingte Verlassen der Heimat (beispielsweise Krieg, Flucht) wurde sehr häufig wahrgenommen. Daher kann diese Konstellation auch als Verlust der Heimat bezeichnet werden. Die modernen Erkenntnisse in der Pluto-Forschung gehen dahin, daß er als Symbol für Zwang, Gewalt, Kollektivbezüglichkeit erkannt wurde.

Signaturen im Kosmogramm – Aspektfigurinen

Wie sich anhand der Jupiter- und Saturn-Aspekte gezeigt hat, symbolisiert prominentes Schicksal (ob positiv oder negativ) ursächliche Aspektgruppen, also wiederum prominente Konstellationen, andererseits aber auch gewisse Figurinen oder Signaturen im individuellen Kosmogramm.

Im Laufe von mehreren Jahrzehnten sonderte ich in meinem Archiv aus Tausenden von Horoskopen ganz bestimmte Fälle aus, die rein visuell (also nur beim Betrachten des Horoskops) schon auffallende Merkmale zeigten, die man schon in der klassischen Astrologie als Signaturen bezeichnet hat.

Jede Erkenntniswissenschaft arbeitet mit Symbolen oder Signaturen. Die moderne Graphologie sucht zum Beispiel im Bewegungsrhythmus der Handschrift die Symbolik geistiger wie psychischer Verhaltensweisen. Die Physiognomik arbeitet mit den Formsymbolen des menschlichen Gesichtes, und der Astrologe erkennt aus Planetenbildern Figurinen, Aspektkreuzen sofort eine schicksalhafte Symbolik (noch ein Paracelsus erkannte aus den Signaturen einer Pflanze deren Heilgebiete).

Ich wählte mir eine ganze Reihe Prominenter aus, die jeder kennt: Leute von überdurchschnittlichem Reichtum, von ungewöhnlichem Wissen, aber auch solche, die das Maß des Bösen oder Negativen beträchtlich überschritten. Und siehe da, es zeigten sich Signaturen, die merkwürdig häufig wiederkehrten.

Eine der häufigsten Signaturen, die sich beinahe hundertprozentig bestätigte, ist der *große Triangel:* eine Aspektfigurine, die als gleichschenkliges Dreieck sofort ins Auge springt (esoterisch das »Auge Gottes« genannt).

In folgender Aufstellung können nur die Endergebnisse aus umfangreichen Reihenuntersuchungen angeführt werden. Sie sind in den betreffenden Horoskopen der Prominenten sofort nachprüfbar. Einige Beispiele:

Schah Reza Pahlevi: Sonne im Trigon zu Pluto und im Trigon zum Uranus (dreifaches Trigon). Hierbei wäre Pluto als Symbol für die Masse im Sinne von Ausbeutung der Massen zu analysieren.

Stalin: Sonne Trigon Uranus und Trigon Neptun. Der Neptun wäre hier als Symbol für Kommunismus beteiligt, Uranus als Symbol für Revolution.

Josephine Baker: Sonne Trigon Jupiter, Trigon Pluto. Wiederum wäre Pluto als Symbol der Masse daran beteiligt.

Rockefeller: Mond Trigon Jupiter, Trigon Neptun. Hierbei wäre Jupiter als Reichtum und Aufstieg zu werten und Neptun (geheime Transaktionen) sowie Mond (Volk) daran beteiligt.

Greta Garbo: Sonne Trigon Mond, Trigon Meridian. Sonne wiederum als Symbol für Erfolg, Aufstieg und Mond als Symbol für Volk und Popularität, Meridian im Sinne des Berufsaufstieges sind beteiligt.

Nostradamus: Mond Trigon Uranus, Trigon zu Aszendent, der Aszendent im Trigon zu Jupiter und Saturn. Hierbei wären Mond und Uranus als Symbole für Medialität und Hellsehen zu werten.

Madame Curie: Sonne Trigon Mond und Trigon Uranus. Sonne (Erfolg), Mond (Popularität), Uranus (Technik, Findungen, Radium) sind beteiligt.

Adenauer: Mond Trigon Uranus, Trigon Meridian. Mond (Volk, Popularität), Uranus (Umbruch), Meridian (Beruf, Aufstieg, Macht) sind beteiligt.

Marie Antoinette: Sonne und Venus im Trigon zu Uranus und Trigon zum Mars. Venus/Mars als Symbol für Erotik/Liebe, Uranus als Symbol für Faszination, Mars als Symbol für Machtstreben sind beteiligt.

Sauerbruch: Jupiter Trigon Saturn, Trigon Venus. Jupiter als Symbol für Aufstieg und Erfolg, Saturn als Symbol für Spezialistentum und Venus als Symbol für Popularität sind beteiligt.

Die zweite Signatur ist das Aspektkreuz (in der klassischen Astrologie als Engel des Leides bezeichnet). Diese Figurine kann ein aus zwei Oppositionen oder vier Quadrataspekten geformtes Aspektkreuz sein, wobei stets Mars-Saturn, Mars-Uranus, Saturn-Uranus, Mars-Pluto an diesem Kreuz beteiligt sind. Eine enorme Anzahl von Kz-Opfern, Kriegsopfern, Selbstmördern, an schweren Unfällen Verstorbenen oder Menschen unter Zwang hatten dieses Kreuz im Horoskop.

Auch das halbe Kreuz aus einer Opposition und zwei Quadraten findet sich immer wieder bei Mördern, Selbstmördern.

So zum Beispiel bei *Himmler:* Saturn Opposition Neptun, Mond Quadrat Saturn Neptun.

General Schleicher (im Auftrag Hitlers erschossen): Sonne, Meridian und Mars im Halbkreuz.

Goebbels: Jupiter, Meridian und Mond im Halbkreuz.

Sekundär zeigen solche Kreuzaspekte auch sehr schwierige Lebensumstände und manchmal einen Absturz von der sozialen Höhe an.

Tschiang Kai-schek: Mond und Saturn im Quadrat zu Sonne und Aszendent.

Wilhelm II.: Pluto im Quadrat zur Sonne und zum Saturn.

Charlotte von Mexiko: Sonne-Saturn, Mond-Uranus im Kreuzaspekt.

Cesare Borgia: Mars-Jupiter, Mond-Neptun, Uranus in Oppositionen.

In Hunderten von Kosmogrammen, die ein besonders schwieriges Schicksal aufzeigten, finden sich diese Kreuzaspekte.

Eine andere ungewöhnliche Aspekt-Signatur ist der *Drache,* schon bei den klassischen Astrologen bekannt: Vier Gestirne verbinden sich untereinander in Form eines Drachens, wobei der obere Teil durch zwei Sextil-Aspekte, der untere Teil durch zwei Trigonalaspekte gebildet wird. Sie verkünden stets ein besonderes Schicksal, eine Lebensaufga-

Kosmogramm Hans-Joachim Kulenkampff: 27.4.1921, 3 Uhr früh, Bremen. Die Gestirn-Signaturen zeigen den dreifachen Trigonalaspekt zuzüglich zweier Sextilaspekte – im ganzen den sogenannten »Triangel-Aspekt« oder den »großen Drachen« – eine Glückskonstellation, die weithin Popularität und öffentliches Wirken verheißt. Jupiter Trigonal Sonne: der Erfolgsaspekt!

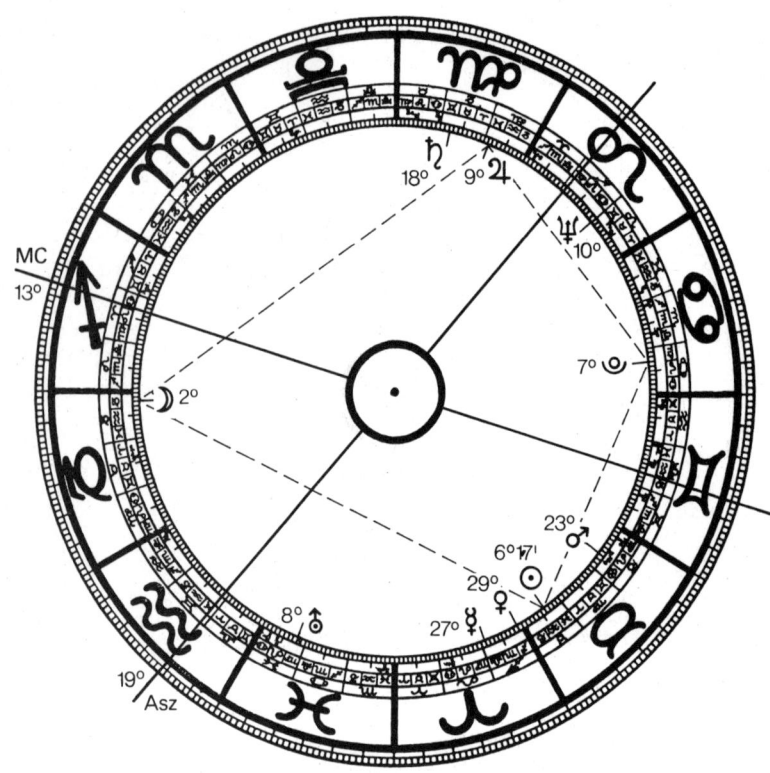

Kosmogramm Prof. Dr. Barnard: 8.11.1922. Sonne im Ärztezeichen Skorpion im Trigon mit Pluto und Uranus: eine ungewöhnliche Konstellation, die den erfolgreichen Chirurgen symbolisiert. Uranus Trigon Pluto: Rastlosigkeit, Reformer, Unruhe im Schicksal.

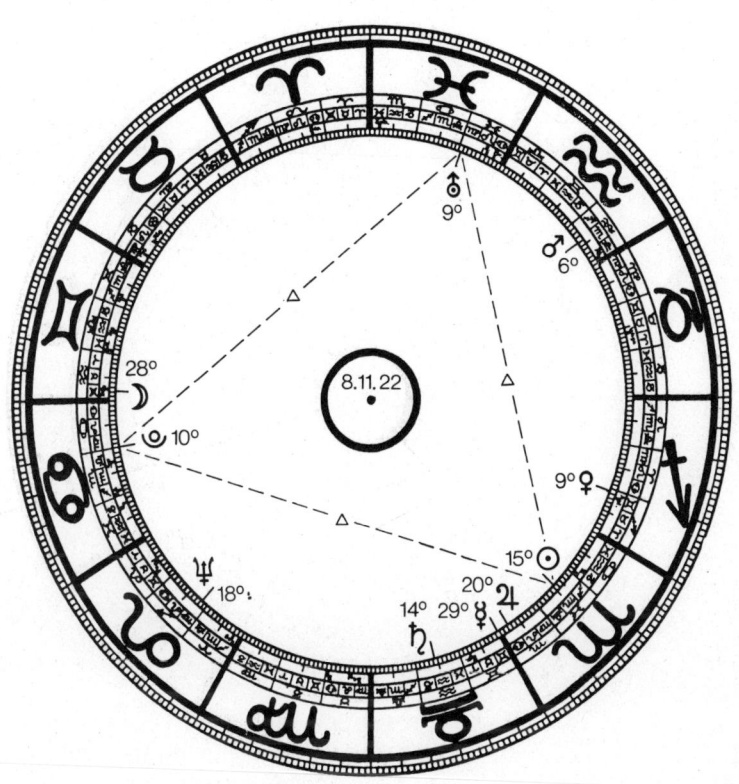

Kosmogramm Mao Tse-tung: 26.12.1893. Sonne im Steinbock. Quadrat-Figurine: »Sturz von der Höhe«. Uranus nahe dem Meridian: Revolutionär.

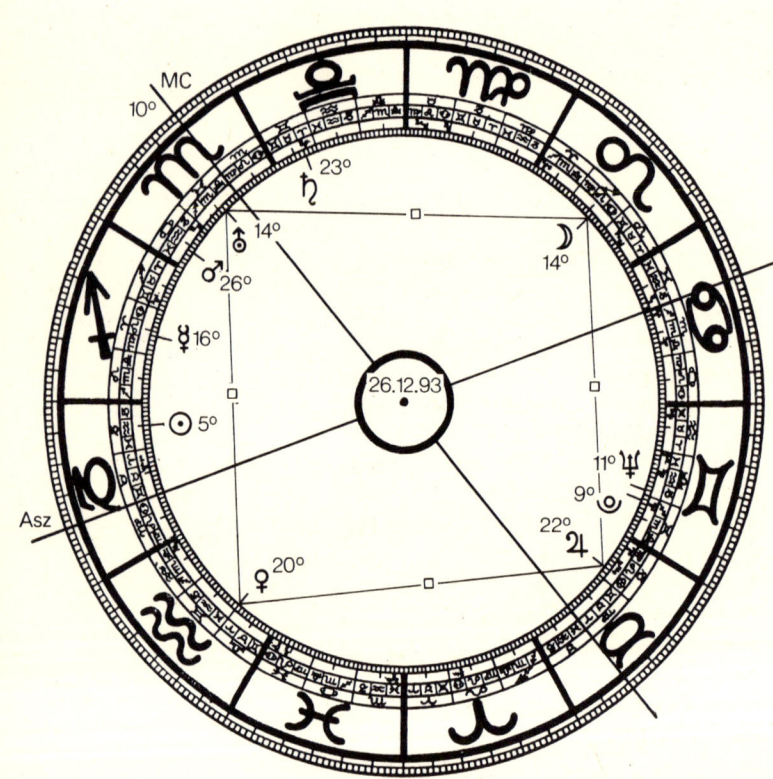

be, eine Pflicht, und beileibe nicht immer wirkt diese Signatur günstig. Beispielsweise findet sie sich im Horoskop von General Eisenhower, Napoleon I., bei Eva Braun.

Die Hälfte der »Drachensignatur« (ein Trigon und ein Sextil) besaßen Cromwell, Einstein (zwei Sextile), Paul Wegener, Truman, Bidault, Grothewohl, Syngman Ree, Mussolini, Wilson, Martin Luther, Bernard Shaw. Den vollen Drachen im Horoskop zeigen Alexander der Große, Leonardo da Vinci.

Äußerst selten ist die Signatur des sogenannten magischen Vierecks: Es wird gebildet durch zwei Sextile, zwei Trigonalaspekte in Viereckform. Es zeigt sich zum Beispiel bei Stalin, bei Chopin, Richard Wagner, Messmer.

Die interessanteste Bestätigung ungewöhnlicher Gestirnwirkungen zeigen allerdings die statistischen Untersuchungen von Uranus und Pluto an den Achsenspitzen (also Aszendent, Vertikalachse mit Spitze IV oder Spitze X und Deszendent als Fortsetzung der Horizontalachse). In allen Fällen ergaben diese Signaturen ungewöhnliche Schicksale.

Sie hatten manchmal auch Bezug zu ungewöhnlichen Aufstiegen, zu weitreichender Popularität, andererseits zu einer permanenten Unruhe und zu Umbrüchen.

Helen Keller: Uranus und Pluto an den Hauptachsenspitzen.

Hitler: Uranus am Aszendenten.

Beethoven: Uranus und Pluto an den Hauptachsen.

Cromwell: Pluto am Aszendenten.

Therese Neumann: Pluto und Neptun an Spitze VII.

Carnegie: Pluto am Aszendenten.

Samuel Hahnemann: Pluto am Aszendenten.

Nehru: Pluto am Aszendenten.

Lenin: Uranus am Meridian.

Haydn: Uranus am Aszendenten.

Beckenbauer: Uranus am Aszendenten.

Margaret Rose: Uranus am Aszendenten.

Rasputin: Pluto am Aszendenten.

Marlene Dietrich: Uranus-Pluto an der Vertikalachse.

Alexander der Große: Uranus im Meridian.

Tolstoi: Uranus an Spitze IV.

Lord Kitchener: Pluto an Spitze IV.

Ludwig II. von Bayern: Pluto am Meridian.

Robespierre: Pluto am Meridian.

Die Liste dieser ungewöhnlichen Konstellationen an den Achsenspitzen könnte bei exponierten Privatschicksalen ins Endlose vermehrt werden.

Mit den vorliegenden Figurinen sollte lediglich bewiesen werden, daß die Thesen der wissenschaftlichen Astrologie nicht etwa auf den Sand trügerischer theoretischer Spekulationen aufgebaut sind, sondern anhand äußerst nüchterner statistischer Reihenuntersuchungen sehr massive Tatsachenergebnisse liefern. Sie gehören in den Bereich der empirischen Astrologie, die nichts mit Theorien oder Deutungsspekulationen zu tun hat. Sie setzt vielmehr erlebtes, erfahrenes, bewiesenes Schicksal in Beziehung zum Geburtskosmogramm. Die Auswertung kann freilich nur über zeitraubende Reihenuntersuchungen erfolgen, und spekulative Erwähnungen scheiden von vornherein aus. Grundlage ist die Statistik, die nach untrüglich-realistischen Gesichtspunkten (ähnlich den Rentabilitätstesten der Industrie) prozentuale Häufigkeitskurven liefert.

Erkrankungssymptome in den Tierkreiszeichen

In der medizinischen Astrologie gibt es längst umfangreiche Statistiken von Erkrankungssymptomen unter ganz bestimmten Zeichen und Gestirnkonstellationen sowie deren Aspekte. Es wurden beispielsweise hundert klinisch bestätigte Leber-Karzinom-Fälle horoskopstatistisch untersucht.

Die erste Testreihe prüfte Jupiter im Zeichen Jungfrau und Zwillinge sowie Gestirne im Zeichen Jungfrau.

Die zweite Testreihe untersuchte Jupiter und Saturn in den Feldern I, VI, VIII und XII des Kosmogramms.

Die dritte Testreihe analysierte Jupiter-Saturn in ihren Aspekten.

Die vierte Testreihe untersuchte Neptun, Pluto, Mars in ihren Positionen unter Einbezug der von Dr. H. E. Müller gefundenen Krebsformel.

Auf diese Weise wurde der Befund Leberkrebs astrologisch eingekreist. Die Auswertung ergab: 76 Prozent Leberleiden bei Jupiter-Jungfrau, Saturn-Jungfrau, Jupiter-Zwillinge, Jupiter-Saturn-Verletzungen. Der Rest verteilte sich auf Sonne-Jungfrau, Sonne-Krebs, Uranus-Jungfrau.

Das Zeichen Jungfrau war überwältigend besetzt. Zwei Drittel von den restlichen 24 Prozent hatten das Zeichen Krebs in sehr starker Anlage im Horoskop (dies hatte auch bereits Gräfin Wassilko in ihrer Broschüre »Krebs im Horoskop« festgestellt).

Kosmogramm Hans Albers: 22.9.1891, 10.15 Uhr. Vier Gestirne in der Jungfrau: Leber-krebs, Magen- und Darmblutungen. Jupiter in Opposition zu Merkur/Mars. Mars Quadrat Neptun/Pluto! Jupiter Quadrat Neptun/Pluto! Mars ist Herrscher über die Körperachse (= Aszendent).

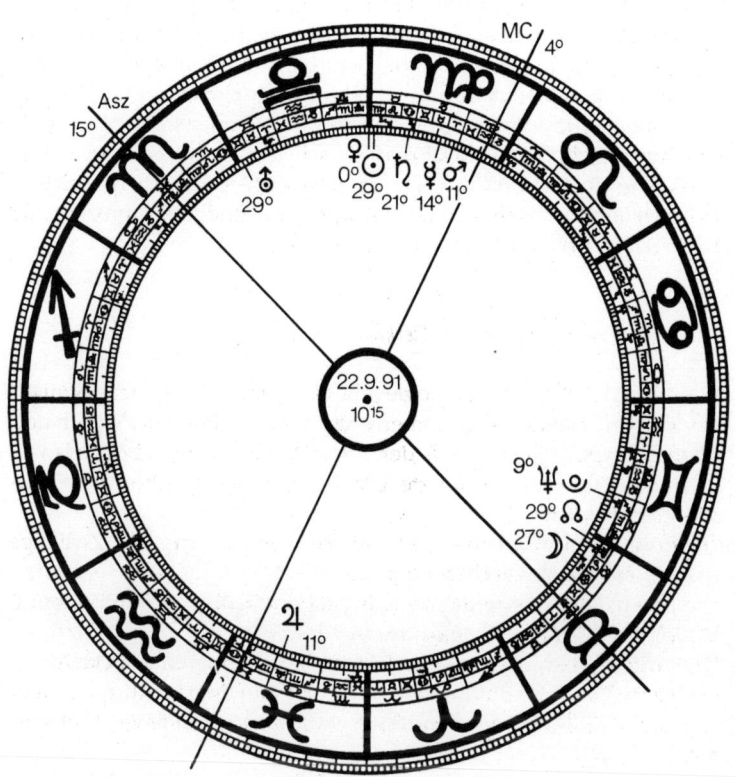

Beteiligt waren elf Ärzte (darunter vier Spezialisten) und drei Astrologen. Zeitaufwand: sechs Wochen.

Im Fall Leberkrebs ging man von vorhandenen klinischen Befunden aus – also nicht vom Horoskop. Es bestätigte sich die Regel von aspektverletztem Jupiter in gewissen Feldern des Horoskops und in gewissen Zeichen. Auch die These mit den Schnittpunkten oder Halbsummen brachte eine ganze Reihe von Bestätigungen.

Als Illustration zu dieser Karzinom-These sei das Horoskop von Hans Albers beigefügt, das nicht weniger als vier Gestirne im Zeichen Jungfrau (= Leber) aufweist, wobei zwei davon vom Jupiter mit Opposition angegriffen werden. Der astrologisch geschulte Arzt Dr. Schwab erkannte in seinen Untersuchungen die Zeichen Waage, Fische, Stier und wiederum Jungfrau als besonders krebsanfällige Zeichen. Selbstverständlich kann nicht bei jeder dieser Konstellationen von vornherein auf ein Karzinom geschlossen werden – es handelt sich vielmehr um ganz bestimmte Felderbesetzungen und Aspekte negativer Art.

Von den Gestirnen erkannte man Saturn, Pluto und besonders Neptun als Auslöser. Der Neptun selbst symbolisiert in schweren Aspektverletzungen Zellenverfall. Man konnte sogar Jahrgänge feststellen, in denen der Neptun eine ganz besondere Wirkung aufwies (beispielsweise als der Neptun die Zeichen Jungfrau und Waage durchlief). Da es sich aber um sogenannte Generationenaspekte handelt, ist stets das individuelle Kosmogramm maßgebend. Man beachte im Horoskop Hans Albers' daher nicht nur die ungewöhnlichen Häufungen von Gestirnen im Zeichen Jungfrau (die eine Reihe von anderen Personen ebenfalls hat), sondern ausschlaggebend war hierbei der Jupiter-Angriff (Jupiter = Leberleiden) im Oppositionsaspekt auf den Mars. Und dieser Mars war wiederum von Neptun mit Quadrataspekt verletzt (damit also wird die Karzinom-Konstellation rein individuell). Daß sich schließlich beim Neptun auch noch der Pluto befand, war ausschlaggebend.

Weitere Karzinom-Aspekte wurden beobachtet bei folgenden Schnittpunkten oder Halbsummen: Mond zu Pluto = Neptun, Mond zu Aszendent = Neptun, Mars zu Saturn = Neptun, Saturn zu Neptun = Pluto, Mond im Zeichen Krebs Konjunktion Neptun, Mond Konjunktion Pluto, Neptun im Krebs, Mars Quadrat Neptun, Neptun im Zeichen Krebs, Opposition Mond im Steinbock, Mars Konjunktion Pluto. Diese Aspekte und Schnittpunkte bestätigten sich beinahe bis zu 80 Prozent.

Als weiteres Beispiel für Karzinom-Konstellationen sei das individuelle Horoskop von Hildegard Knef (Geburtsstunde nach eigener Mittei-

Kosmogramm Hildegard Knef: 28.12.1925, 5.15 Uhr. Sonne im Steinbock, Mars/Saturn flankieren den Aszendenten: Krankheiten, Operationen, Saturn Trigon Uranus: Zähigkeit. Schnittpunkt: Sonne/Venus = Jupiter: Erfolgs- und Popularitätsaspekt. Saturn Quadrat Neptun: Erkrankungen.

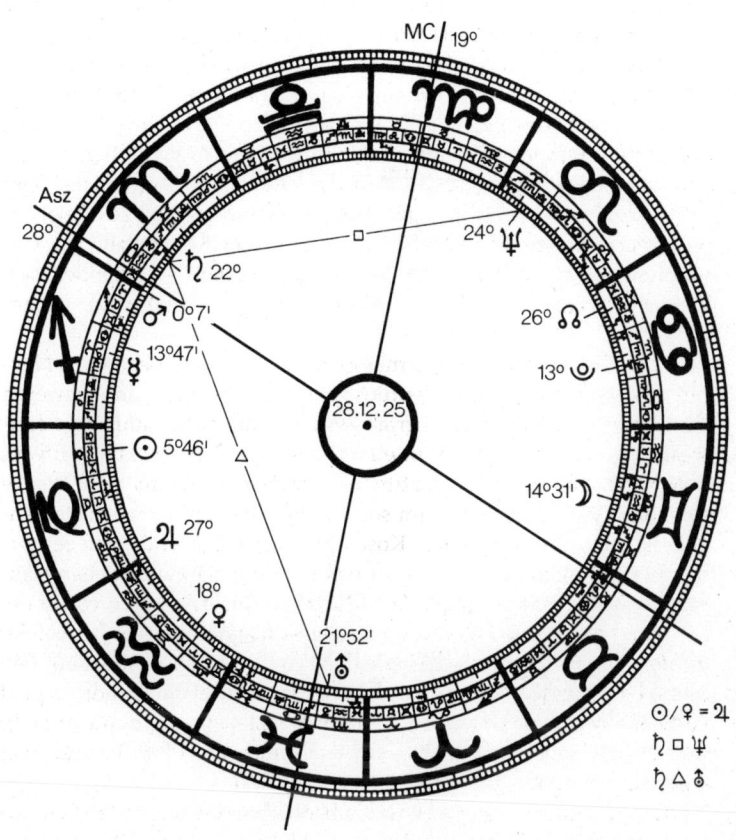

lung) beigefügt. Es zeigt den Aszendenten in 28 Grad Skorpion, wobei Mars und Saturn diesen Aszendenten flankieren. Infolge dieser außerordentlich schwächenden Vitalitätskonstellation befand sich Hildegard Knef schon in frühen Jugendjahren mehrmals im Krankenhaus. Im ganzen mußte sie sechsundfünfzig Operationen durchhalten, und einige davon brachten sie an den Rand des Todes. So besonders 1969 in Amerika, wo eine Bauchfellentzündung anläßlich einer Operation zur Krise wurde. An Krankheiten ergaben sich Kinderlähmung, Meningitis, Hepatitis, Kieferoperationen, Kaiserschnitt, Brustamputation, ferner Abzesse in der Bauchhöhle.

Erschwert wurde diese kritische Aszendenten-Konstellation dadurch, daß der Neptun seinerseits den Saturn mit Quadrataspekt angriff. Dieser Neptun (Symbol für Karzinom-Erkrankungen) griff den Saturn und den Aszendenten gleichzeitig an und brachte die Knef damit mehrmals in die Nähe der Todesgefahr. Das Zeichen Jungfrau befindet sich wieder einmal an einer der wichtigsten Achsen des Geburtshoroskops (an der Vertikalachse). Auf diese Achse fällt eine Opposition vom Uranus aus 21 Grad Fische. Dieses Horoskop ist ein klassisches Beispiel für die vielfachen Operationen, wenn sich der Mars dicht am Aszendenten befindet. Daß Hildegard Knef diese schicksalhaften Belastungen überhaupt durchhielt, geht zugunsten eines Trigonalaspektes zwischen Saturn und Uranus, der seit altersher dafür bekannt ist, daß er die Kraft zum Durchhalten gibt.

Ebenso interessant verliefen die statistischen Reihenuntersuchungen bei Herzleiden und Schlaganfällen. Insbesondere bei Schlaganfällen waren die Ergebnisse frappant: Es ergaben sich reihenweise Schlaganfälle bei folgenden Konstellationen im individuellen Kosmogramm: Jupiter Opposition Sonne, Mars Opposition Pluto, Mars Opposition Mond und Neptun, Uranus Opposition Pluto, Sonne zu Pluto = Neptun, Mond zu Pluto = Neptun, Sonne im Löwen, Sonne zu Mond = Uranus, Mars Quadrat Saturn und Uranus, Mars und Merkur im Quadrat zu Uranus, Uranus zu Pluto = Jupiter, Sonne zu Uranus = Pluto. Ferner Aspektverbindungen zu Mars im Zeichen Löwe. Das Herzzeichen Löwe war überraschend oft bei Schlaganfällen aspektverletzt.

Herzinfarkte ergaben sich laut Reihenuntersuchungen bei folgenden Konstellationen und Aspekten: Uranus Opposition Pluto, Mars Quadrat Uranus und Pluto, Jupiter Quadrat Sonne (im Löwen), Saturn Opposition Uranus, Mars Opposition Neptun (Neptun im Löwen), Sonne Opposition Uranus (dieser Aspekt brachte zweimal Infarkt hintereinander), Sonne zu Mond = Uranus, Sonne zu Mars = Uranus. Die Beteiligung des Uranus (als Symbol für Rhythmusstörungen und krampfartige Zustände) hat sich bis zu 80 Prozent erwiesen, und auch negative Konstellationen ins Zeichen Löwe kamen häufig vor. Zum Beispiel:

Willy Fritsch: Mars Quadrat Uranus und Pluto, Uranus Opposition Pluto.

Curd Jürgens: Jupiter im Zeichen Löwe und im Quadrat zu Sonne und Merkur.

Helmut Schmidt: Saturn Opposition Uranus, Mars Opposition Neptun im Löwen, Saturn am Aszendenten.

Wichtig bei diesen Infarktkonstellationen ist aber zusätzlich die Stellung der Gestirne in den jeweiligen Feldern des Kosmogramms, sekundär noch die Aspekte, die auf die verletzenden Gestirne fallen.

Die nachfolgenden statistischen Feststellungen über Erkrankungen in den einzelnen Tierkreiszeichen, die über Jahrzehnte hinweg aus der Praxis gewonnen wurden, beziehen sich zum Teil auf den Sonnenstand oder Aszendenten in einem einzelnen Zeichen, haben aber auch Bezug zu gewissen Zeichen, die in einem individuellen Horoskop von mehreren Gestirnen gleichzeitig besetzt sind. Exakte Feststellungen von Erkrankungen benötigen jedoch immer das gesamte individuelle Kosmogramm. Immerhin haben die nachfolgenden Zusammenstellungen einen hohen Prozentsatz an Bestätigung ergeben.

Widder: Entzündungen, Augenerkrankungen, Gehirnleiden, Gallen- und Blasenleiden, Unfallverletzungen, operative Eingriffe, Meningitis, Schlafstörungen, Blutergüsse, Kopfschmerzen, Schwindelanfälle, Ausschläge am Kopf, Verbrennungen und Verbrühungen, Schlaganfälle, Quetschungen, hohe Fieberzustände, Bindehaut- und Kiefererkrankungen.

Stier: Halsleiden, Milzerkrankungen, Erkrankungen in den Eierstöcken, Gicht, Blasensteine, Diabetes, Kehlkopfleiden, Versteifungen der Halsmuskulatur, Mandelentzündungen, Heiserkeit, Kropf, Polypen, Diphtherie, Stirnhöhlenorgane, Stimmbänder, Schluckbeschwerden.

Zwillinge: Atemnot, Bronchitis, Geschwüre, Blasenerkrankungen, Nervenstörungen, Lungenerkrankungen, Sportunfälle, nervöse Leiden, geistige Störungen, Sprachfehler, Stottern, Gliederzittern, Rippenfellerkrankungen, Erkrankungen der Lunge und der Luftröhre, Neuralgien, Schnittwunden an Händen oder Fingern.

Krebs: Brusterkrankungen, Zwerchfell, Rheuma, Ischias, Blutkrankheiten, Brust- und Magenkrebs, Wassersucht, lymphatisches System, Bleichsucht, Wassersucht, Übersäuerung, Magenerweiterung, Erbrechen, Neurasthenie, Magengeschwüre.

Löwe: Herzschwäche, Herzklopfen, Herzkrämpfe, Infarkttendenz,

Herzlähmungen, Herzerweiterung, Ohnmachtsanfälle, Herzneurosen, Rückenmarksleiden.

Jungfrau: Blähungen, Dysenterie, Diarrhöe, Gebärmuttererkrankungen. Ekzeme, Bluterkrankungen, Darmgrippe, Bauchfellentzündungen, Blinddarmentzündungen, Typhus, Kolik, Erkrankungen am Dünndarm oder Zwölffingerdarm.

Waage: Herzaffektionen, Rückenleiden, Rheuma, nervöse Schwächezustände, Blasenleiden, Nierenentzündungen, Venenentzündungen, Hautleiden, Diabetes, Lumbago, Ischias, Nierenbeckenentzündungen, Nierenbluten.

Skorpion: Störungen im Sexualbereich, Hämorrhoiden, Geschwüre, Blasenleiden, Erkrankungen der Genitalien, Vergiftungen, Mensesstörungen, Blinddarmentzündungen, Gebärmuttererkrankungen.

Schütze: Bronchien, Rheuma, Arthrose, Ischias, geschwollene Beine, Krampfadern, Venenerkrankungen, Sportverletzungen, Gicht, Hexenschuß, Schenkelbrüche, Leberleiden, Fettsucht, Geschwürbildungen, Lähmungen an den Beinen, Hüftgicht.

Steinbock: Erkältungen, Verstopfungen, Rheuma (Arme, Hände, Kniegelenke), Arthrose, nervöse Magenerkrankungen, Krämpfe, Blähungen, Epilepsie, Stürze, Hypochondrie, Magenleiden, Schwerhörigkeit, Taubheit, Zahnschmerzen, chronische Leiden, Sklerose im Knochensystem, Lähmungen, Hautleiden, Ausschläge, Masern, Entzündungen der Schleimhäute.

Wassermann: Bluterkrankungen, Magen- und Verdauungsstörungen, Neuralgien, Gicht, Krämpfe, nervöse Leiden, Sehnenzerrungen (Achillessehne), Neurosen, Neurasthenie, Nervenschocks, Epilepsie, Krampfadern, Blutvergiftungen, Verstauchungen, Atembeklemmungen, Herzbeutelwassersucht, Durchblutungsstörungen.

Fische: Füße und Knöchel, Herzaffektionen, Augenleiden, Nervenleiden, Nierenleiden, Eierstockerkrankungen, Stoffwechselleiden, Gallen- und Lebererkrankungen, Unterschenkelbrüche. Psychische Leiden, Epilepsie, Hypochondrie, Neurosen, Neuralgien, Lähmungen, schwache Füße, Wassersucht, Durchfall, Darmleiden, Narkoseanfälligkeit, Erschlaffungszustände, Medikamentschäden, Hühneraugen, Mißbildungen der Füße, Fußgicht, Frostbeulen, Fußkrämpfe.

Ungewöhnliche Konstellationen –
ungewöhnliche Schicksale

Zu einem der interessantesten Forschungsgebiete der empirischen Astrologie gehören die Mars-, Saturn-, Uranus- und Pluto-Konstellationen in den jeweiligen Kosmogrammen von Außenseitern, Mördern, Selbstmördern, Terroristen, Chaoten. Der Autor hat über Jahrzehnte hinweg aus Presseberichten die Konstellationen solcher Außenseiter berechnet. Allerdings war in den seltensten Fällen die genaue Geburtsstunde erfahrbar. Aber die Aspekte der Tageskonstellationen ließen einwandfrei die Tendenz solch maximaler Aspekte erkennen.

Vor allem hat sich die Konstellation bzw. der Aspekt von Mars und Saturn prozentual am höchsten bewahrheitet. Mars-Saturn ist der Gewalt- und Aggressionsaspekt.

Hier haben sich die negativen Aspekte wie etwa Konjunktion, Quadrat oder Opposition im Schicksal der jeweiligen Kosmogramm-Inhaber am meisten bewahrheitet. Ganz allgemein können sie als schädigende Energie (auch Triebstauungen) symbolisiert werden mit einer Tendenz zu Kraftproben, da sie stets zu erhöhten Widerständen und schwierigster persönlicher Selbstbehauptung neigen.

Die Grundtendenz von Mars-Saturn-Aspekten zeigte sich in verblüffender Weise in folgenden Variationen: enorme Zähigkeit, Eigenwilligkeit bis Sturheit, Durchhaltevermögen unter schwierigsten Umständen, Härte (diese vor allem) sowohl gegen sich selbst als auch gegen andere, Unterdrückung anderer Personen, Gewalt über andere Menschen oder gewalttätige Tendenzen. Speziell der Konjunktionsaspekt wäre ein Motiv für Kraft und Energie kontra Widerstand. In sehr vielen Fällen zeigte diese Aspektierung zwischen den Gewaltsymbolen Mars und Saturn auch schwere Verletzungen, überhaupt körperliche Gefahren, in politischen Horoskopen auch Attentatsgefahr. Interessant war die Tatsache, daß Täter wie Opfer beiderseits im Horoskop diese Gewaltaspekte aufweisen können. Einige Beispiele wollen dies illustrieren:

Mars in Konjunktion zum Saturn hatten beispielsweise der Volksgerichtshofpräsident Freisler, der Schah von Persien, Helmut Schön (maximaler Einsatz im Sport), Therese Neumann, Franz Josef Strauß (Eigenwilligkeitsaspekt), ferner der Wundertäter Gröning (Mars dicht beim Pluto).

Mars und Saturn flankieren im Horoskop von Hildegard Knef auch den Aszendenten oder die markante Persönlichkeitsachse.

Mars im Quadrataspekt zum Saturn hatte Hitler, Mars in Opposition zum Saturn hatte Katharina von Medici, ferner Heinz Kluncker, Friedrich der Große, Mars in Opposition zum Uranus hat Nixon, Mars im Quadrat zum Pluto hat Köhnlechner, der aber andererseits noch den Saturn direkt am Aszendenten in 22 Grad Skorpion besitzt.

Sehr interessant wäre die Mars-Opposition Saturn-Konstellation bei Klaus Kinsky (18. Oktober 1926 in Zoppot).

Wiederum sehr bezeichnend wäre die Konstellation Mars Quadrat Saturn im Horoskop von Reinhold Messner (17. September 1944), ferner die Mars-Opposition auf den Saturn bei Ulrike Meinhoff, die Mars-Opposition auf den Saturn bei Onassis, der Uranus exakt am Aszendenten bei Charles Manson (12. November 1934), der auch den Mörderaspekt im Horoskop besitzt.

Saturn Opposition Jupiter hat auch Ingrid van Bergen, deren Horoskop andererseits noch Jupiter dicht beim Pluto besitzt.

Saturn dicht beim Mars hatte auch der Mörder Sirhan (Attentatsaspekt).

*Konstellationen in den Kosmogrammen von
Terroristen, Revolutionären und Chaoten*

Die Überprüfung einer großen Reihe von Kosmogrammen solcher Personen, die teilweise auch Morde begingen, bestätigte die Ergebnisse der klassischen Astrologie. Die Konjunktions-, Quadrat- und Oppositionsaspekte zwischen Saturn, Uranus, Mars und Pluto symbolisieren in überzeugender Weise die Außenseiter der Gesellschaft (aber nicht immer die Aussteiger) wie etwa Chaoten und Terroristen. Die statistischen Ereignisse dieser Aspekte brachten bis zu 80 Prozent Übereinstimmung dieser Konstellation mit dem Leben und Schicksal solcher Zeitgenossen. Wie vorauszusehen war, hatte das Revolutionsgestirn Uranus den größten Anteil an dieser Statistik. Einesteils gilt er in der modernen Astrologie als der Erneuerer, der Umstürzler, andererseits aber zeigt er sich in negativen Aspekten als Gewaltmotiv und Symbol für Rebellentum. In den nachfolgenden Terroristen-Kosmogrammen zeigt sich in einer auffallenden Häufigkeit der Spannungs- und Gewaltaspekt vom Saturn zum Uranus. In einigen Fällen wird er auch noch überhöht durch Pluto-Aspekte.

Ulrike Meinhoff (17. Oktober 1934): Sonne in 23 Grad Waage in Opposition zum Uranus (der typische Aspekt für Gewalt), ferner noch Sonne

Quadrat Pluto (Machtstreben, Lebensgefahr). Mars (29 Grad Löwe) in Opposition zum Saturn (Gewaltaspekt). Pluto im gefährlichen Schnittpunkt zwischen Sonne-Uranus! (Symbol: Umbrüche erzwingen wollen). Derselbe Schnittpunkt war für den Tod symbolisch: Die Terroristin erhängte sich am 10. Mai 1976.
Merkur im Quadrat zum Saturn: Negative Mentalität.
Brigitte Mohnhaupt (24. Juni 1949): Sonne in 2 Grad Krebs Konjunktion Uranus: der typische Revolutionsaspekt. Mond in Opposition zum Merkur und zum Mars im Zeichen Zwillinge: vielseitigste Verbindungen, veschworene Gemeinschaften.
Die Uranusnähe bei der Sonne gilt als einer der markantesten Aspekte für seelische Spannungen und Umbrüche.
Angelika Speitel (12. Februar 1952): Sonne in 22 Grad Wassermann in Opposition zum Pluto: Machtstreben, höhere Gewalt.
Uranus in 10 Grad Krebs im Quadrataspekt zum Saturn und zum Jupiter gleichzeitig. Saturn in 14 Grad Waage in Opposition zum Saturn. Mars im Quadrataspekt zum Merkur, Pluto Opposition Sonne (ähnlich wie bei Ulrike Meinhoff): Gewaltaspekt.
Adelheid Schulz (31. März 1955): Sonne in 9 Grad Widder im Quadrat zum Mond.
Saturn Quadrat Pluto, Saturn Opposition Mars, Mars Quadrat Pluto: Alle drei Aspekte sind Gewaltaspekte.
Monika Berbrich (23. Oktober 1942): Sonne in 29 Grad Waage, Opposition Mond und Quadrat Jupiter. Wiederum Saturn in Konjunktion zum Uranus, Jupiter im Quadrat zur Sonne und zum Mars (Widerstand gegen die Staatsgewalt).
Jürgen Schumann (29. April 1940): Saturn dicht bei der Sonne im Zeichen Stier, Sonne zu Pluto = Saturn, Uranus zu Pluto = Saturn (alle beiden Schnittpunkte sind Symbole für Gewalttätigkeit). Er beging Mord am 16. Oktober 1977 unter dem Aspekt: Uranus Opposition Sonne.
Ingrid Schubert (7. November 1944): Sonne in 14 Grad Skorpion, Konjunktion Mars und Quadrat Pluto (Gewaltaspekt). Mond dicht beim Pluto (psychische Spannungen), Mars im Quadrat zum Pluto (gewalttätig und Gewalt erleidend).
Christoph Wackernagel (27. August 1951): Sonne in 3 Grad Jungfrau, Mond dicht beim Uranus (Spannungsaspekt), Jupiter Quadrat Uranus und Opposition Neptun (Aufsässigkeit).
Susanne Albrecht (1. März 1951): Sonne in 9 Grad Fische, wiederum Saturn im Quadrat zum Uranus, Pluto Konjunktion Neptun exakt (phantastische Ideen).
Christian Klar (20. Mai 1952): Sonne in 28 Grad Stier, Mond im Quadrat

zum Uranus und Opposition Neptun, wiederum Saturn Quadrat Uranus, Jupiter Opposition Mars. Alle drei Aspekte sind Gewaltaspekte.

Willi Peter Stoll (12. Juni 1950): Sonne in 20 Grad Zwillinge im Quadrat zum Saturn, Mond im Quadrat zum Pluto, Mars im Quadrat zum Uranus, Saturn im Quadrat zur Sonne, Jupiter in Opposition zum Saturn.

Silke Meyer-Witt (21. Januar 1950): Sonne in 0 Grad Wassermann, Jupiter in Opposition zum Pluto, Mars im Quadrat zum Uranus, Jupiter Opposition Pluto.

Friederike Krabbe (31. Mai 1950): Sonne in 8 Grad Zwillinge in Opposition zum Mond in Quadrat zum Saturn und im Quadrat zum Jupiter. Saturn Opposition Jupiter. Merkur im Quadrat zum Pluto.

Carlos (12. Oktober 1949 in Caracas): Mars Konjunktion Pluto im Zeichen Löwe, Sonne Quadrat Uranus (Rebellenkonstellation).

Günther Sonnenberg (21. Juli 1954): Uranus dicht bei der Sonne (Attentäter).

Bei sämtlichen genannten Terroristen-Horoskopen zeigt sich in einer auffallenden Weise die Quadrat- oder Oppositionsaspektierung zwischen Saturn und Uranus. Sie ist das Symbol von außerordentlicher Reizbarkeit, psychischen Konflikten, insbesondere von Auflehnungstendenzen und schließlich von Gewalttätigkeit. Dieser Aspekt ist symptomatisch für Eingriffe ins eigene Schicksal. Alle übrigen genannten Aspekte sind Symbole für eine permanente Beunruhigung der Umwelt. Mehr oder minder zeigen alle Chaoten-Horoskope Pluto-Aspekte negativer Art auf wichtige Gestirne im Kosmogramm. Selbstverständlich sind die genannten Angaben nur Auszüge aus dem voll individuellen Kosmogramm der betreffenden Person. Sie konnten aus Platzmangel nicht restlos abgedruckt werden.

Die überaus kritischen Aspekte vom Saturn zum Uranus (insbesondere Quadrat- und Oppositionsaspekte) zeigen sich aber auch in sogenannten Attentats-Horoskopen:

Gewaltaspekte bei Attentatsopfern

Anwar el-Sadat (25. Dezember 1918): Wiederum zeigt auch sein Saturn im Grundhoroskop eine Oppositon zum Uranus (Saturn in 28 Grad Löwe), ferner einen Pluto-Angriff in Form von Opposition auf den Sonnenort. Die Lebensbedrohung ist bei beiden Aspekten gemäß der Statistik ungewöhnlich hoch. Am Tag des Attentats, 6. Oktober 1981, ergab sich ein direkter Übergang des Uranus über die Quadratstelle des Saturn (also die Wiederholung eines Aspektes, der schon zur Zeit der Geburt vorhanden war). Ferner befand sich noch der Saturn im Quadrataspekt zum Jupiter.

Kosmogramm Papst Johannes Paul II.: 18.5.1920, Geburtsstunde unbekannt. Dominanter Aspekt: Saturn Opposition Uranus/Uranus Trigon Pluto.

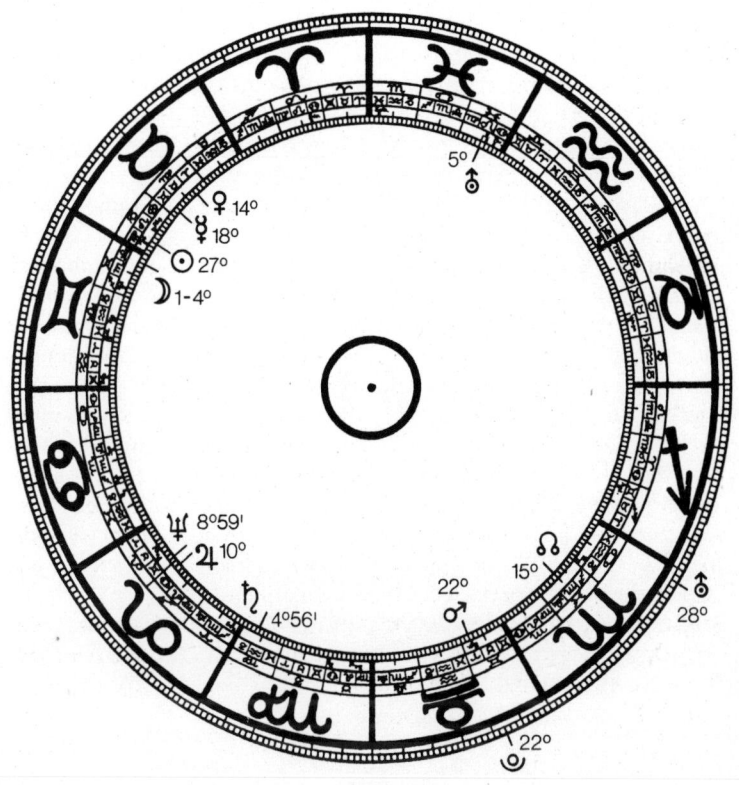

Attentat: 13.5.1981. Am Tag des Attentats befand sich der Uranus exakt auf der Opposition Uranus, und der laufende Pluto überlief exakt den Mars in 22 Grad Waage (Uranus und Pluto am äußeren Horoskoprand!)

Papst Johannes Paul II. (18. Mai 1920; 11 Uhr 54 MEZ in Vadovice/Polen):
Das individuelle Horoskop zeigt den Gefahrenaspekt Saturn in Oppo-
sition zum Uranus exakt an der Horizontalachse (Saturn in 4 Grad
Jungfrau, Aszendent in 7 Grad Jungfrau). Das Attentat vom 13. Mai
1981 zeigt die Uranus-Nähe in Opposition zur Sonne und als markantesten Transit den Übergang vom Mars direkt über den Pluto.
Ronald Reagan (6. Februar 1911): Sonne in 16 Grad Wassermann. Am
Tage des Attentats vom 30. März 1981 befand sich die Sonne mit dem
Mars exakt in 10 Grad Widder, ferner befand sich der Uranus in Konjunktion zum Aszendenten am 30. März (Aszendent in 28 bis 29 Grad
Skorpion). Sechs Wochen vor dem Attentat zeigte sich eine Sonnenfinsternis (Eklipse) exakt auf 16 Grad Wassermann (dem Sonnenort
des Kosmogramms). Die genannte Nähe vom Uranus am Aszenden-
ten zeigte sich bereits im Solarhoroskop vom 6. Februar 1981.
In den bisher genannten Kosmogrammen zeigen sich die negativen
Aspekte des Uranus zum Saturn wie auch zu anderen wichtigen Gestirnen des Geburtshoroskops in nahezu allen Fällen – eine überzeugende statistische Tatsache für das Gewaltmotiv bei Saturn-Uranus-
Verletzungen.

Entspannte Aspekte

Schon manch negativer Quadrat- oder Oppositionsaspekt in einem
Kosmogramm zeigte hinsichtlich der statistischen Erfahrungen solcher
Aspekte keinerlei Wirkung. Dies ist immer dann der Fall, wenn solche
Quadrate oder Oppositionen durch einen dritten Aspekt, durch Sexti-
le oder Trigonale anderer Planeten »entspannt« sind! Im beiliegenden
Kosmogramm von Mireille Mathieu zeigt sich dies besonders deutlich:
An höchster Stelle des Kosmogramms befindet sich der Uranus (dicht
am Meridian oder Berufsspitze X) – ein Motiv für ungewöhnlichen
Aufstieg. Aber dieser Uranus wird vom Mars (mit Aszendenten) mit
einem Quadrataspekt exakt angegriffen. Die normale Analyse dieser
kritischen Aspektierung wäre: Unfalltendenz, plötzliche und einschneidende Umbrüche oder Wegänderungen, die mit Rückschlägen
verbunden sind. Man beachte nun aber, daß auf diesen Uranus und
damit auch auf den Meridian ein ausgezeichneter Trigonalaspekt
vom Glückssymbol Jupiter fällt: Erfolg, Aufstieg, Popularität. Dieser
Jupiter »entspannt« den Mars! Damit entfällt die gefahrbringende
Mars-Verletzung auf den Uranus, die sich höchstens noch als ungewöhnliche Energiesteigerung, Höchsteinsatz im Beruf und Willensan-
spannung zeigen kann. Trotz der problematischen Nähe des Saturn

Kosmogramm Mireille Mathieu: 22.7.1946, 10 Uhr, Avignon. Uranus im Quadrataspekt zum Mars am Aszendenten – entspannt durch Jupiter Trigon Uranus und Trigon Meridian! Aufstieg durch größte Zähigkeit und Fleiß.

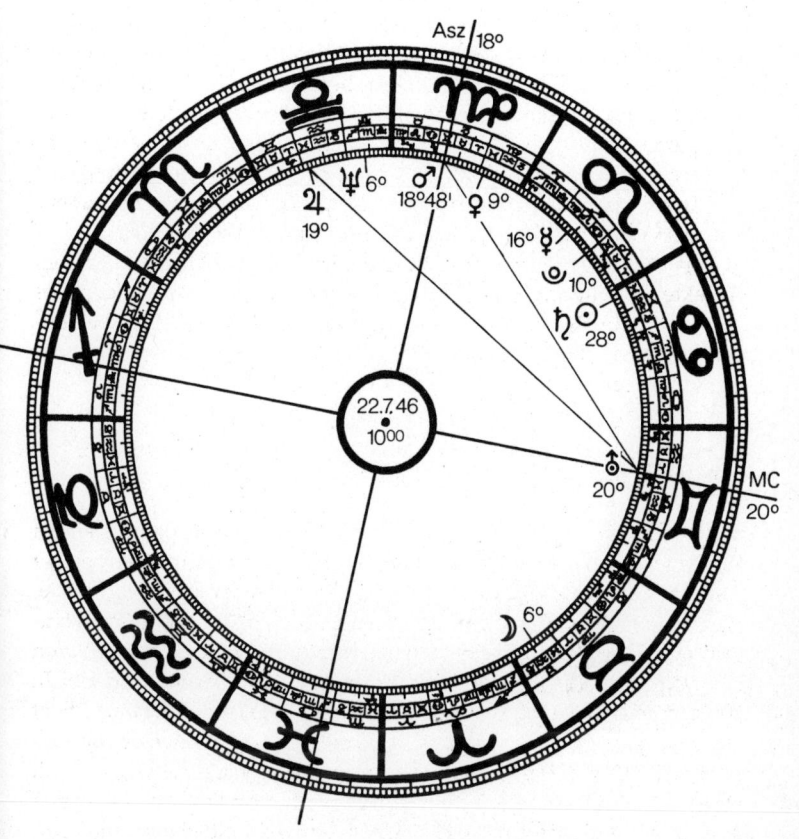

zur Sonne verhilft hier der Jupiter durch größte Zähigkeit (= Saturn bei der Sonne) und enormen Fleiß sowie Geduld zum sozialen Aufstieg. Daß der Saturn im Bereich der Liebe und der engeren Kontakte keine echte Erfüllung bringen kann, ist ein schicksalhafter Bestandteil des Kosmogramms. Er bewirkt daher bei Mireille Mathieu auch gewisse Entfaltungshemmungen und Kontakte zu älteren oder reiferen Partnern (wie etwa zu ihrem Manager). In allen Analysen von Gestirnkonstellationen müssen diese entspannten Aspekte genau beachtet werden, da sonst Fehlinterpretationen entstehen würden!

Liebe und Ehe im Spiegel
des Kosmogramms

Auch auf diesem speziellen Sektor hat die empirische Astrologie anhand von Reihenuntersuchungen erstaunliche Ergebnisse aufzuweisen. Der Autor hat im Laufe der Jahrzehnte aus Hunderten von Klienten-Horoskopen wie aus den Kosmogrammen prominenter Persönlichkeiten die grundsätzlichen Scheidungskonstellationen gemäß ihrer Häufigkeit ausgesondert. Ähnlich wie in den vorausgegangenen Schicksalsaspekten zeigten sich auch hier die Gestirnkonstellationen im Partner- und Ehefeld VII samt den Aspekten auf Sonne, Mond oder Venus als besonders aufschlußreich. In Zusammenarbeit mit einem Scheidungsanwalt wurden zweihundert Scheidungshoroskope eingehend analysiert. Als scheidungsverdächtig erwiesen sich in allen Fällen die Mars- und Jupiter-Aspekte negativer Art wie auch die Mars- und Uranus-Konstellationen im individuellen Kosmogramm.

Scheidungskonstellationen

Die Horizontalachse, die von Spitze I des Kosmogramms (= Aszendent) zur Spitze VII (= Partnerachse) verläuft, symbolisiert hinsichtlich der Zeichenbesetzung bereits die Haltbarkeit von Bindungen. Eine ganze Reihe von Scheidungshoroskopen liegt in den sogenannten veränderlichen Zeichen, wobei Zwillinge und Schütze die geringste Stabilität aufweisen. Befindet sich dann auch noch ein typisches Symbol der Unruhe, des Wechsels oder der Veränderungen, wie etwa der Mond in negativen Aspekten zu dieser Partnerachse, gehören Scheidungen zum Eheschicksal.
Brigitte Bardot (28. September 1934, 13 Uhr 20, Paris): Ihr Horoskop weist deutlich auf die zahlreichen Liebesaffären hin. Nahe an der Ehespitze VII befindet sich der Mond, das typische Symbol für Unruhe, Wechsel und veränderliche Kontakte im Zeichen Zwillinge, das seinerseits ebenfalls die Unruhe und Rastlosigkeit in den Bindungen symbolisiert. Dieser Mond in 12 Grad Zwillinge wird aber seinerseits vom Neptun aus 12 Grad Jungfrau exakt mit einem Quadrataspekt angegriffen. Solche Neptun-Verletzungen auf die Ehespitze VII würden andererseits auch noch die Versuche am untauglichen Objekt symbolisieren, die dann in der weiteren Folge zu Ernüchterungen und Enttäuschungen führen (Neptun).

Sophia Loren (20. September 1934): Sie ist nur um acht Tage älter als Brigitte Bardot und zeigt die Horizontalachse ihres Kosmogramms mit umgekehrten Zeichen (Schütze an der Ehespitze VII und Zwillinge am Aszendenten). Lange Zeit blieb diese Ehe haltbar, da sich bei Sophia Loren der Saturn beim Mond befindet (der dadurch stabilisierend wirkt). Dennoch ergab sich auch hier in den letzten Jahren die Krise.

Gina Lollobrigida (4. Juli 1927, 3 Uhr früh in Subbiaco/Abbruzzen): Sie hatte wiederum den Aszendenten in 17 Grad Zwillinge, die Ehespitze daher in 17 Grad Schütze. Aber der Mars in 16 Grad Löwe zeigt einen Trigonalaspekt auf diese Partnerspitze, und deshalb ging die effektive Scheidung zäh und mit enormer Verzögerung vor sich – ein Hinweis auf die Wichtigkeit der übrigen Aspektierungen. Wiederum war auch in diesem Horoskop die Achse Zwillinge-Schütze ein Hinweis auf die mangelnde Stabilität der Ehe.

Liz Taylor (27. Februar 1932): Ihr individuelles Kosmogramm zeigt einen wahren Wirbel in Liebe und Ehe. Hier befindet sich die Venus (Symbol für Liebe und Sex) in 17 Grad Widder (einem Marszeichen). Die auffallendste Konstellation in diesem Kosmogramm ist aber die gradgenaue Konjunktion dieser Venus beim Uranus ebenfalls in 17 Grad Widder, im ganzen eine Konstellation, die geradezu klassisch im Sinne der permanenten Liebesabenteuer und der Aufregung sowie des triebbedingten Verhaltens ist.

Richard Burton (7. November 1925): Er seinerseits hat die Sonne in 17 Grad Skorpion und den Saturn ebenfalls exakt in 17 Grad Skorpion (dem bekannten Sexzeichen). Die Konzentration (Saturn) auf Liebe/ Sex und die schicksalhafte Konstellation dieses Saturn führt zu einem Tauziehen in dieser Verbindung. Scheidungen und neuerdings Heirat wechseln in diesen beiden Horoskopen ab.

Jacqueline Kennedy (geboren 28. Juli 1929): Horizontalachse in Schütze-Zwillinge (mit dem Zeichen Zwillinge am Feld VII). Anwesend im Ehefeld ist das Erfolgsgestirn Jupiter in 9 Grad Zwillinge: Symbol hochgestellter Persönlichkeiten. Dieser Jupiter aber befindet sich seinerseits im Schnittpunkt zwischen Sonne-Uranus: reiche Männer, aber Trennung.

Romy Schneider (23. September 1938): Wiederum Horizontalachse in Zwillinge-Schütze (die Ehespitze befindet sich hier in 28 Grad Schütze) mit 2 Quadrataspekten von Sonne und Mond auf diese Achse. Die Unzuverlässigkeit der Partner ist durch den Quadrataspekt der Sonne symbolisiert, die seelischen Aufregungen über die Ehekrisen zeigt der Mond im Quadrat auf diese Ehespitze VII.

Ingrid van Bergen (15. Juni 1931 gegen 12 Uhr 30): Ihr Kosmogramm zeigt die teils tragische, teils aufregende Konstellation des Uranus an der Spitze VII bzw. im Ehefeld VII selbst, sie hat sich bei der Horoskop-In-

188

Kosmogramm Jacqueline Kennedy: 28.7.1929, 15.12 Uhr, Southhampton. Erste Heirat mit John F. Kennedy 12.9.1953. Zweite Heirat mit Onassis: 20.10.1968. Schnittpunkt: Sonne/ Uranus = Jupiter: Aufstieg über Heirat, reiche Männer. Aber: Saturn Opposition Venus: Männer sterben weg.

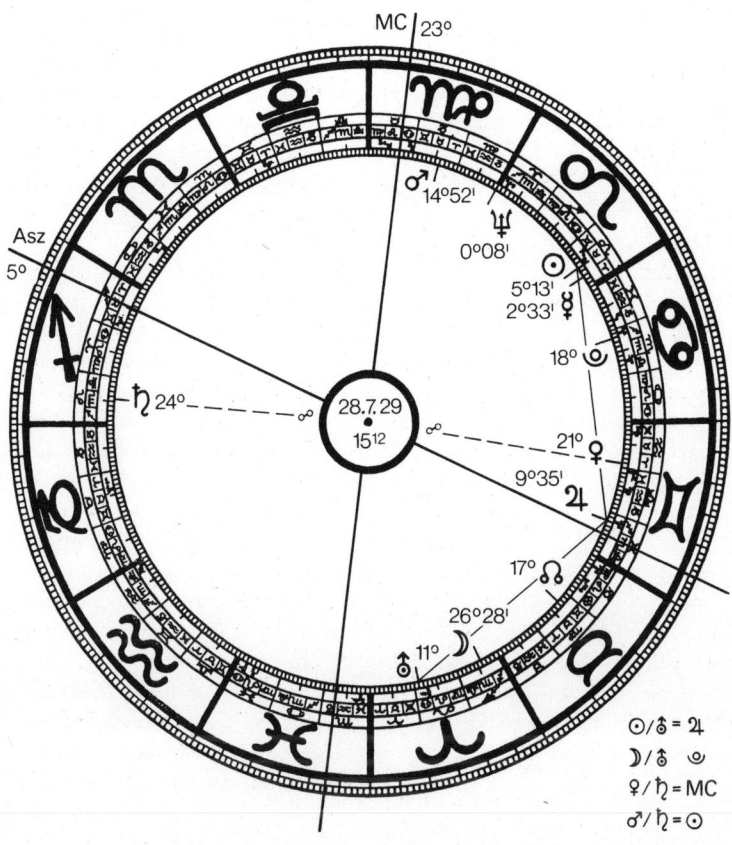

Kosmogramm Ingrid van Bergen: 15.6.1931, 12.30 Uhr Danzig. Vier Gestirne in den Zwillingen: vier Ehen! 5. Partner (Klaus Knath) wurde von ihr erschossen. Im Ehefeld VII Uranus im Quadrat zur Sonne und zum Saturn. Saturn in Opposition zu Jupiter/Pluto: Gewaltlösung.

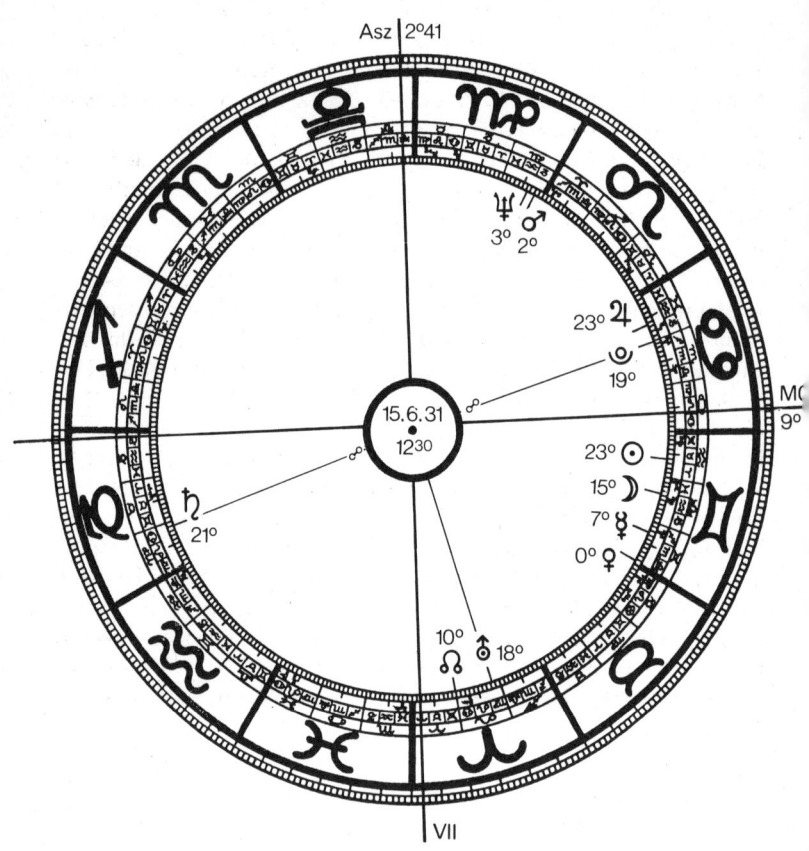

haberin einwandfrei erwiesen. Hier aber erhielt dieser Uranus noch zwei Quadrataspekte von Jupiter und Pluto, wobei der Pluto im Quadrat zum Uranus seine kritische Tendenz (Zwang, Gewalt, dem Schicksal ausgeliefert sein) hundertprozentig ausgelöst hat.

Wencke Myhre (15. Februar 1947): Zum sechstenmal zeigt sich die bekannte Scheidungsachse in den Zeichen Schütze-Zwillinge: Der Aszendent befindet sich in 24 Grad Schütze, die Ehespitze VII in 24 Grad Zwillinge und der Uranus (als Scheidungssymbol) noch in Konjunktion mit der Ehespitze VII. In diesem Kosmogramm wäre allerdings auch die Sonne (symbolisiert den Mann, Partner, Gatten) in 25 Grad Wassermann dicht beim Mars in 16 Grad Wassermann und die Sonne noch in einem exakten Quadrataspekt zum Jupiter (dem Symbol für Heirat). Letztere Aspektierung zwischen Sonne und Jupiter bestätigte sich bis zu 70 Prozent als Scheidungsaspekt in einem weiblichen Horoskop. Das ungewöhnlich sprühende Temperament dieser Künstlerin wird angezeigt von der Sonne in der Konjunktion zum Mars (dem Aktivitätssymbol). Den beruflichen Aufstieg und die Popularität der Künstlerin zeigt die Sonne an, die sich dicht am Aszendenten (der Persönlichkeitsachse) befindet.

Harald Juhnke (10. Juni 1929): Zeigt zum siebtenmal die Horizontalachse in den Zeichen Schütze-Zwillinge (sicheres Symbol für mehrfache Verbindungen, andererseits auch für Parallelverbindungen neben der Ehe). Der Aszendent befindet sich hier in 4 Grad Schütze, und der Merkur zeigt sich in seinem eigenen Zeichen Zwillinge im Partnerfeld VII, in dem er die überaus rasche bis impulsive Kontaktfähigkeit aufweist. Wie sich hier erneut bestätigt, gehört diese Achse Zwillinge-Schütze (oder umgekehrt) zu den sogenannten polygamen Konstellationen. Nähere Analysen über Gestirne im Feld VII oder an der Spitze des Partnerfeldes findet der Leser unter dem Abschnitt »Signaturen der Gestirne«.

Zweimalige Scheidung

Das hier abgebildete Horoskop/männlich, Großkaufmann (12. Mai 1904, 11 Uhr) zeigt im Ehefeld VII das Zeichen Wassermann und am Aszendenten das Zeichen Löwe. Beide Zeichen gehören dem fixierten Element an und symbolisieren zähe bis hartnäckige, meist haltbare Bindungen. Was aber bei diesem Kosmogramm sofort auffällt, ist die Position des Saturn in 20 Grad Wassermann, der von Sonne und Mars mit Quadrataspekten angegriffen wird. Der Saturn selbst (20 Grad Wassermann), zuweilen ein Treuemotiv, wird bei diesen Angriffen (zumal vom Mars) zum Schicksalssymbol der Ehe. Die erste Ehe ging 1974 auseinander, und es dauerte dann mehr als ein Jahr bis zur vollzogenen Scheidung (Streitscheidung), die mit einem enormen Vermögensverlust endete. Die zweite Ehe hielt nur drei Jahre und ging unter härtesten Bedingungen (wiederum Streitscheidung) mit einer Verzögerung von mehr als einem Jahr zu Ende. Wiederum ergab sich auch hier ein Verlust von über 100 000 Mark. Der Saturn an dieser Stelle der Ehespitze VII hat sein Versprechen restlos eingelöst.

Eine Ehetragödie

Der umgekehrte Fall einer zähen, unverrückbaren Liebe, der aber das Schicksal ein jähes Ende bereitete, zeigt sich mit großer Deutlichkeit an dem ebenfalls abgebildeten weiblichen Horoskop (24. Oktober 1896), das im Ehefeld VII eine ungewöhnliche und dominante Konstellation aufweist: In diesem Feld VII befindet sich Saturn, Uranus und die Venus, alle drei Gestirne in Konjunktionsaspekt im Mars-Zeichen Skorpion. Das fixierte Zeichen Skorpion zeigt die große Beständigkeit der Liebe an, andererseits befindet sich auch die Venus (Symbol für Liebe und Freundschaften) im Trigonalaspekt zum Mars. Auf Anhieb ergibt sich hier eine leidenschaftliche Verbindung, die auch spontan vor sich ging. Wo immer aber die Saturn-Uranus-Konjunktion auftaucht und ganz besonders im Ehefeld VII, gilt sie als Vollstrecker eines grausamen Schicksals. Der Ehepartner, ein Arzt (Skorpion!), wurde nach kurzer Ehe in Prag von der Gestapo erschossen. Die Horoskop-Eignerin selbst ging unter dem harten Skorpion-Schicksal aus Leid und Gram zugrunde und starb an Leukämie (im Untergrund). Das Horoskop zeigte einen weiteren Schnittpunkt: Venus zu Saturn = Uranus. Symbol dieses Schnittpunktes: Leid und Einsamkeit.

Bei dieser Gelegenheit wäre noch auf die sogenannten fixierten Zeichen an der Partnerachse hinzuweisen! Es hat sich immer wieder bestätigt, daß die Zeichen Stier, Skorpion und Wassermann an der Horizontalachse zäher, langwieriger und selbst bei Scheidungen denkbar hartnäckig wirkten, so daß schnelle oder gar mühelose Trennungen hier nicht zu beobachten waren. Taucht das Mars-Zeichen Skorpion aber im Ehefeld VII auf, ist ohnedies mit Schicksal zu rechnen.

Kosmogramm P.D., Großkaufmann: 12.5.1904. Aszendent 20 Grad Löwe, MC: 8 Grad Stier. Horoskop-Dominante: Saturn exakt Feld VII (Ehe). Zweimalige Scheidung mit Vermögensverlust.

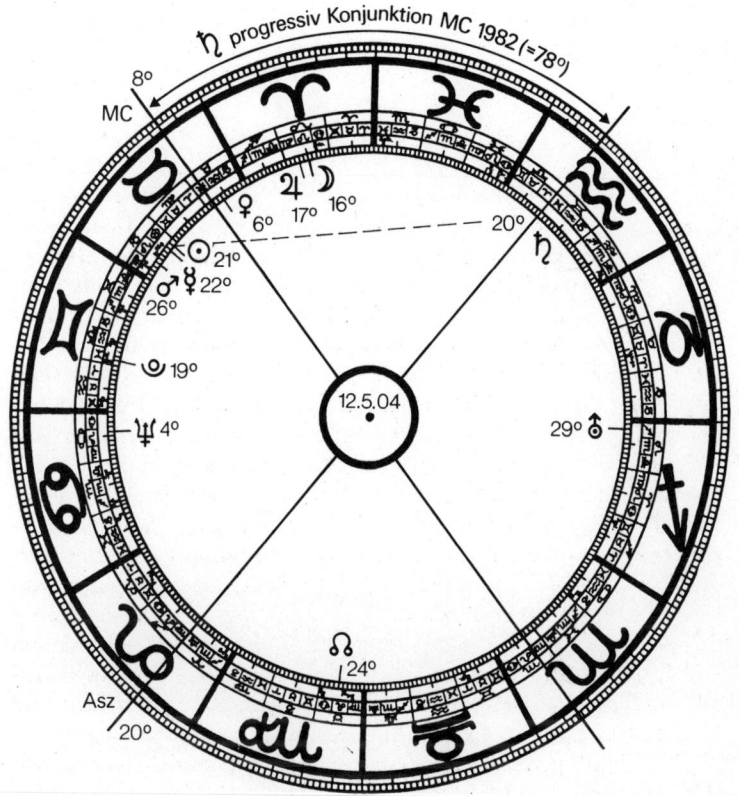

Saturn, Quadrat, Sonne, Merkur, Mars! Zweite Scheidung im März 1982: Im 78. Lebensjahr erreicht Saturn den Meridian (= 78 Grade). Zweiter Vermögensverlust (= Saturn).

Kosmogramm Dr. I.K. (Arztgattin): 24.10.1896/Prag: Im Ehefeld VII Saturn, Uranus und Venus im Schnittpunkt: Venus/Saturn = Uranus: Gewaltsame Trennung vom Gatten (Arzt wurde in Prag von Nazis erschossen).

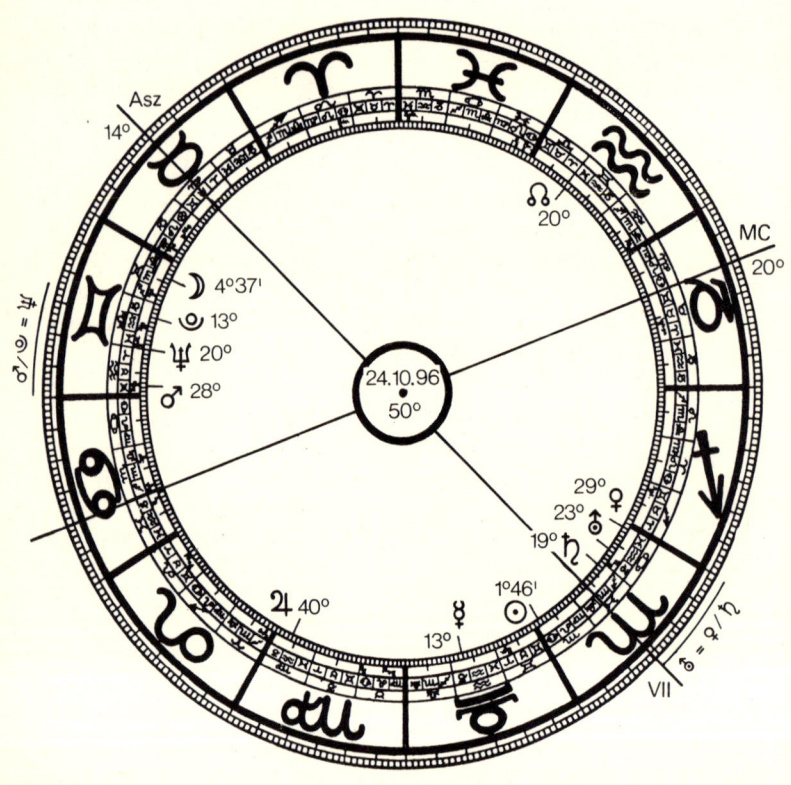

Schnittpunkt Mond/Neptun = Pluto: Große seelische Erschütterungen. Mars/Pluto = Neptun: Verhaftung durch Gestapo.

Die Vergleichsanalyse

Partnerprobleme, die sich aus einem einzelnen Horoskop nicht eindeutig klären lassen, erhalten bei der Vergleichsanalyse zweier Partner sofortige Aufklärung. Man lege beide Partnerkosmogramme auf dem Nullpunkt Widder (auf durchsichtigen Horoskopscheiben) aufeinander, und man wird auf Anhieb anhand der gegenseitigen Vergleichsaspekte (etwa Sonne zu Mond, Mars zu Venus usw.) die Kongruenzen oder die Dissonanzen erkennen.

Meine langjährige Praxis in Partner- und Ehescheidungsfragen zeigte jedoch auf, daß sich speziell Oppositionsaspekte innerhalb zweier Vergleichshoroskope nicht immer als kritisch herausstellten. Oft genug bestätigten sie den Satz, daß Gegensätze sich anziehen. Daher auch die häufigen Eheschließungen zwischen Zwilling und Schütze, Widder und Waage. Kommen allerdings weitere Oppositions- und Quadrataspekte hinzu, tritt die Problematik der Ehe schon deutlicher zutage. Glückliche und harmonische Ehen ergeben sich so gut wie immer bei harmonischen Aspekten zwischen Sonne und Mond (in beiden Horoskopen), auch zwischen Mars und Venus, Jupiter und Sonne.

Zeichenbesetzungen, die überaus häufig zu Trennungen tendieren, sind die Zeichen Widder und Waage (wobei Waage an sich schon das Verbindungszeichen symbolisiert). Selbstverständlich sind aber auch in allen Fällen die übrigen Gestirnpositionen maßgebend (nicht nur die Aspekte auf Sonne oder Mond). Scheidungsverdächtig war stets die Anwesenheit von Mars und Uranus im Feld VII (der Uranus bis zu 85 Prozent).

Freie Liebe

Beim Studium von sogenannten Trennungshoroskopen zeigte sich überaus häufig die Tatsache, daß die Trennungen zwar de facto vollzogen wurden, anderweitige Bindungen aber nicht bis zur Scheidung gelangten. Am häufigsten beobachtete man dies bei Uranus am Aszendenten (nicht selten aber auch beim Uranus im Partnerfeld VII). Infolge des Verlangens nach Unverbindlichkeit, aber auch aus Gründen der inneren Rastlosigkeit, der kaum zu unterdrückenden Tendenz nach Wechsel, verbunden mit ungewöhnlichem Freiheitsdrang, ließen sich solche Verbindungen nicht aufrechterhalten. Diese Motive zeigten sich ungewöhnlich häufig bei der Position des Uranus im Feld VII, die allerdings bei Aspektverletzungen später manchmal zur Scheidung tendierte.

Nicht weniger problematisch zeigte sich der Mars am Aszendenten oder im Partnerfeld VII (ganz besonders in den Feuerzeichen). Auch er verlangt persönliche Handlungsfreiheit und lehnt jegliche Einmischung in eigene Angelegenheiten strikt ab. Für die Ehe ist diese Konstellation äußerst schwierig, da hier zudem äußerst impulsive Entscheidungen angezeigt sind.

Wer sich über Jahrzehnte hinweg mit diesem Schicksalsgebiet der engeren Bindungen in Liebe und Ehe beschäftigt hat, weiß, daß es (außer den Berufsanalysen) keine Erlebnisebene gibt, die aus einem individuellen Horoskop besser und überzeugender zu analysieren ist. Scheidungsanwälte könnten (falls sie Astrologen wären) hier verblüffende Übereinstimmungen zwischen den einzelnen Konstellationen und den Tatbeständen erfahren. Das nachfolgende Beispiel eines meiner Klienten spricht hinsichtlich der Vergleichskonstellationen für sich.

Ein Fußballmatador von überragendem sportlichen Können (geboren am 11. September 1945, 23 Uhr 15 Sommerzeit) weist in seinem individuellen Kosmogramm die Horizontalachse in den Zeichen Zwillinge-Schütze auf. Dicht am Aszendenten in 19 Grad Zwillinge befindet sich der Uranus in 17 Grad Zwillinge und stellt damit die markanteste Konstellation des Horoskops dar. Die Ehespitze VII in 19 Grad Schütze erhält einen exakten Quadrataspekt von der Sonne aus 18 Grad Jungfrau und gleichzeitig die Opposition des Uranus. Hiermit wären alle Gegebenheiten für eine juristische Trennung vorhanden. Nur der Astrologe weiß, daß ein Trigonal der Venus (aus 14 Grad Löwe) auf diese Partnerspitze VII die Scheidung vereitelt. Es kam wie immer bei diesem markanten Uranus am Aszendenten zu einer abrupten Trennung, wobei auch die langjährigen Aufenthaltsperioden in den USA mitspielten. Daß der Uranus an dieser markanten Stelle eines Kosmogramms auch ein ungewöhnliches Schicksal mit zahllosen Wechseln, Auslandsreisen, Ortswechseln und Wohnungsumbrüchen andeutet, wird vom Zeichen Zwillinge an dieser Horizontalachse noch überhöht. Wiederum zeigt das Zeichen Schütze an der Partnerachse Parallelverschiebungen neben der Ehe an. Die Venus selbst im Feuerzeichen Löwe und dicht beim Pluto in 10 Grad Löwe symbolisiert die zähe, hartnäckige und illegale Bindung, die die Rückkehr in die Legalität verweigert.

Interessant ist hierbei nun das individuelle Kosmogramm der Ehepartnerin (geboren am 13. September 1944, 7 Uhr 15) mit der Sonne in 20 Grad Jungfrau, die sich ihrerseits exakt am Aszendenten oder der Horizontalachse befindet. In diesem Zeichen Jungfrau befindet sich auch noch Merkur, Jupiter (außer der Sonne). Wieder einmal bestätigte sich die ernüchternde bis enttäuschende Tendenz des Zeichens Jungfrau am Aszendenten eines weiblichen Horoskops. Zugleich aber wird die-

Kosmogramm F. B.: 11.9.1945, 23.15 Uhr Sommerzeit, 48 Grad Breite. Dominanz: Uranus am Aszendenten! Im Trigon zum Meridian! Im Quadrat zur Sonne (Sportverletzungen). Venus/Pluto im Löwen: »Liebling der Massen«, ungewöhnliche Liebesbeziehungen. Uranus/Zwillinge/Aszendent: Auslandsreisen, Unruhe, exponiertes Schicksal, Unfälle.

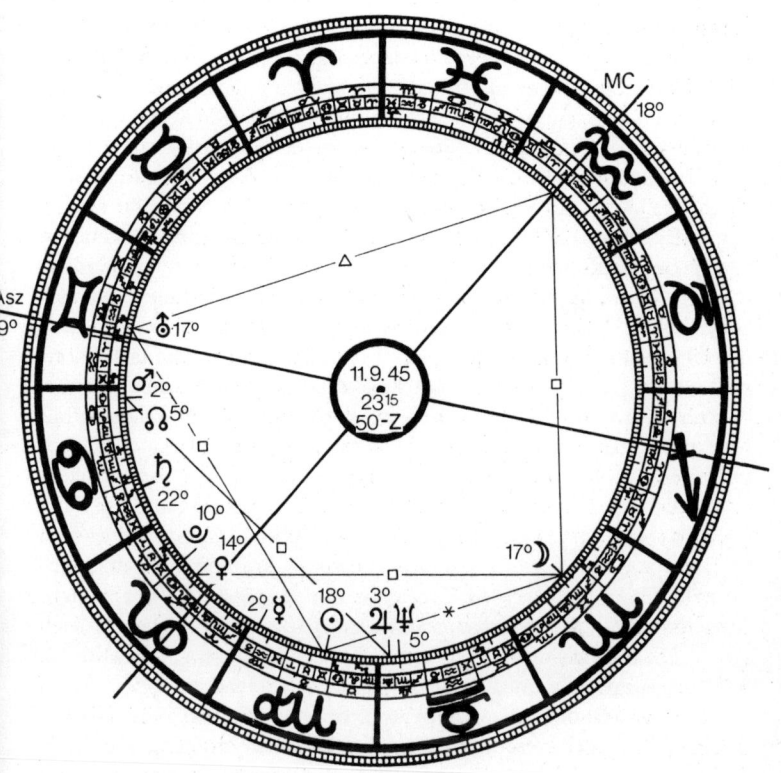

se Sonne (im weiblichen Horoskop Symbol für den Partner oder Gatten) vom Uranus aus 13 Grad Zwillinge mit Quadrataspekt verletzt: sichere Trennung vom Partner, Aufregungen in der Ehe, manchmal auch Tauziehen. Daß sich die Ehe hier als Schicksalsgebiet erweist, zeigt sofort eine ganze Reihe von Oppositionsaspekten, die alle ins Ehefeld VII fallen: Opposition von Neptun, Mars und Venus. Am interessantesten aber gestaltet sich die Vergleichsanalyse zwischen beiden Kosmogrammen: Der bereits erwähnte maximal wirkende Uranus/männlich in 17 Grad Zwillinge verletzt die Sonne/weiblich in 20 Grad Jungfrau mit einem Quadrataspekt.

Enttäuschungen und Ernüchterungen

Immer wieder hat es sich erwiesen, daß Konstellationen im Zeichen Jungfrau oder Fische (besonders Venus, Sonne in der Jungfrau oder auch Venus-Saturn-Aspekte) bei Aspektverletzungen oder Gestirnbesetzungen in diesen Zeichen ernüchternd bis enttäuschend wirkten. Insbesondere tendiert das Zeichen Fische zu Täuschungen, Enttäuschungen (meist nach vollzogener Heirat). Aber auch der Saturn am Aszendenten eines weiblichen Horoskops war stets ein sofortiger Hinweis auf problematische Ehen.

Eifersuchtsprobleme

Solche Probleme brachten Konstellationen im Zeichen Stier und ganz besonders Skorpion, manchmal aber in Waage oder Steinbock mit sich. Die ersten beiden Zeichen wirken vom Partner her gesehen besitzergreifend, haben daher unweigerlich Auseinandersetzungen zur Folge. Das Zeichen Waage erwies sich außerordentlich häufig als ein Symbol für gekränkte Eitelkeit, das Zeichen Steinbock kann aus verletztem Stolz eheliche Untreue nicht verwinden. Das Zeichen Skorpion (insbesondere im männlichen Horoskop) neigt zu einer kaum vermuteten Zähigkeit und Hartnäckigkeit hinsichtlich der Überwachung der jeweiligen Partnerin. Am meisten nachtragend wirken Konstellationen im Zeichen Steinbock: Hier wird grundsätzlich nichts vergessen.

Pannen im Sex oder
Außenseiter der Liebe

Hier zeigten sich im männlichen Horoskop häufig die typischen Aspekte für Neurosen, Psychosen oder sonstige psychische Hemmungen. Die statistischen Untersuchungen ergaben Aspekte zwischen Venus-Neptun, Venus-Saturn, ferner ganz bestimmte Schnittpunkte: Mars zu Venus = Neptun, Venus zu Neptun = Mars, ferner noch Venus in Quadrataspekten oder Oppositionsaspekten zum Mars. Die Außenseiter der Liebe (auch hinsichtlich der freien Liebe) hatten überaus häufig Venus-Uranus-Verbindungen, daneben Quadrat- und Oppositionsaspekte zwischen Sonne und Uranus, Mond-Uranus-Verbindungen negativer Art (im weiblichen Horoskop). Sehr oft waren Wassermann-Konstellationen beteiligt.

Gegensätzliche Tierkreiszeichen oder:
»Die Gegensätze ziehen sich an«

Daß sich bei den zahllosen persönlichen Beratungen die jeweiligen Liebes- oder Ehepartner auch tatsächlich nach den analysierten Gegebenheiten der Grundkonstellationen gerichtet hätten, konnte nur in den wenigsten Fällen beobachtet werden. Dieser Tatbestand zeigt auf, daß die Ehe in gewissem Sinn Schicksal darstellt. Das will besagen, daß sich ganz bestimmte Erfahrungen oder Erlebnisgebiete im individuellen Kosmogramm beinahe programmiert zeigen. Viele Klienten berichteten mir nach längerer Ehedauer, daß meine früheren Analysen richtig waren, und darunter waren Liebespaare, die vor der Heirat geradezu entrüstet waren über die angedeutete Problematik einer späteren Ehe.
In einem sehr allgemeinen Sinn werden folgende Partnerbindungen als gegensätzlich bezeichnet:
Widder zu Waage, Widder zu Steinbock, Widder zu Krebs;
Stier zu Skorpion, Stier zu Löwe, Stier zu Wassermann;
Zwillinge zu Schütze (siehe die aufgeführten sieben Scheidungsbeispiele), Zwillinge zu Jungfrau, Zwillinge zu Fische;
Krebs zu Steinbock, Krebs zu Widder, Krebs zu Waage;
Löwe zu Wassermann, Löwe zu Stier, Löwe zu Skorpion;
Jungfrau zu Fische, Jungfrau zu Zwillinge, Jungfrau zu Schütze;
Waage zu Widder, Waage zu Steinbock, Waage zu Krebs;
Skorpion zu Stier, Skorpion zu Löwe, Skorpion zu Wassermann;
Schütze zu Zwillinge (mehrmalige Scheidungen), Schütze zu Jungfrau, Schütze zu Fische;

Steinbock zu Krebs; Steinbock zu Waage; Steinbock zu Widder;
Wassermann zu Löwe; Wassermann zu Skorpion; Wassermann zu
Stier;
Fische zu Jungfrau, Fische zu Schütze, Fische zu Zwillinge.

Bei Partnerbindungen aus demselben Zeichen ist stets das genaue in-
dividuelle Kosmogramm maßgebend, da hier die Aspekte, die in diese
Zeichen fallen, besonders wichtig werden.
In keiner Weise aber müssen Personen aus demselben Zeichen in besonderer Harmonie zueinander stehen; hinsichtlich des Wesenskerns
weisen sie sogar oft völlige Verschiedenheit auf.
Eine besondere Problematik ließ die Statistik bei Widder-Widder,
Waage-Waage und besonders bei Skorpion-Skorpion erkennen.
Grundsätzliche Wesensmerkmale hinsichtlich eines Mangels an Anpassungsgabe wurden stets bei Stier und Skorpion festgestellt. Die
größte Anpassungsfähigkeit besaßen Personen aus dem Zeichen Zwillinge und Fische.
Das individuelle Verlangen nach Führung, Leitung, Beherrschenwol-
len des Partners ergab sich mit hoher Trefferzahl bei Personen aus
dem Zeichen Widder (oder bei Kosmogrammen, die mehrere Gestirne
im Zeichen Widder aufwiesen).

Eheberatung per Kosmogramm

Was die bloße Kongruenz der Zeichen im Partnertest aussagt, wäre
nur ein winzger Bestandteil dessen, was in der Vergleichsanalyse
zweier exakt berechneter Geburtshoroskope offenbar wird. Man darf
also einer Partnerwahl, die gewissermaßen bloß über den Daumen ge-
peilt ist, keine größere Bedeutung zumessen. Die stereotype Frage an
den Astrologen: »Wie paßt ein Widder-Typ zu einem Steinbock-Typ?«
gehört daher der Vulgärastrologie an, und auch die modernen Computer sind nicht in der Lage, hinsichtlich eines Partnertests eine fun-
dierte Analyse zu geben.
Es ist zweifellos richtig, daß sich – astrologisch gesehen – grundsätzliche Antipoden aufgrund eines inneren Abwehrmechanismus absto-
ßen, und andererseits gibt es Menschen, die sich magisch anziehen.
Aber selbst hier entsteht das Risiko, daß eine eheliche Bindung anfänglich aus rein sexuellen Gründe zustande kommt und vielleicht den
Keim der Auflösung schon in sich trägt. Hier gibt das individuelle
Kosmogramm sehr genauen Aufschluß. Erfahrene Praktiker auf diesem speziellen Zweig der angewandten Astropsychologie sind durch-

aus in der Lage, die psychischen Reaktionsweisen zweier Partner, deren Mentalität sowie die körperliche Anziehung zu analysieren und diese erarbeiteten Wesenszüge mit dem charakterlichen Habitus eines fremden Menschen in Beziehung zu bringen. Ähnlich wie bei einem magnetischen Kraftfeld ergeben sich anziehende und abstoßende Wesenseigenschaften und damit Kongruenzen oder Dissonanzen zweier Menschen.

Es ist zweifellos richtig, daß sich die Denk- und Handlungsweisen beispielsweise eines Widder-Typs von jener eines Steinbock-Typs grundsätzlich unterscheidet. Man kann daher in groben Umrissen und mit gewissen Einschränkungen vom Grundakkord eines Zeichens sprechen, auf den ein Mensch in seiner individuellen Anlage gestimmt ist. Das schließt nicht aus, daß er sich im Laufe seines Lebens geistig fortentwickelt und diesen Grundakkord wesentlich sublimiert. Viele Liebende werden eine Bestätigung ihrer Wahl, viele Scheidungskandidaten eine tiefere Erkenntnis ihrer seelischen Spannungen erhalten, wenn sie die Erkenntnisse der Astropsychologie zu ihrem eigenen Nutzen anwenden. In den USA beispielsweise beschäftigen sich akademisch geschulte Psychotherapeuten und Psychologen längst mit solchen Astrotests. Es darf aber gesagt werden, daß auch bei uns erfahrene Praktiker mit ihren Scheidungstests auf Monate hinaus ausgebucht sind.

Schnittpunkte oder Halbsummen
im individuellen Kosmogramm

Die Deutung eines Kosmogramms wird hinsichtlich der persönlichen Analyse sehr verfeinert und in den Aussagen erweitert, wenn man auch noch die sogenannten Planetenbilder oder Schnittpunkte in die Analyse mit einbezieht. Es handelt sich hierbei um sogenannte Halbsummen oder Schnittpunkte, die aus mehreren Planeten gebildet werden. Diese These wurde schon vor vierzig Jahren von dem Astrologen Alfred Witt begründet. Reinhold Ebertin hat diese Methode der Hamburger Schule übernommen und in seinem weit verbreiteten Lehrbuch »Kombination der Gestirneinflüsse« in ein leicht faßliches System gebracht. Im Grunde genommen sind auch diese Planetenbilder nichts anders als Signaturen, deren individuelle Wirkung sehr überzeugend ist.

Man beachte die Planetenbilder im beigefügten Kosmogramm eines der erfolgreichsten deutschen Komponisten und vielfachen Preisträgers bei internationalen Konkurrenzen. Geburtsdatum 30. September 1945 (12 Uhr, 48 Grad Breite – Daten von ihm selbst). Dem Betrachter des Horoskops ergibt sich schon rein visuell ein Schnittpunkt: Jupiter-Merkur = Sonne, Jupiter-Merkur = Meridian, Jupiter-Merkur = Neptun. Die Aussagen dieser Planetenbilder in ihrer Übereinstimmung mit dem Erfolg dieses Komponisten würden allein schon die Richtigkeit dieser astrologischen These bestätigen. Das dritte Planetenbild zeigt die Venus in der Halbsumme von Merkur-Pluto. Letztere Halbsumme deutet Massenerfolg (Pluto) auf einem speziellen Gebiet (Schallplatte) an. Auch das vierte Planetenbild stimmt haargenau: Merkur-Uranus = Pluto (Nervenüberreizung, Unermüdlichkeit im Schaffen).

Die übrigen astrologischen Aussagen der Aspekte oder der Gestirnpositionen werden von der modernen Schnittpunktdeutung ungemein ergänzt und verfeinert. Hinsichtlich des Schnittpunktes mit dem Expansionsgestirn Jupiter ist das Horoskop von *Jacqueline Kennedy* besonders überzeugend: Dieses Glücks- und Erfolgsgestirn befindet sich in ihrem Kosmogramm an der Eheachse VII, dazu in einem Schnittpunkt zwischen Sonne-Uranus: überraschende Erfolge durch wechselnde Partner in gehobenen sozialen Positionen (Jupiter im Zeichen Zwillinge).

Auch im Kosmogramm von *Hildegard Knef* ist ein Schnittpunkt Sonne-Venus = Jupiter vorhanden (erfolgreiche Künstlerin) sowie ein weiterer Schnittpunkt: Merkur-Jupiter = Sonne (Schauspieler, ideenreiche

Mentalität, Texterin und Schriftstellerin). Beide Schnittpunkte sind allein schon überzeugend. Der dritte Schnittpunkt Mars-Saturn = Aszendent symbolisiert die Labilität des Körpers und den schwer umkämpften Aufstieg. Diese genannten Planetenbilder im Kosmogramm von Hildegard Knef würden allein schon genügen, um in groben Zügen das Schicksal dieser Künstlerin zu deuten.

Im Horoskop von *John F. Kennedy* zeigt sich einer der gefährlichsten Schnittpunkte: Sonne-Saturn = Pluto (Ermordung) sowie Uranus-Pluto = Saturn.

Hitler hatte die Halbsumme: Sonne-Saturn = Mars (Selbstmord) in überzeugender Weise im individuellen Kosmogramm.

Ronald Reagan hat die Halbsumme: Sonne-Mars = Uranus (Attentats-Schnittpunkt).

Im Horoskop von *Anwar el-Sadat* zeigt sich der Saturn gradgenau bei der Sonne und beide im Quadrat zum Aszendenten (Lebenskrise).

Es hat sich längst erwiesen, daß man in der modernen Astrologie ohne die Beachtung der Schnittpunkte kaum mehr auskommt, da sie oft deutliche Signaturen für ein ungewöhnliches Schicksal darstellen, zumal dann, wenn Mars, Saturn, Uranus oder Pluto daran beteiligt sind.

Halbsummen oder Schnittpunkte
enträtseln ein Horoskop!

Wer sich in der Analyse des Sonnenzeichens allzusehr auf die bekannten Eigenschaften (wie etwa Sonne im Widder, Krebs etc.) verläßt, geht häufig völlig in die Irre. Das Beispiel des Kosmogramms von Herbert Wehner zeigt dies deutlich: Hier befinden sich Sonne und Neptun im Zeichen Krebs – jenem Zeichen, das zur Harmonie neigt und Streit vermeidet. Zwar zeigt die Mars-Nähe bei der Sonne im Krebs die Reizbarkeit und Widerspenstigkeit sowie die Aktivität einigermaßen an! Auch der Mond im Mars-Zeichen Widder (in den Anfangsgraden), sehr verletzt vom Uranus mit Quadrataspekt, hätte Bezug zur Eigenwilligkeit und zum Streben nach Unabhängigkeit samt gewissen Übertreibungen. Auch die tatsächliche Charakteristik liefert in diesem Kosmogramm eine ganze Reihe schwerwiegender Schnittpunkte. So befindet sich der revolutionäre Uranus im Schnittpunkt von Sonne/Pluto: plötzliche Schicksalsumbrüche und Verhaftung, rücksichtslose Durchführung eigener Ideen und Pläne. Der Mars (Eigenwille) befindet sich im Schnittpunkt zwischen Merkur/Pluto: scharfe und affektgeladene Kritik samt Angriffslust (Aggressions-Halbsumme). Der Merkur

Kosmogramm eines erfolgreichen Komponisten. Schnittpunkt: Jupiter/Merkur = Sonne, Neptun. Neptun am MC: Musik/Komponist! Merkur bei Sonne am MC/Texter. Schnittpunkt: Merkur/Pluto = Venus: erfolgreicher Künstler, goldene Schallplatte: Neptun Konjunktion Sonne/Jupiter.

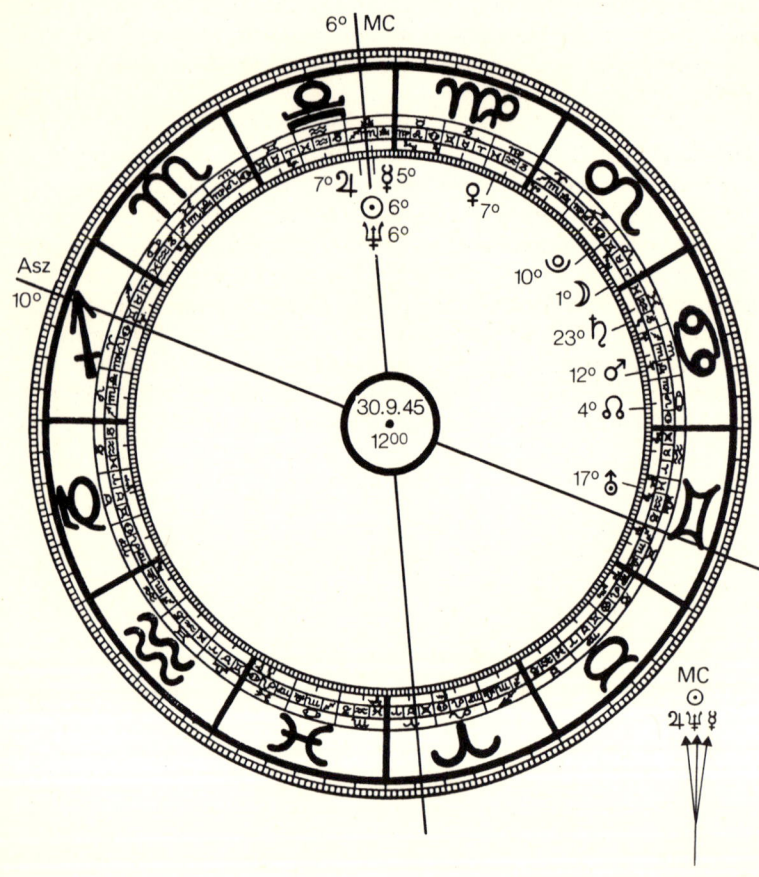

Erfolgsschnittpunkte:
Jupiter/Merkur = Sonne
Jupiter/Merkur = Meridian
Jupiter/Merkur = Neptun

(Mentalität, Rede) befindet sich im Schnittpunkt zwischen Uranus/Pluto: Rastlosigkeit, kritische Einstellung zur Umwelt, aggressiver Vortrag. Jupiter beim Pluto: nach Führung, Herrschaft verlangend. In »Aggressions-Horoskopen« symbolisiert diese Konstellation auch »Staatsgewalt« (danach streben oder ihr unterliegen). Die genaue Geburtsstunde ist unbekannt, sonst würde vermutlich der Aszendent noch exaktere Aussagen ermöglichen (er könnte im Mars-Zeichen Skorpion liegen, was das »Stakkato« seiner Redeweise erklären würde).

Die Hamburger Schule verwendet außer der genannten Schnittpunktmethode auch noch eine ganze Reihe weiterer Gestirne, die astronomisch noch nicht entdeckt sind. Es handelt sich hierbei um Chronos, Zeus, Apollon, Vulcan, Poseidon, Admetos, Cupido und Hades. Es ist bekannt, daß vom einstigen astrologischen Urwissen große Teile verlorengingen. So entdeckte man 1930 den Pluto, dessen Störungseffekte der übrigen Planetenbahnen auf sein Vorhandensein schließen ließen. Die bisherigen statistischen Forschungen über die Pluto-Wirkung haben die Analyse eines Kosmogramms wesentlich erweitert. Sicherlich werden eines Tages weitere Gestirne entdeckt.

Kosmogramm Herbert Wehner: 11.7.1906, Dresden. Dominanter Aspekt: Mars Konjunktion Sonne. Uranus Spannungsherrscher! Geburtszeit unbekannt (Archiv Ebertin). Siehe Schnittpunkt-Deutungen!

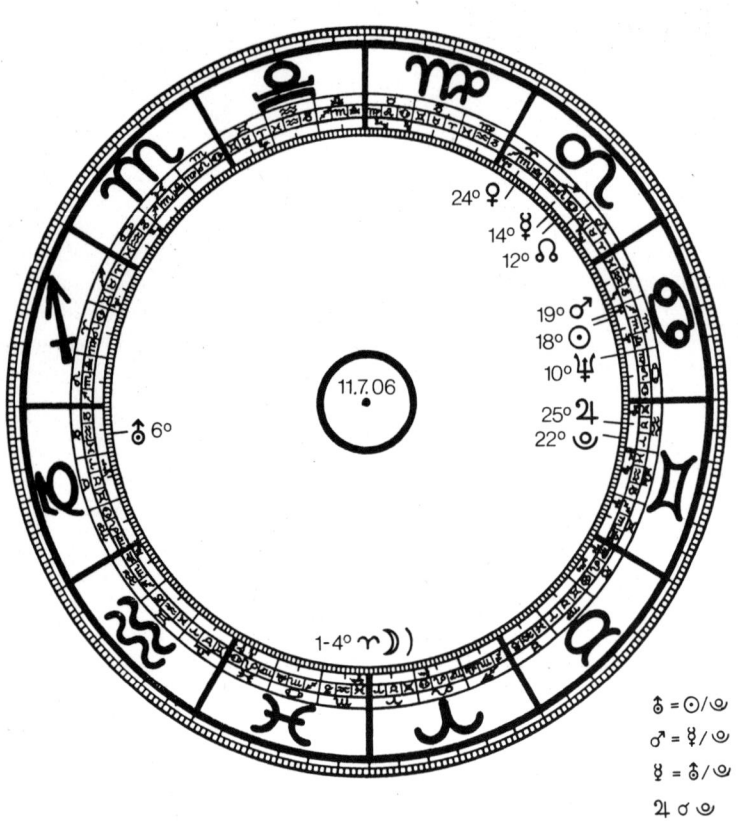

Teil II
Die Prognose

Ebbe und Flut –
die Gezeiten im Schicksal

Wer sein eigenes Leben über Jahrzehnte hinweg überschaut, wird feststellen können, daß es gewisse Rhythmen gibt im Sinne von Erfolgsperioden, Stagnationen und zuweilen auch der völligen Abstiegsperioden. Am deutlichsten ist dieser Rhythmus bei prominenten Persönlichkeiten erkennbar. Wenn man beispielsweise Künstlerhoroskope über viele Jahre hinweg verfolgt, entdeckt man neben ausgesprochenen Erfolgssträhnen auch plötzliche Flauten. Einigen gelang nur mühevoll ein Comeback, andere begannen einen völlig neuen Lebensabschnitt. Bei Spitzenpolitikern waren diese Gezeiten ebenfalls in vielen Fällen geradezu erstaunlich und liefen ab wie eine Uhr. Insbesondere zeigte sich dies bei Wahlen, beispielsweise traf die Wahl von Helmut Schmidt zum Bundeskanzler exakt zu. Auch die zeitlichen Prognosen zum Tod des Schah von Persien waren zeitlich zutreffend und deckten sich mit einer ausgesprochenen Pechsträhne im Kosmogramm von Farah Dibah.

Um der Wahrheit willen muß jedoch gesagt werden, daß in vielen Fällen schicksalhafte Ereignisse in einem individuellen Kosmogramm erst nach deren Eintreten richtig berechnet werden konnten. Liebend gerne würden internationale Astrologen politische Umbrüche, Kriegsereignisse in bestimmten Ländern oder den Tod von politischen Machthabern prognostizieren. Natürlich werden solche Prognosen immer wieder versucht, zeigen dann aber die Schwierigkeit, ein Katastrophenereignis oder gar den Stichtag eines Todesfalles auf den Tag genau zu berechnen. Hier sind dem Menschen Grenzen gezogen, und kein seriöser Astrologe würde sich auf ein solches Experiment einlassen, nur um journalistischen Sensationen zu dienen.

Was die astrologische Prognose vermag, ist die zeitliche Einkreisung gewisser hochkritischer Perioden im Kosmogramm des einzelnen Menschen oder eines Staatsoberhauptes oder auch eines ganzen Landes (gemäß dem Staatsgründungshoroskop). Solche Prognosen wurden vielfach gestellt und veröffentlicht, wie etwa bei den letzten beiden Weltkriegen. Indessen konnte man beispielsweise ein solch spektakuläres Ereignis wie den Abwurf der Hiroshima-Bombe weder vorhersehen noch berechnen.

Die mathematischen Berechnungsmethoden hinsichtlich der Prognostik sind vielseitiger Art; im folgenden seien nur jene Gestirnperioden aufgezeigt (speziell für den Laien), die sich seit altersher am häufigsten bewährt haben. Es handelt sich hierbei um größere und zuweilen auch länger anhaltende Gestirnrhythmen, deren Verlauf aus den astronomischen Gestirntabellen zu ersehen ist wie etwa aus dem englischen Sammelband »The Complete Planetary Ephemeris«, der Tabellen für die Jahre 1950 bis 2000 enthält.

Hat man sein mathematisch exakt berechnetes Kosmogramm, so setzt man den Lauf der Großgestirne (Jupiter, Saturn, Uranus, Pluto und Neptun) in Bezug zu seinem individuellen Horoskop und beachtet hierbei den Durchgang der laufenden Gestirne durch die Felder des eigenen Kosmogramms wie auch über die zahlreichen Aspekte zur Zeit der Geburt.

Hier setzt nun das Erfahrungsgebiet der empirischen Astrologie ein. Diese Transite (Übergang eines Gestirns über ein anderes oder dessen Aspekte) sind längst erforscht, und man hat sie in ein gewisses System gebracht, das man im übertragenen Sinn als die »Gezeiten des Schicksals« betrachten kann.

Ich selbst habe bei Tausenden von Horoskopen diese planetaren Rhythmen berechnet und mit den eingetroffenen Schicksalsereignissen verglichen. Es darf gesagt werden, daß sich in der Praxis eine Trefferzahl bis fast zu 70 Prozent ergab, allerdings mit folgenden Einschränkungen: Überaus häufig konnte man ganz bestimmte Tendenzen einer Gestirnwirkung gut errechnen, aber in den seltensten Fällen exakt formulieren. Im Hinblick auf solche Prognosen sind die begeisterten Anhänger der Astrologie schlimmer als die Skeptiker, da sie ganz genau Vorhersagen beispielsweise eines Autounfalls, eines Knochenbruchs im Skiurlaub, eines eventuellen Flugzeugabsturzes in der Urlaubsreise erfahren wollen. Einige fragten empört an, warum man im Jahrestest die doch gewiß einschneidende Magenoperation verschwiegen habe. Wer jahrzehntelang praktische Erfahrungen auf diesem Sektor der Prognostik sammeln konnte, wird jenen Astrologen recht geben, die Vorhersagen zeitlicher Art restlos ablehnen. Von »unseriös« muß man reden, wenn verantwortungslose Prognosen geliefert werden, wie etwa die Vorhersage von Todesfällen. Daß sich mathematisch exakt berechnete Voraussagen seriöser Astrologen nach vielfältigsten Methoden der Praxis als richtig erwiesen, kann in den Fachartikeln der wissenschaftlichen Zeitschrift »Meridian« jederzeit nachgeprüft werden.

Die Vorhersagen in der Astrologie haben nichts mit Hellseherei oder mit intuitiven Schätzungen zu tun, sondern beruhen ausschließlich auf genauen mathematischen Berechnungen. Sie bestehen aus folgenden Methoden:

1. Die sogenannten Sekundärdirektionen der Gestirne und Hauptach-

sen werden gemäß dem Zeitschlüssel ein Tag = ein Jahr berechnet. Der erste Tag nach der Geburt symbolisiert also das erste Lebensjahr, der fünfzigste Tag entspricht dem fünfzigsten Lebensjahr, wobei man für diesen Tag wieder ein Horoskop errechnet.

2. Die Primärdirektionen – für sie benötigt man eine völlig exakte Geburtszeit. Niemand weiß diese völlig exakte Geburtsminute, daher muß die angegebene Geburtszeit erst einmal korrigiert (rektifiziert) werden – eine der zeitraubendsten Berechnungen.

3. Die sogenannten Sonnen-Bogen-Direktionen, die man auch als Progressionen bezeichnen kann: Alle Gestirne im Geburtshoroskop werden um den Sonnenbogen des betreffenden Jahres nach vorwärts dirigiert. Diese Berechnungsart bringt sehr gute Resultate.

4. Das Solarhoroskop: Alljährlich kehrt die Sonne auf ihre Position zur Zeit der Geburt zurück. Auf diesen Zeitpunkt wird ein Horoskop berechnet – das Jahres- oder Solarhoroskop. Die Konstellationen dieses Solarhoroskops werden dann verglichen mit dem Geburtshoroskop. Diese Methode ist nur als Ergänzung zu den übrigen Berechnungsarten zu werten.

5. Die Transite: Sie sind am leichtesten und schnellsten zu berechnen, und in vielen Fällen zeigten sie gewissermaßen eine Bestätigung für die Direktionsergebnisse. Sie brachten oft erstaunlich genaue Ergebnisse im Sinne der erwähnten Tendenzen eines Jahres – also Ebbe und Flut.

Es kann vorkommen, daß sich zwischen Direktionen und den Ergebnissen der Transiteinflüsse widersprechende Aussagen ergeben. Positive und negative Einflüsse können hier gleichzeitig miteinander auftreten und müssen dann gemäß dem Wichtigkeitsgrad gegeneinander abgewogen werden.

Zu all diesen Prognoseverfahren gibt es Fachbücher (siehe Anhang), die die Technik dieser Berechnungsarten genau erklären.

Die Transite der Großplaneten

Für alle, die vielleicht ihr eigenes Horoskop überprüfen wollen, wurden im folgenden für alle zwölf Tierkreiszeichen die Transite der Großplaneten (Jupiter, Saturn, Uranus, Pluto) für die Jahre 1983 und 1984 berechnet. Gemäß dem Sonnenzeichen zur Zeit der Geburt (mehr können wir ja von Ihrem Horoskop nicht wissen als den Sonnenort am Geburtstag) sollten Sie die jeweils unter den betreffenden Monaten angeführten Gestirneinflüsse einmal genauer beobachten, ob und wie sich diese Transite bei Ihnen auslösten. Beachten Sie aber noch einmal, daß es sich nur um gewisse *Tendenzen* handeln kann, also nicht um konkrete Begebenheiten.

Diese Prognostik für die kommenden Jahre kann möglicherweise ein Beitrag zur Verifikation der Astrologie sein. Hierbei wirken die direkten Übergänge der laufenden Gestirne über die Gestirne in ihrem individuellen Kosmogramm weitaus stärker als über die Aspekte dieser Gestirne. Der Wert dieser Prognostik für Ihr persönliches Schicksal liegt darin, daß Sie die positiven Wellen dieser Gestirneinflüsse intensiv und initiativ ausnützen (beispielsweise bei den positiven Jupiter-Einflüssen), während Sie bei den negativen Rhythmen (Saturn und Uranus) eher etwas abwartend bzw. passiv verbleiben sollten.

Einige Hinweise, wie und in welcher Richtung Sie bestimmte Rhythmen nützen können bzw. was Sie unter den negativen Aspekten vermeiden sollten, finden Sie jeweils am Schluß der einzelnen Transite. Es darf noch erwähnt werden, daß von den Tausenden meiner Klienten, die bisher individuelle Jahrestests (also nach individuellem Horoskop) erhielten, begeisterte Zuschriften eingingen, die die Richtigkeit dieser astrologischen Rhythmen bestätigten.

Die Jupitertransite für alle zwölf Zeichen im Jahr 1983

Im Zeichen Widder (20. März bis 20. April)

Wirkung: Jupiter im positiven Trigonalaspekt zur Sonne
Januar: 22. bis 28. März
Februar: 28. bis 31. März
März: 31. Januar bis 1. April
April: 31. Januar bis 1. April

Mai: 27. bis 31. März
Juni: 24. bis 27. März
Juli: 23. bis 24. März
August: 23./24. März
September: 24. bis 28. März
Oktober: 28. März bis 2. April
November: 3. bis 9. April
Dezember: 9. bis 16. April

Im Zeichen Stier (20. April bis 21. Mai)

Januar bis Dezember 1983 keine Jupitertransite.

Im Zeichen Zwillinge (21. Mai bis 21. Juni)

Negativer Aspekt: Jupiter Opposition Sonne
Januar: 22. bis 28. Mai
Februar: 28. bis 31. Mai
März: 31. Mai bis 2. Juni
April: 31. Mai bis 2. Juni
Mai: 27. bis 31. Mai
Juni: 24. bis 27. Mai
Juli: 23./24. Mai
August: 23./24. Mai
September: 24. bis 28. Mai
Oktober: 28. Mai bis 4. Juni
November: 4. bis 10. Juni
Dezember: 10. bis 17. Juni

Im Zeichen Krebs (22. Juni bis 23. Juli)

Januar bis Dezember 1983 keine Jupitertransite.

Im Zeichen Löwe (24. Juli bis 23. August)

Positiver Aspekt: Jupiter Trigonal Sonne
Januar: 25. bis 30. Juli
Februar: 30. Juli bis 2. August
März: 2./3. August
April: 2./3. August
Mai: 29. Juli bis 2. August
Juni: 26. bis 29. Juli

Juli: 25./26. Juli
August: 25./26. Juli
September: 26. bis 30. Juli
Oktober: 30. Juli bis 6. August
November: 5. bis 12 August
Dezember: 12. bis 19. August

Im Zeichen Jungfrau (23. August bis 23. September)
Negativer Aspekt: Jupiter im Quadrataspekt zur Sonne
Januar: 25. bis 30. August
Februar: 30. August bis 2. September
März: 3./4. September
April: 3./4. September
Mai: 29. August bis 3. September
Juni: 26. bis 29. August
Juli: 25./26. August
August: 25./26. August
September: 26. bis 30. August
Oktober: 30. August bis 6. September
November: 6. bis 12. September
Dezember: 12. bis 19. September

Im Zeichen Waage (23. September bis 23. Oktober)

Aspekt: schwach günstiger Sextilaspekt vom Jupiter
Januar: 25. bis 30. September
Februar: 30. September bis 3. Oktober
März: 3./4. Oktober
April: 3./4. Oktober
Mai: 29. September bis 3. Oktober
Juni: 26. bis 29. September
Juli: 25./26. September
August: 25./26. September
September: 26. bis 30. September
Oktober: 30. September bis 6. Oktober
November: 6. bis 12. Oktober
Dezember: 12. bis 19. Oktober

Im Zeichen Skorpion (23. Oktober bis 22. November)

Von Januar bis Dezember 1983 keine Jupitertransite.

Im Zeichen Schütze (22. November bis 22. Dezember)

Positiver Aspekt: Jupiter Übergang über den Sonnenort
Januar: 24. bis 29. November
Februar: 29. November bis 2. Dezember
März: 2./3. Dezember
April: 2./3. Dezember
Mai: 28. November bis 2. Dezember
Juni: 25. bis 28. November
Juli: 24./25. November
August: 24./25. November
September: 25. bis 29. November
Oktober: 29. November bis 5. Dezember
November: 5. bis 11. Dezember
Dezember: 11. bis 18. Dezember

Im Zeichen Steinbock (22. Dezember bis 20. Januar)

Vom Januar bis Dezember 1983 keine Jupitertransite.

Im Zeichen Wassermann (20. Januar bis 19. Februar)

Schwach günstiger Aspekt: Jupiter im Sextilaspekt zur Sonne.
Januar: 22. bis 27. Januar
Februar: 27. bis 30. Januar
März: 30./31. Januar
April: 30./31. Januar
Mai: 26. bis 30. Januar
Juni: 23. bis 26. Januar
Juli: 22. bis 24. Januar
August: 22./23. Januar
September: 23. bis 27. Januar
Oktober: 27. Januar bis 2. Februar
November: 2. bis 8. Februar
Dezember: 8. bis 15. Februar

Im Zeichen Fische (19. Februar bis 20. März)

Negativer Aspekt: Jupiter im Quadrataspekt zur Sonne
Januar: 21. bis 26. Februar
Februar: 26. Februar bis 1. März
März: 1./2. März
April: 1./2. März

Mai: 25. Februar bis 1. März
Juni: 22. bis 25. Februar
Juli: 21./22. Februar
August: 21./22. Februar
September: 22. bis 26. Februar
Oktober: 26. Februar bis 4. März
November: 4. bis 10. März
Dezember: 10. bis 17. März

Die Jupitertransite für alle zwölf Zeichen im Jahr 1984

Im Zeichen Widder (20. März bis 20. April)

Jupiter im positiven Trigonalaspekt zur Sonne
Januar: 15. bis 19. April
Jupiter im negativen Quadrataspekt zur Sonne
Februar: 21. bis 28. März
März: 28. März bis 1. April
April: 1./2. April
Mai: 1./2. April
Juni: 29. März bis 1. April
Juli: 25. bis 28. März
August: 24./25. März
September: 24./25. März
Oktober: 25. bis 29. März
November: 29. März bis 4. April
Dezember: 4. bis 11. April

Im Zeichen Stier (20. April bis 21. Mai)

Jupiter im positiven Trigonalaspekt zur Sonne
Januar: 20. bis 22. April
Februar: 22. bis 28. April
März: 28. April bis 2. Mai
April: 2./3. Mai
Mai: 2./3. Mai
Juni: 29. April bis 2. Mai
Juli: 24. bis 28. April
August: 23. bis 25. April
September: 23. bis 25. April
Oktober: 24. bis 29. April

November: 29. April bis 5. Mai
Dezember: 5. bis 12. Mai

Im Zeichen Zwillinge (21. Mai bis 21. Juni)

Jupiter im negativen Oppositionsaspekt zur Sonne
Januar: 16. bis 21. Juni
Februar bis Dezember: kein Aspekt.

Im Zeichen Krebs (21. Juni bis 22. Juli)

Jupiter im negativen Oppositionsaspekt zur Sonne
Januar: 22. bis 24. Juni
Februar: 24. bis 29. Juni
März: 29. Juni bis 3. Juli
April: 3./4. Juli
Mai: 3./4. Juli
Juni: 30. Juni bis 3. Juli
Juli: 26. bis 29. Juni
August: 25./26. Juni
September: 25./26. Juni
Oktober: 26. bis 30. Juni
November: 30. Juni bis 6. Juli
Dezember: 6. bis 14. Juli

Im Zeichen Löwe (23. Juli bis 23. August)

Jupiter im positiven Trigonalaspekt zur Sonne
Januar: 18. bis 22. August
Februar bis Dezember: kein Aspekt.

Im Zeichen Jungfrau (23. August bis 23. September)

Jupiter im negativen Quadrataspekt zur Sonne
Januar: 18. bis 22. September
Jupiter im positiven Trigonalaspekt zur Sonne:
Februar: 24. bis 31. August
März: 31. August bis 4. September
April: 4./5. September
Mai: 4./5. September
Juni: 1. bis 4. September
Juli: 28. bis 31. August

August: 27./28. August
September: 27./28. August
Oktober: 28. August bis 1. September
November: 1. bis 7. September
Dezember: 7. bis 14. September

Im Zeichen Waage (23. September bis 23. Oktober)

Jupiter im negativen Quadrataspekt zur Sonne
Januar: 23. bis 25. September
Februar: 25. bis 30. September
März: 30. September bis 4. Oktober
April: 5./6. Oktober
Mai: 5./6. Oktober
Juni: 2. bis 5. Oktober
Juli: 27. September bis 30. September
August: 26./27. September
Oktober: 27. September bis 2. Oktober
November: 2. bis 8. Oktober
Dezember: 8. bis 15. Oktober

Im Zeichen Skorpion (23. Oktober bis 22. November)

Jupiter im schwach günstigen Sextilaspekt zur Sonne
Januar: 24. bis 26. Oktober
Februar: 26. bis 31. Oktober
März: 31. Oktober bis 4. November
April: 4./5. November
Mai: 4./5. November
Juni: 1. bis 4. November
Juli: 28. bis 31. Oktober
August: 27./28. Oktober
September: 27./28. Oktober
Oktober: 28. Oktober bis 1. November
November: 1. bis 7. November
Dezember: 7. bis 14. November

Im Zeichen Schütze (22. November bis 22. Dezember)

Jupiter im positiven Trigonalaspekt zur Sonne
Januar: 17. bis 20. Dezember
Februar bis Dezember: kein Aspekt.

Im Zeichen Steinbock (22. Dezember bis 20. Januar)

Jupiter im positiven Konjunktionsaspekt zur Sonne
Januar: 22. bis 24. Dezember
Februar: 24. bis 29. Dezember
März: 29. Dezember bis 3. Januar
April: 3./4. Januar
Mai: 3./4. Januar
Juni: 30. Dezember bis 3. Januar
Juli: 26. bis 29. Dezember
August: 25./26. Dezember
September: 25./26. Dezember
Oktober: 26. bis 30. Dezember
November: 30. Dezember bis 6. Januar
Dezember: 6. bis 13. Januar

Im Zeichen Wassermann (20. Januar bis 19. Februar)

Jupiter im günstigen Sextilaspekt zur Sonne
Januar: 15. bis 19. Februar
Februar bis Dezember: kein Aspekt

Im Zeichen Fische (19. Februar bis 20. März)

Jupiter im schwach günstigen Sextilaspekt zur Sonne
Januar: 20. bis 22. Februar
Februar: 22. bis 27. Februar
März: 27. Februar bis 2. März
April: 2./3. März
Mai: 2./3. März
Juni: 28. Februar bis 2. März
Juli: 24. bis 27. Februar
August: 23./24. Februar
September: 23./24. Februar
Oktober: 24. bis 28. Februar
November: 28. Februar bis 5. März
Dezember: 5. bis 12. März

Die positive Jupiter-Tendenz im Konjunktions-,
Sextil- und Trigonalaspekt zur Sonne

Die grundsätzliche Bedeutung wie auch die Wirkungstendenz sind zum Teil unter dem Abschnitt »Signatur des Jupiter« bereits erwähnt worden. Prinzipiell ist der Jupiter in guter Anlage im Geburtshoroskop und in guten Aspekten zu anderen Gestirnen und daher auch in seinen positiven Transiten das Symbol der Fülle, des Erfolges, der Berufsexpansion, der möglichen Glückszufälle – insgesamt also ein Symbol der Förderungen und Erleichterungen im Lebenskampf.

Die tatsächliche, umfassende Auswertung erfordert aber selbstverständlich das gesamte individuelle Kosmogramm. Die hier gegebenen Transiteinflüsse beziehen sich also nur auf die Sonne, die allerdings das markanteste Gestirn im individuellen Kosmogramm darstellt.

Wofür können Sie die positiven Jupitertransite nutzen?

1. Nutzung von Beziehungen, Rücksprache mit Vorgesetzten, berufliche Verbesserungen und neue Starts.
2. Die genannten Daten eignen sich ausgezeichnet für Examen, Prüfungen, Studien.
3. Die positiven Termine sollte man für gesundheitliche »Überholungen«, in erster Linie für Kuren nutzen.
4. Wichtige Rücksprachen oder Verhandlungen mit Behörden, staatlichen Stellen oder Ämtern.
5. Juristische Vorhaben (insbesondere Prozesse und Anwaltstermine).
6. Finanzielle Transaktionen und Sicherungskäufe (insgesamt überhaupt Käufe oder Verkäufe), eventuell auch Lotterieversuche.
7. Verbindungen zum Ausland und Auslandsreisen.
8. Wirkt begünstigend auf alle engen Kontakte (Liebe, Heirat).

Was sollten Sie bei den negativen
Jupiterterminen vermeiden?

1. Juristische Auseinandersetzungen oder gar Prozesse (Verlustgefahr).
2. Überschreitung Ihres finanziellen Limits.
3. Finanzielle Spekulationen (Börse, Aktienkäufe, Lotterieversuche).
4. Überhöhte Ansprüche vermeiden (keinerlei Berufsrisiken eingehen).
5. Keine beruflichen oder geschäftlichen Expansionen mit Gewalt versuchen.

6. Bei vorhandenen chronischen Erkrankungen Diät beachten.
7. Alle Konflikte mit Behörden, Ämtern oder staatlichen Stellen grundsätzlich vermeiden.
8. Kein Geld ausleihen.

In bezug auf die positiven Transitdaten des Jupiter wäre noch hinzuzufügen, daß man sich in der Regel von diesen Jupiter-Aspekten allzuviel erwartet. In der Praxis hat sich gezeigt, daß diese Einflüsse sehr abhängig sind von den gleichzeitigen Transiteinflüssen anderer Gestirne (insbesondere von Saturn- oder Mars-Aspekten). Ein langanhaltender Saturn-Einfluß mit der gleichen Auslösungszeit wie günstige Jupiter-Aspekte kann die positive Tendenz des Jupiter sehr einschränken und manchmal sogar ganz aufheben.

Die Saturntransite
für alle zwölf Zeichen im Jahr 1983

Im Zeichen Widder (20. März bis 20. April)

Vom Januar bis Dezember 1983 keine Saturntransite.

Im Zeichen Stier (20. April bis 21. Mai)

Saturn im negativen Oppositionsaspekt zur Sonne
Januar: 23. bis 25. April
Februar: 25. April
März: 23. bis 25. April
April: 21. bis 23. April
Mai: 21. April
Juni/Juli: kein Aspekt
August: 21. April
September: 21. bis 24. April
Oktober: 24. bis 28. April
November: 28. April bis 1. Mai
Dezember: 28. April bis 1. Mai

Im Zeichen Zwillinge (21. Mai bis 21. Juni)

Januar bis April: kein Aspekt
Positiver Aspekt: Saturn Trigonal Sonne
Mai: 20. bis 21. Juni
Juni: 19./20. Juni

Juli: 19./20. Juni
August: 20./21. Juni
September bis Dezember: kein Aspekt

Im Zeichen Krebs (21. Juni bis 23. Juli)

Positiver Aspekt: Saturn Trigonal Sonne
Januar: 25. bis 27. Juni
Februar: 27. Juni
März: 25. bis 27. Juni
April: 22. bis 25. Juni
Negativer Aspekt
Mai: 22./23. Juli
Juni: 21./22. Juli
Juli: 21./22. Juli
August: 22./23. Juli
Positiver Aspekt
September: 22. bis 26. Juni
Oktober: 26. bis 30. Juni
November: 30. Juni bis 3. Juli
Dezember: 3. bis 6. Juli

Im Zeichen Löwe (23. Juli bis 23. August)

Negativer Aspekt: Saturn im Quadrat zur Sonne
Januar: 26. bis 28. Juli
Februar: 28. Juli
März: 26. bis 28. Juli
April: 24. bis 26. Juli
Schwach günstiger Sextilaspekt zur Sonne
Mai: 22./23. August
Juni: 21./22. August
Juli: 21./22. August
August: 22./23. August
Negativer Quadrataspekt zur Sonne
September: 24. bis 27. Juli
Oktober: 27. bis 31. Juli
November: 31. Juli bis 3. August
Dezember: 3. bis 7. August

Im Zeichen Jungfrau (23. August bis 23. September)

Saturn im positiven Sextilaspekt zur Sonne
Januar: 25. bis 30. August
Februar: 28. August
März: 26. bis 28. August
April: 24. bis 26. August
Mai bis August: kein Aspekt
Positiver Sextilaspekt
September: 24. bis 27. August
Oktober: 27. bis 31. August
November: 31. August bis 4. September
Dezember: 4. bis 7. September

Im Zeichen Waage (23. September bis 23. Oktober)

Januar bis April: kein Aspekt
Negativer Aspekt: Saturn über Sonne
Mai: 22./23. Oktober
Juni: 21./22. Oktober
Juli: 21./22. Oktober
August: 22./23. Oktober
September bis Dezember: kein Aspekt

Im Zeichen Skorpion (23. Oktober bis 22. November)

Negativer Aspekt: Saturn über Sonne
Januar: 26. bis 29. Oktober
Februar: 29. Oktober
März: 26. bis 29. Oktober
April: 24. bis 26. Oktober
Mai bis August: kein Aspekt
Negativer Aspekt: Saturn über Sonne
September: 24. bis 28. Oktober
Oktober: 28. Oktober bis 1. November
November: 1. bis 4. November
Dezember: 4. bis 6. November

Im Zeichen Schütze (vom 22. November bis 22. Dezember)

Januar bis April: kein Aspekt
Saturn im günstigen Sextilaspekt zur Sonne
Mai: 21./22. Dezember

Juni: 20./21. Dezember
Juli: 20./21. Dezember
August: 21./22. Dezember
September bis Dezember: kein Aspekt

Im Zeichen Steinbock (22. Dezember bis 20. Januar)

Positiver Aspekt: Sextil Saturn
Januar: 25. bis 27. Dezember
Februar: 27. Dezember
März: 25. bis 27. Dezember
April: 23. bis 25. Dezember
Negativer Aspekt Saturn Quadrat Sonne
Mai: 19./20. Januar
Juni: 18./19. Januar
Juli: 18./19. Januar
August: 19./20. Januar
Positiver Saturn-Aspekt im Sextil zur Sonne
September: 23. bis 26. Dezember
Oktober: 26. bis 30. Dezember
November: 30. Dezember bis 1. Januar
Dezember: 1. bis 4. Januar

Im Zeichen Wassermann (20. Januar bis 19. Februar)

Saturn im negativen Quadrataspekt zur Sonne
Januar: 23. bis 25. Januar
Februar: 25. Januar
März: 23. bis 25. Januar
April: 21. bis 23. Januar
Positiver Saturn-Aspekt im Trigonal zur Sonne
Mai: 18./19. Februar
Juni: 17./18. Februar
Juli: 17./18. Februar
August: 18./19. Februar
Negativer Quadrataspekt zur Sonne
September: 21. bis 24. Januar
Oktober: 24. bis 28. Januar
November: 28. bis 31. Januar
Dezember: 31. Januar bis 3. Februar

Im Zeichen Fische (19. Februar bis 20. März)

Saturn im positiven Trigonalaspekt zur Sonne
Januar: 22. bis 24. Februar
Februar: 24. Februar
März: 23./24. Februar
April: 20. bis 22. Februar
Mai bis August: kein Aspekt
Positiver Trigonalaspekt zur Sonne
September: 20. bis 23. Februar
Oktober: 23. bis 27. Februar
November: 27. Februar bis 2. März
Dezember: 2. bis 5. März

Die Saturntransite für alle zwölf Zeichen im Jahr 1984

Im Zeichen Widder (20. März bis 20. April)

Januar bis Dezember kein Aspekt.

Im Zeichen Stier (20. April bis 21. Mai)

Saturn im negativen Oppositionsaspekt zur Sonne
Januar: 4. bis 6. Mai
Februar: 6./7. Mai
März: 6./7. Mai
April: 4. bis 6. Mai
Mai: 2. bis 4. Mai
Juni: 30. April bis 2. Mai
Juli: 30. April
August: 30. April bis 2. Mai
September: 2. bis 5. Mai
Oktober: 5. bis 8. Mai
November: 8. bis 12. Mai
Dezember: 12. bis 15. Mai

Im Zeichen Zwillinge (21. Mai bis 21. Juni)

Januar bis Dezember kein Aspekt.

Im Zeichen Krebs (21. Juni bis 23. Juli)

Saturn im positiven Trigonalaspekt zur Sonne
Januar: 5. bis 7. Juli

Februar: 7./8. Juli
März: 7./8. Juli
April: 5. bis 7. Juli
Mai: 3. bis 5. Juli
Juni: 1. bis 3. Juli
Juli: 1. Juli
August: 2./3. Juli
September: 3. bis 6. Juli
Oktober: 6. bis 10. Juli
November: 10. bis 14. Juli
Dezember: 14. bis 17. Juli

Im Zeichen Löwe (23. Juli bis 23. August)

Saturn im negativen Quadrataspekt zur Sonne
Januar: 6. bis 8. August
Februar: 8./9. August
März: 8./9. August
April: 6. bis 8. August
Mai: 4. bis 6. August
Juni: 2. bis 4. August
Juli: 2. August
August: 2. bis 4. August
September: 4. bis 7. August
Oktober: 7. bis 10. August
November: 10. bis 14. August
Dezember: 14. bis 17. August

Im Zeichen Jungfrau (23. August bis 23. September)

Saturn im schwach günstigen Sextilaspekt zur Sonne
Januar: 6. bis 8. September
Februar: 8./9. September
März: 8./9. September
April: 6. bis 8. September
Mai: 4. bis 6. September
Juni: 2. bis 4. September
Juli: 1./2. September
August: 2. bis 4. September
September: 4. bis 7. September
Oktober: 7. bis 10. September
November: 10. bis 14. September
Dezember: 14. bis 17. September

Im Zeichen Waage (23. September bis 23. Oktober)

Januar bis Dezember kein Aspekt.

Im Zeichen Skorpion (23. Oktober bis 22. November)

Saturn im negativen Konjunktionsaspekt zur Sonne
Januar: 6. bis 8. November
Februar: 8./9. November
März: 8./9. November
April: 6. bis 8. November
Mai: 4. bis 6. November
Juni: 2. bis 4. November
Juli: 2. November
August: 3./4. November
September: 4. bis 7. November
Oktober: 7. bis 10. November
November: 10. bis 14. November
Dezember: 14. bis 17. November

Im Zeichen Schütze (22. November bis 22. Dezember)

Januar bis Dezember kein Aspekt.

Im Zeichen Steinbock (22. Dezember bis 22. Januar)

Saturn im schwach günstigen Sextilaspekt zur Sonne
Januar: 5. bis 7. Januar
Februar: 7./8. Januar
März: 7./8. Januar
April: 5. bis 7. Januar
Mai: 3. bis 5. Januar
Juni: 1. bis 3. Januar
Juli: 1. Januar
August: 1. bis 3. Januar
September: 3. bis 6. Januar
Oktober: 6. bis 9. Januar
November: 9. bis 13. Januar
Dezember: 13. bis 15. Januar

Im Zeichen Wassermann (20. Januar bis 19. Februar)

Saturn im negativen Quadrataspekt zur Sonne
Januar: 3. bis 5. Februar

Februar: 5./6. Februar
März: 5./6. Februar
April: 3. bis 5. Februar
Mai: 1. bis 3. Februar
Juni: 30. Januar bis 1. Februar
Juli: 30. Januar
August: 30. Januar bis 1. Februar
September: 1. bis 4. Februar
Oktober: 4. bis 7. Februar
November: 7. bis 11. Februar
Dezember: 11. bis 14. Februar

Im Zeichen Fische (19. Februar bis 20. März)

Saturn im positiven Trigonalaspekt zur Sonne
Januar: 4. bis 6. März
Februar: 6./7. März
März: 6./7. März
April: 4. bis 6. März
Mai: 2. bis 4. März
Juni: 29. Februar bis 2. März
Juli: 29. Februar
August: 29. Februar bis 2. März
September: 2. bis 5. März
Oktober: 5. bis 8. März
November: 8. bis 12. März
Dezember: 12. bis 15. März

Die positiven Saturn-Tendenzen
im Sextil- und Trigonalaspekt zur Sonne

Im Abschnitt »Signaturen der Sterne« finden Sie die grundsätzlichen Wirkungstendenzen des Saturn. Zeitlich gesehen wirken sie länger und intensiver als die Jupitertransite, bereiten sich langsam vor und klingen erst nach Wochen wieder ab. Die positiven Aspekte, von denen eigentlich nur der Trigonalaspekt eine spürbare Wirkung entfaltet, haben Bezug zu einer Stabilisierung der beruflichen und persönlichen Gesamtlage, wobei aber gemäß der Eigenart des Saturn die Erfolge sich nur durch harte Einsätze, Fleiß und Geduld einstellen. Dies besonders dann, wenn man die stabilisierende Wirkung des Saturn auch wissentlich nützt. Insbesondere zeigen die materiellen oder finanziellen Verhältnisse eine weitaus größere Stabilität, beispielsweise bei wichtigen Vorhaben, die längere Zeit in Anspruch nehmen. In den engeren persönlichen Beziehungen zeigt sich ebenfalls eine haltbare Tendenz, in den beruflichen und gesellschaftlichen Beziehungen sind Erfolge möglich.

Der Konjunktionsaspekt vom Saturn zur Sonne

Der direkte Übergang des Saturn über den Sonnenort hängt in erster Linie davon ab, ob und welchen Aspekt er im Geburtshoroskop zur Sonne auslöst. Fehlen im Geburtshoroskop solche negativen Aspekte, ist die Wirkung nicht unbedingt negativ, muß aber doch genauer beobachtet werden, da Sonne und Saturn an sich planetare Gegensätze darstellen (Sonne = Feuerelement, Licht, Wärme; Saturn = Kälte, Erdelement, Nacht).

Ein individuelles Kosmogramm, das bereits negative Saturn-Aspekte auf den Sonnenort aufweist (also Konjunktionsaspekt, aber auch Quadrat- und Oppositionsaspekt), bedarf beim eigentlichen bwz. direkten Übergang des Saturn über den Sonnenort größter Vorsicht, da die negativen Wirkungen des Transits mit großer Wahrscheinlichkeit ausgelöst werden. Insgesamt sind diese direkten Übergänge des Saturn über den Sonnenort ein Hinweis auf ein Absinken der Vitalität, auf Erkrankungssymptome, die langsam bis schleichend zutage treten (sehr oft Arthrose, Rheuma, Gicht, Kniegelenkserkrankungen, Verdauungsapparat, Gallenblase, Nierensteine, Stoffwechselschäden, Hauterkrankungen, Herzschwäche) – je nach Anlage des individuellen Kosmogramms.

Im Beruf treten auffallende Schwierigkeiten, äußere Widerstände, Erfolgsmangel auf, die persönlichen Bemühungen und Leistungen werden nicht belohnt. Auch die Beziehungen zur Umwelt können sich verhärten.

Wie können Sie die positiven Aspekte des Saturn zur Sonne nutzen?

1. Indem Sie Ihre Ziele mit besonderer Zähigkeit, Ausdauer und erhöhter Konzentration verfolgen.
2. Während der Dauer dieser Transite können wichtige materielle oder finanzielle Absicherungen auf ferne Sicht in die Wege geleitet werden, z. B. Bauen, Kauf von Wohnungen oder Wohnungsveränderungen, Versicherungen.
3. Unterstützung Ihrer Gesundheit durch Kuren oder Revitalisierung.

Was sollten Sie unter den
negativen Saturntransiten vermeiden?

1. Größere gesundheitliche Belastungen, Übertreibungen beim Sport, die das Herz belasten.
2. Größere finanzielle Unternehmungen und Kreditaufnahmen, riskante Spekulationen.
3. Unüberlegte Positionsveränderungen, da die berufliche Stabilität zuweilen ins Wanken kommt.
4. Schlecht kalkulierte Bauvorhaben.
5. In der Familie oder in allen engeren Bindungen bedarf es der Vorsicht, da der Saturn entfremdend, trennend wirkt.
6. Eventuell auftretende Tendenzen von Depressionen, Hemmungen oder mangelndem Selbstvertrauen müssen bekämpft werden.

Die Saturn-Aspekte im Quadrat- oder Oppositionsaspekt zur Sonne

Diese negativen Aspekte (insbesondere die Oppositionen) haben gemäß statistischer Beobachtungen sehr oft den Abbruch einer Karriere, im Beruf Kündigungen sowie Vertragsschwierigkeiten ausgelöst. Wichtig sind jedoch auch alle übrigen Saturntransite im individuellen Kosmogramm, die aber nicht in Betracht gezogen werden können.

Man beachte beispielsweise im Geburtskosmogramm des Kanzlers Helmut Schmidt die Jupiter-Erfolgssträhne anläßlich seiner Wahl zum Bundeskanzler. 1981 setzte dann eine empfindliche Saturn-Periode ein, die ihm außerordentliche Schwierigkeiten brachte (nicht zuletzt auch mit Begin und Reagan). Diese Tendenz erstreckte sich auch auf den gesundheitlichen Bereich, so daß er einen Herzschrittmacher benötigte. Es gäbe ungezählte Beispiele aus den Horoskopen von Prominenten, die speziell die Saturn-Belastung einwandfrei bestätigen.

Der Saturn-Aspekt zum Uranus

Als einer der schwierigsten, weil hartnäckigsten Saturn-Aspekte hat sich der Quadrat- oder Oppositionsaspekt zum Uranus sowohl im individuellen Kosmogramm als auch bei Saturntransiten erwiesen. Er führte speziell in den Kosmogrammen erfolgreicher Manager oder leitender Politiker zu schwerwiegenden Krisen, sehr oft sogar zum Absturz von der erreichten Höhe und zu finanziellen Debakeln. Bei dieser Gelegenheit möchten wir auf den späteren Abschnitt »Wiederkehrende Aspekte« hinweisen, die hinsichtlich der zuverlässigen Auslösung von Gestirntransiten besonders wichtig sind.

Horoskope, die den Saturn-Sonne-Aspekt oder auch den Saturn-Uranus-Aspekt schon zur Zeit der Geburt aufweisen, zeigen mehr als deutlich die saturninen Schwierigkeiten, Widerstands- und Schicksalskrisen an, die im Laufe des Lebens entstehen. Die Beispiele hierfür sind zahlloser Art.

So zeigt beispielsweise das Horoskop von *Tolstoi* Saturn Opposition Uranus schon im Geburtshoroskop.

Hitler hatte den Aspekt Saturn Quadrat Mars.

Im Horoskop *Udet* Saturn Konjunktion Uranus,

Wilhelm II. Saturn Opposition Sonne,

Ingrid van Bergen Saturn Opposition Pluto,

Margaret Thatcher hat Saturn Konjunktion Aszendent,

Eva Braun hatte Saturn Quadrat Uranus,

Stalin zeigte Saturn Quadrat Sonne,

Mitterand zeigt Saturn Quadrat Sonne,

Erich Honegger Saturn Quadrat Sonne,

der Schah von Persien Saturn Konjunktion Mars (= Leber),

Helmut Kohl besitzt den Saturn am Meridian,

Dietmar Schönherr hat Saturn Opposition Sonne und Quadrat Jupiter,

Edward Kennedy besitzt den Saturn in Opposition zum Pluto,

Anwar el-Sadat hatte den Saturn bei der Sonne,

Charles Manson hat Saturn Quadrat Sonne,

Gertrud Kückelmann hatte Saturn Opposition Mars,

General Jaruzelski hat den Saturn dicht bei der Sonne und im Pluto.

Diese kurze Auswahl von Saturn-Verletzungen im Geburtshoroskop zeigt deutlich genug die Wirkung dieser Krisenaspekte. Wenn sie nun zum Zeitpunkt der Saturntransite erneut auftreten, wird genau das ausgelöst, was der negative Saturn im Geburtshoroskop schon versprach. Man nennt diese Transite *wiederkehrende Aspekte,* die sich mit großer Verläßlichkeit zeitlich auslösen.

Die Uranustransite
für alle zwölf Zeichen im Jahr 1983

Im Zeichen Widder (20. März bis 20. April)

Positive Uranus-Aspekte im Trigonal zur Sonne
Januar: 28. bis 30. März
Februar: 30./31. März
März: 31. März
April: 30. März

Mai: 29./30. März
Juni: 27./28. März
Juli: 27. März
August: 27. März
September: 27. März
Oktober: 28./29. März
November: 29. bis 31. März
Dezember: 31. März bis 2. April

Im Zeichen Stier (20. April bis 21. Mai)

Januar bis Dezember: kein Aspekt.

Im Zeichen Zwillinge (21. Mai bis 21. Juni)

Negativer Uranus-Aspekt auf die Oppositionsstelle der Sonne
Januar: 28. bis 30. Mai
Februar: 30./31. Mai
März: 31. Mai
April: 30. Mai
Mai: 29./30. Mai
Juni: 27./28. Mai
Juli: 27. Mai
August: 27. Mai
September: 27. Mai
Oktober: 28./29. Mai
November: 29. bis 31. Mai
Dezember: 31. Mai bis 3. Juni

Im Zeichen Krebs (21. Juni bis 23. Juli)

Januar bis Dezember: kein Aspekt

Im Zeichen Löwe (23. Juli bis 23. August)

Positiver Uranus-Aspekt zum Trigonalaspekt der Sonne
Januar: 30. Juli bis 1. August
Februar: 1./2. August
März: 2. August
April: 1. August
Mai: 31. Juli bis 1. August

Juni: 29./30. Juli
Juli: 29. Juli
August: 29. Juli
September: 29. Juli
Oktober: 30./31. Juli
November: 31. Juli bis 1. August
Dezember: 2. bis 4. August

Im Zeichen Jungfrau (23. August bis 23. September)

Negativer Uranus-Aspekt auf das Quadrat zur Sonne
Januar: 30. August bis 1. September
Februar: 1. September
März: 2./3. September
April: 1./2. September
Mai: 31. August bis 1. September
Juni: 29./30. August
Juli: 29. August
August: 29. August
September: 29. August
Oktober: 29. bis 31. August
November: 31. August bis 1. September
Dezember: 2. bis 5. September

Im Zeichen Waage (23. September bis 23. Oktober)

Schwach günstiger Aspekt des Uranus (Sextilaspekt) zur Sonne
Januar: 30. September bis 2. Oktober
Februar: 2./3. Oktober
März: 3. Oktober
April: 2. Oktober
Mai: 1./2. Oktober
Juni: 29./30. September
Juli: 29. September
August: 29. September
September: 29. September
Oktober: 30. September bis 1. Oktober
November: 1. bis 3. Oktober
Dezember: 3. bis 5. Oktober

Im Zeichen Skorpion (23. Oktober bis 22. November)

Januar bis Dezember: kein Aspekt

Im Zeichen Schütze (22. November bis 22. Dezember)

Negativer Aspekt des Uranus im Übergang über den Sonnenort direkt
Januar: 29. November bis 1. Dezember
Februar: 1./2. Dezember
März: 2. Dezember
April: 1. Dezember
Mai: 30. November bis 1. Dezember
Juni: 28./29. November
Juli: 28. November
August: 28. November
September: 28. November
Oktober: 29./30. November
November: 30. November bis 2. Dezember
Dezember: 2. bis 4. Dezember

Im Zeichen Steinbock (22. Dezember bis 22. Januar)

Januar bis Dezember: keine Aspekte

Im Zeichen Wassermann (20. Januar bis 19. Februar)

Schwach günstiger Aspekt des Uranus (Sextilaspekt) zum Sonnenort
Januar: 27. bis 29. Januar
Februar: 29. Januar
März: 30. Januar
April: 29. Januar
Mai: 28./29. Januar
Juni: 26./27. Januar
Juli: 26. Januar
August: 26. Januar
September: 26. Januar
Oktober: 27./28. Januar
November: 28. bis 30. Januar
Dezember: 30. Januar bis 1. Februar

Im Zeichen Fische (19. Februar bis 20. März)

Negativer Uranus-Übergang über den Quadrataspekt zur Sonne
Januar: 26. bis 28. Februar
Februar: 28. Februar bis 1. März
März: 1. März
April: 28. Februar

Mai: 27./28. Februar
Juni: 25./26. Februar
Juli: 25. Februar
August: 25. Februar
September: 25. Februar
Oktober: 26./27. Februar
November: 27. Februar bis 1. März
Dezember: 1. bis 3. März

Die Uranustransite für alle zwölf Zeichen im Jahr 1984

Im Zeichen Widder (20. März bis 20. April)

Uranus im positiven Trigonalaspekt zur Sonne
Januar: 1./2. April
Februar: 2./3. April
März: 3. April
April: 2./3. April
Mai: 1./2. April
Juni: 31. März bis 1. April
Juli: 30./31. März
August: 30 März
September: 30./31. März
Oktober: 31. März bis 1. April
November: 1. bis 3. April
Dezember: 3. bis 5. April

Im Zeichen Stier (20. April bis 21. Mai)

Januar bis Dezember: kein Aspekt

Im Zeichen Zwillinge (21. Mai bis 21. Juni)

Uranus im negativen Oppositionsaspekt zur Sonne
Januar: 2./3. Juni
Februar: 3./4. Juni
März: 4. Juni
April: 2./3. Juni
Mai: 2./3. Juni
Juni: 1./2. Juni
Juli: 31. Mai bis 1. Juni

August: 31. Mai
September: 31. Mai bis 1. Juni
Oktober: 1./2. Juni
November: 2. bis 4. Juni
Dezember: 4. bis 6. Juni

Im Zeichen Krebs (21. Juni bis 23. Juli)

Januar bis Dezember: kein Aspekt

Im Zeichen Löwe (23. Juli bis 23. August)

Uranus im positiven Trigonalaspekt zur Sonne
Januar: 4./5. August
Februar: 5./6. August
März: 6. August
April: 5./6. August
Mai: 4./5. August
Juni: 3./4. August
Juli: 2./3. August
August: 2. August
September: 2./3. August
Oktober: 3./4. August
November: 4. bis 6. August
Dezember: 6. bis 8. August.

Im Zeichen Jungfrau (23. August bis 23. September)

Uranus im negativen Quadrataspekt zur Sonne
Januar: 4./5. September
Februar: 5./6. September
März: 6. September
April: 5./6. September
Mai: 4./5. September
Juni: 3./4. September
Juli: 2./3. September
August: 2. September
September: 2./3. September
Oktober: 3./4. September
November: 4. bis 6. September
Dezember: 6. bis 8. September.

Im Zeichen Waage (23. September bis 23. Oktober)

Uranus im schwach günstigen Sextilaspekt zur Sonne
Januar: 5./6. Oktober
Februar: 6./7. Oktober
März: 7. Oktober
April: 6./7. Oktober
Mai: 5./6. Oktober
Juni: 4./5. Oktober
Juli: 3./4. Oktober
August: 3. Oktober
September: 3./4. Oktober
Oktober: 4./5. Oktober
November: 5. bis 7. Oktober
Dezember: 7. bis 9. Oktober

Im Zeichen Skorpion (23. Oktober bis 22. November)

Januar bis Dezember: kein Aspekt.

Im Zeichen Schütze (22. November bis 22. Dezember)

Uranus im negativen Konjunktionsaspekt zur Sonne
Januar: 3./4. Dezember
Februar: 4./5. Dezember
März: 5. Dezember
April: 4./5. Dezember
Mai: 3./4. Dezember
Juni: 2./3. Dezember
Juli: 2. Dezember
August: 2. Dezember
September: 2. Dezember
Oktober: 2./3. Dezember
November: 3. bis 5. Dezember
Dezember: 5. bis 7. Dezember

Im Zeichen Steinbock (22. Dezember bis 20. Januar)

Januar bis Dezember: kein Aspekt

Im Zeichen Wassermann (20. Januar bis 19. Februar)

Schwach günstiger Sextilaspekt zur Sonne
Januar: 1./2. Februar

Februar: 2./3. Februar
März: 3. Februar
April: 2./3. Februar
Mai: 1./2. Februar
Juni: 31. Januar bis 1. Februar
Juli: 30./31. Januar
August: 30. Januar
September: 30./31. Januar
Oktober: 31. Januar bis 1. Februar
November: 1. bis 3. Februar
Dezember: 3. bis 5. Februar

Im Zeichen Fische (19. Februar bis 20. März)

Negativer Quadrataspekt zur Sonne
Januar: 2./3. März
Februar: 3./4. März
März: 4. März
April: 3./4. März
Mai: 2./3. März
Juni: 1./2. März
Juli: 29. Februar bis 1. März
August: 29. Februar
September: 29. Februar bis 1. März
Oktober: 1./2. März
November: 2. bis 4. März
Dezember: 4. bis 6. März

Die Uranus-Rhythmik

Die grundsätzlichen Eigenschaften des Uranus-Symbols finden sich im Abschnitt »Signatur des Uranus«. Hinsichtlich ihrer Wirkung gehören seine Transite zu den zuverlässigsten überhaupt, denn nur in ganz seltenen Fällen gehen sie unbemerkt vorüber. Uranus-Übergänge sind Wendepunkte im Leben, die Stagnationen beenden, Veränderungen bis zu Totalumbrüchen auslösen, aber auch völlig neu entstehende Fernziele einleiten.
Während der Saturn beispielsweise langsam, schleichend wirkt und die kommenden Dinge langfristig vorbereitet, so daß man die Saturn-Strähne im positiven wie negativen Sinn gewissermaßen voraus-

schauen kann, zeigt der Uranus eine umstürzende, unerwartete Tendenz. So kann beispielsweise bei positiven Aspekten auf die Sonne ein neuer und erfolgreicher Abschnitt beginnen, wobei der Zufall nicht selten eine Rolle spielt. Erst hinterher wird man gewahr, daß hier vom Schicksal eine Wende geplant war, die nur unseres eigenen Zupakkens bedurfte.

Die Beobachtungen der Uranustransite haben ergeben, daß dieses Symbol beim ersten Anlauf noch nicht unbedingt ein Ereignis auslöst. Da er ungemein langsam im Zodiak vorrückt und zeitweise auch wieder rückläufig wird, kommt er mehrmals auf denselben Aspekt. Eine spezielle Wirkungstendenz liegt meist auf dem Zeitpunkt der Rückläufigkeit und damit auf dem zweiten Übergang.

Wer auf die Uranustransite in den Tabellen von 1983/84 einmal genauer achtet und die Termine der positiven Aspekte aktiv nützt, kann seine persönliche Lage erheblich verbessern. Hierbei müssen wir aber gleich darauf aufmerksam machen, daß ebenso die übrigen Transite (vom Jupiter und Saturn) in ihrem Zusammenwirken abgeschätzt werden müssen, denn zuweilen entstehen teils positive, teils negative Transite. Treffen also für einen bestimmten Geburtstag mehrere ausgezeichnete Transitwirkungen (insbesondere auch vom Jupiter) zusammen, ist die Wirkung einwandfrei günstig. Im umgekehrten Falle aber bedarf es größter Vorsicht, da die negativen Uranus-Rhythmen im Zusammenwirken mit eventuell weiteren ungünstigen (Jupiter- oder Saturn-) Aspekten sehr leicht zu unvorhergesehen Krisen führen.

Die spezielle Wirkung der positiven Uranus-Aspekte

Hierzu gehören der schwach günstige Sextilaspekt und der stärker spürbare Trigonalaspekt zur Sonne (Uranustransite zu den übrigen Gestirnen können nur bei individuellen Horoskopen errechnet werden). Im Falle des stärkeren Trigonalaspektes bezieht sich die Auswirkung fast immer auf neue Erkenntnisse, neue Anregungen, Chancen für günstige Veränderungen im Beruf oder auch im privaten Sektor (besonders wirksam beim weiblichen Horoskop hinsichtlich überraschender neuer Kontakte und Freundschaften). Sollte gar in einem individuellen Kosmogramm bereits ein günstiger Uranus-Sonne-Aspekt vorhanden sein, so wird diese zeitliche Auslösung des Grundaspektes mit Sicherheit zu überraschenden Erfolgen auf vielerlei Lebensgebieten führen. Man kann allerdings den sogenannten Überraschungseffekt des Uranus nie zeitlich exakt vorhersehen, aber man beobachtete fast immer, daß es hier einen »Ruck nach vorwärts« gibt (im individuellen Kosmogramm kann dies abgeschätzt werden durch die jeweiligen Felderstellungen des Uranus). Insgesamt gehören diese Transite zu den förderndsten, helfendsten, und sie beenden häufig langanhaltende Stagnationen.

Der direkte Übergang des Uranus über die Sonne (Konjunktionsaspekt)

Dieser wichtige Transit, der nahezu immer verspürt wird, hängt von der Grundkonstellation des Uranus wie auch der Sonne ab. Ist die Sonne im Geburtshoroskop schlecht aspektiert, wird dieser Transit im gesundheitlichen Bereich belastend wirken. In besonderen Fällen konnte auch eine Unfalltendenz beobachtet werden (insbesondere mit dem Auto, beim Sport oder auf Reisen). Während sich dieser Transit im weiblichen Horoskop weit mehr auf die Partnerbeziehungen spezialisierte, war er im männlichen Horoskop berufsbezogen, indem er die erreichten Positionen manchmal gefährdete. Die Wirkung wird beim Konjunktionsaspekt oft urplötzlich einsetzen und bringt Aufregungen und Unruhe, denn der Uranus hat in erster Linie Bezug zum vegetativen Nervensystem. Was dann nötig wäre, ist eine ruhige, klare und objektive Überlegung, um einer gewissen psychischen Sperre oder äußeren Zwangslage Herr zu werden. Bei Politikern und Personen, die im öffentlichen Leben eine Rolle spielen, ist dieser Transit besonders gut zu beobachten.

Der Übergang des Uranus über die Quadrat- und Oppositionsaspekte der Sonne

Die Statistik zeigt: Hier ist fast immer mit plötzlichen äußeren Einflüssen, kritischer Schicksalsentwicklung und manchmal auch gesundheitlichen Schädigungen (insbesondere das Herz betreffend, wenn im individuellen Kosmogramm Herzschwäche angedeutet war) zu rechnen. Da die Sonne an sich die Vitalität und Widerstandskraft symbolisiert, wirken sich negative Aspekte des Uranus auf die Sonne besonders aus. Auch die Unfalltendenz war zuweilen erhöht, und nicht selten ergab sich die Notwendigkeit von Operationen. In allen zwischenmenschlichen Bereichen sollte man – wenn dieser Transit anläuft – außerordentlich vorsichtig und diplomatisch sein. Dies gilt insbesondere für das weibliche Horoskop, da unter diesem negativen Aspekt die meisten Ehekrisen ausgelöst wurden. Um dieser erheblichen Uranus-Dynamik (positiv wie negativ) richtig begegnen zu können, sollte sich jeder Leser über sein individuelles Kosmogramm und die zeitlichen

Auslösungen dieser Uranus-Aspekte im klaren sein. Bei exponierten Berufsgattungen, wie etwa Rennfahrer, Spitzensportler etc. konnte man die Uranustransite einwandfrei als besonders wichtig erkennen. Sie waren beispielsweise mehrmals schon im Geburtshoroskop von Nicki Lauda am Werk. Was den individuellen Wesenskern betrifft, wirken sie sehr versteifend, aufrührerisch, distanzierend von der Umwelt, mit der man zuweilen in Kollision gerät.

Der Übergang des Uranus über seine eigenen Quadrat- oder Oppositionsaspekte

Dieser Transit gehört zu den stärksten in einem Kosmogramm, kann aber nur durch die individuelle Berechnung des Geburtshoroskops festgestellt werden. Wir können also über diese speziellen Einflüsse keine Tabelle bringen, müssen aber erwähnen – weil die Krisentendenz (insbesondere beim Oppositionsaspekt) hier so offenbar wird –, daß allein diese Transit-Aspekte des Uranus die Richtigkeit astrologischer Berechnungen beweisen können.

Bei Auslösung des Oppositionsaspektes wurde überdurchschnittlich häufig eine Berufskrise festgestellt, die dann zu Umbrüchen, Veränderungen, Wechsel der Positionen führte. Manchmal ergaben sich aber auch durch anfängliche Krisen unerwartet neue Wege.

Vierundachtzig Jahre dauert der Sonnenumlauf des Uranus, sieben Jahre benötigt er, ein Tierkreiszeichen zu durchwandern. Jeder Mensch könnte bei Überprüfung seines eigenen Lebenslaufes feststellen, daß er beim Uranus-Übergang über seine eigenen Aspekte gewisse Entwicklungskrisen (Ausbildung, Studium, Beruf, Elternhaus) durchlebt hat. Diese Krisenperioden liegen etwa um das 21. bis 23. Lebensjahr. Die zweite und größere Entwicklungskrise samt eintretenden Wenden oder Umstellungen fällt überraschend oft in das 42. bis 43. Lebensjahr (mit gewissen Abweichungen je nach dem individuellen Kosmogramm). Hier ergeben sich auch die meisten Schwierigkeiten in der Ehe, und sehr oft beobachtete man eine grundsätzliche Änderung der Lebensumstände. Man hat dies als die sogenannte »Midlife Crisis« erkannt – ein Entwicklungsabschnitt, der anscheinend festgefügte Bindungen plötzlich in Schwierigkeiten geraten läßt, oder man wird des bisherigen Tätigkeitsbereiches überdrüssig. Um diese Zeit nämlich (durchschnittlich) befindet sich der laufende Uranus genau auf dem Gegenpunkt zu seiner Geburtskonstellation. Die nächste Phase von auftretenden Spannungskomplexen liegt dann etwa um das 63. Lebensjahr. Wer diese auffallende Uranus-Dynamik in seinem individuellen Schicksal einmal genauer beobachten möchte, achte in den Transit-Übersichten der Jahre 1983/84 auf sein eigenes Geburtsdatum und die dort angegebenen Auslösungsperioden der Uranus-Aspekte.

Beispiele für die Wirkung der Uranus-Aspekte im Einzelschicksal

Alle nachstehend aufgeführten Personen besitzen in ihrem Geburtskosmogramm ausgesprochen starke Uranus-Aspekte – entweder zur Sonne oder zum Meridian oder zum Aszendenten. Stets waren auch die schicksalhaften Auswirkungen überdurchschnittlich.

Carl Benz (25. November 1844): Uranus Trigonal Sonne exakt.

Heinz Nordhoff, Generaldirektor VW (6. Januar 1899): Uranus Konjunktion Aszendent exakt.

Thomas Edison (11. Februar 1847): Uranus Trigonal Meridian.

Auguste Piccard (28. Januar 1884): Uranus Trigonal Pluto.

Graf Zeppelin (8. Juli 1838): Uranus Trigonal Sonne und Opposition Aszendent.

Werner Heisenberg (5. Dezember 1901): Sonne Konjunktion Uranus, Uranus Opposition Aszendent.

Marie Curie (7. November 1867): Uranus Trigonal Sonne, Sonne Oppositon Pluto.

Wernher von Braun (23. März 1912): Uranus Sextil Sonne.

Christiaan Barnard (8. November 1922): Uranus Trigonal Sonne, Uranus Trigonal Pluto.

Herbert von Karajan (5. April 1908): Uranus Quadrat Sonne exakt.

General Eisenhower (14. Oktober 1890): Uranus Konjunktion Sonne.

Begum Aga Khan (15. Februar 1906): Uranus Konjunktion Aszendent

E. T. A. Hoffmann (24. Januar 1776): Uranus Konjunktion Aszendent.

Van Gogh (30. März 1853): Uranus Konjunktion Pluto.

Erich Kästner (23. Februar 1899): Uranus Quadrat Sonne.

Anwar el-Sadat (25. Dezember 1918): Uranus Oppositon Saturn.

Napoleon I.: Uranus als Dominante im Horoskop.

Josef Stalin (2. Januar 1880): Uranus Konjunktion Meridian.

General Franco (4. Dezember 1892): Uranus Konjunktion Aszendent exakt.

Hitler: Uranus Konjunktion Aszendent und als Horoskop-Dominanz.

Reinhard Messner (17. September 1944): Uranus Trigonal Mars (=Härte).

Margaret Rose (21. August 1930): Uranus Konjunktion Aszendent.

Karl Marx (5. Mai 1818): Uranus Konjunktion Meridian.

Hildegard Knef: Uranus Trigonal Saturn und Aszendent.

Konrad Adenauer (5. Januar 1876): Uranus Trigonal Meridian.

Erich Honecker (25. August 1912): Uranus Konjunktion Aszendent und Opposition Neptun.

Hans-Dietrich Genscher (20. März 1927): Sonne Konjunktion Uranus im Widder exakt und Trigonal Aszendent.

Helmut Schmidt (23. Dezember 1918): Uranus Opposition Saturn (Herzkrisen).

Leonid Breschnew (19. Dezember 1906): Uranus Opposition Jupiter exakt.

Rasputin: Uranus Konjunktion Sonne als Horoskop-Dominanz.

Lenin (10. April 1870): Uranus Konjunktion Meridian exakt.

Mozart (27. Januar 1756): Uranus Opposition Aszendent.

Goebbels (29. Oktober 1897): Uranus Konjunktion Saturn.

Robespierre (7. Mai 1853): Uranus Quadrat Pluto.

Ludwig van Beethoven (16. Dezember 1770): Uranus Trigonal Meridian und Pluto.

Evita Peron (7. Mai. 1908): Uranus Trigonal Sonne.

Ingrid van Bergen: Uranus Quadrat Saturn und Quadrat Jupiter.

Ulrike Meinhoff: Uranus Opposition Jupiter und Quadrat Pluto.

Charles Manson (12. November 1934): Uranus Konjunktion Aszendent und Quadrat Pluto.

Elvis Presley (8. Januar 1935): Uranus Quadrat Pluto.

Franz Josef Strauß (6. September 1915): Uranus Konjunktion Meridian und Oppositon Mond.

Rastelli (19. Dezember 1886): Uranus Opposition Meridian.

Mata Hari (7. August 1876): Uranus Konjunktion Meridian.

Marie Antoinette (3. November 1755): Uranus Konjunktion Meridian und Trigonal Sonne.

Guru Bhagwan (11. Dezember 1931): Uranus Trigonal Sonne.

Staatshoroskop Sowjetrußland (7. November 1917): Uranus Oppositon Saturn, Uranus Quadrat Sonne.

Schon allein diese statistisch ermittelten Häufigkeitsaspekte des Uranus zur Sonne, Aszendent und Meridian – also zu den markantesten Punkten in den Kosmogrammen politischer Persönlichkeiten im positiven wie negativen Sinn – würden die Richtigkeit astrologischer Thesen bestätigen. In den individuellen Kosmogrammen meiner Klienten ergaben sich ebenfalls überaus markante Schicksale von teils ungewöhnlicher Art. Nahezu dreitausend individuelle Horoskope wurden über Jahrzehnte hinweg statistisch ausgewertet, um die ungewöhnlichen Wirkungen des Uranus zu erhärten.

Die Transitberechnungen des Uranus für die Jahre 1983 und 1984 konnten nur in bezug auf die Geburtssonne errechnet werden. Alle übrigen wichtigen Uranus-Einflüsse sind nur aus dem individuellen Kosmogramm ersichtlich, sie könnten allerdings genau so wichtig werden, insbesondere dann, wenn der laufende Uranus im individuellen Kosmogramm den Meridian aspektiert oder überschreitet. Das Überpendeln des Aszendenten von seiten des Uranus brachte stets besondere Ereignisse, häufig genug Umwelt-, Orts- oder Wohnungsveränderungen. Im Falle des Meridian Berufsumbrüche oder Positionswechsel. Es kann hier jedem Astrologie-Studierenden zum Selbststudium dieser Materie geraten werden. In den Transit-Tabellen des Uranus wurde mehrmals unter gewissen Monaten nur ein einziges Geburtsdatum genannt: »Hier bleibt der Uranus über viele Wochen stationär«, d. h., er überpendelt vier bis sechs Wochen lang diesen jeweiligen Aspekt zur Sonne. Hierbei bedarf es stets einer ganz besonderen Aufmerksamkeit, insbesondere im Fall des Konjunktion-, Quadrat- oder des Oppositionsaspekts, da die Wirkung hier sehr einschneidend sein kann. Die Statistik ergab hierbei, daß die Unfalltendenz von Autofahrern bei diesen Aspekten ganz ungewöhnlich hoch war, insbesondere bei einem Zusammenwirken mit ungünstigen Mars-Transiten (die aber nur aus ihrem individuellen Kosmogramm ersichtlich sind).

Wie können Sie die positiven Uranus-Aspekte nutzen?

1. Zur Verbesserung Ihrer Lebensverhältnisse oder Ihrer Berufsposition.
2. Zur zielstrebigen und entschlossenen Ausnutzung von günstigen Gelegenheiten, Projekten und dergleichen.
3. Zu geplanten Orts- oder Wohnungswechseln.
4. Zu völligen Umbrüchen im Beruf.
5. Im Erkrankungsfall zur Nutzung neuer, moderner Heilmethoden.
6. Beim Versuch, innerhalb Ihrer Lebensumstände eine größere persönliche Freiheit zu erlangen.
7. Bei Künstlern oder prominenten Persönlichkeiten kann der Transit zur Erlangung größerer Popularität helfen.

Was sollten Sie bei
ungünstigen Uranustransiten vermeiden?

1. Alle riskanten Unternehmungen wie etwa impulsive Berufs- oder Positionswechsel, da Sie möglicherweise vom Regen in die Traufe kommen.

2. Sie sollten Ihre derzeitige Position nicht gefährden durch Konflikte oder allzu freimütige Äußerungen gegenüber Vorgesetzten.
3. Größte Vorsicht bei Autofahrten, Flugreisen, Schiffsreisen, beim Sport überhaupt (insbesondere Skifahren). Es hat sich erwiesen, daß der Uranus in seinen ungünstigen Aspekten sehr häufig die modernen Verkehrsmittel symbolisierte, daneben Unfälle durch Elektrizität, technische Apparate.
4. In den engeren Partnerbeziehungen Zurückhaltung und Vorsicht üben (insbesondere wäre dies für das weibliche Horoskop wichtig), da die Trennungstendenz des Uranus überaus häufig beobachtet wurde.
5. Keine größeren Spekulationen vornehmen.
6. Erhöhte Eigenwilligkeits- und Unabhängigkeitsverlangen zügeln.

Die Plutotransite

Hinsichtlich der Plutotransite konnten seit 1930 (in diesem Jahr wurde Pluto erstmals entdeckt) einige Erfahrungen gesammelt werden. Obzwar er am weitesten von der Erde entfernt ist, zeigten statistische Beobachtungen zuweilen erstaunliche Wirkungen. Am stärksten macht der Pluto sich dicht am Aszendenten oder an der Berufsachse X (Meridian) bemerkbar. Der Pluto in den übrigen Feldern ergab keine eindeutigen Ergebnisse, lediglich die exakten Aspekte zur Sonne oder zu anderen sehr wichtigen Gestirnen wurden spürbar.

Aus meinem Archiv sonderte ich vierzig Kosmogramme aus mit dem Pluto dicht am Aszendenten. Die Ergebnisse waren überraschend: einundzwanzig dieser Horoskop-Inhaber waren ausgesprochen unfallträchtig im Verkehr, und darunter befanden sich nicht weniger als sechzehn Unfalltote. Ein Mann hatte hintereinander sechs Autounfälle (verteilt auf fünf Jahre), und beim sechsten kam er mit seiner Tochter ums Leben. Der Tote hatte auch ansonsten ein schwieriges, kampfreiches Schicksal hinter sich, darunter den Verlust des Eigenheimes.

Wie ich in allen Lehrbüchern der Astrologie festgestellt habe, zeigt sich der Pluto als ein Symbol für Gewalteinwirkung, und zwar häufig inmitten des Kollektivs (auch die genannten Unfälle geschahen im Kollektiv, also zusammen mit anderen Verkehrsteilnehmern). Weiterhin verspürte man die Tendenz eines Verlangens nach Machteinfluß oder Machtausübung. Da der Pluto 249 Jahre Umlaufzeit benötigt, sind die Transite in vielen Kosmogrammen überhaupt nicht spürbar, da zu wenig Aspekte gebildet werden. Seltsamerweise geschahen die Unfälle nicht über Plutotransite selbst, sondern fast immer über negative Aspekte auf diesen Pluto am Aszendenten.

Es wäre zu riskant, vom Pluto eine Transit-Tabelle zu errechnen, da Personen mit dem Pluto an einer wichtigen Achse des Kosmogramms nicht allzu zahlreich zu finden sind. Seine Transite zum Sonnenort selbst zeigten die verschiedensten Wirkungen (in der Regel auch gesundheitliche Belastungen). In einem Fall hatte ein Klient von mir, ein Börsenmakler, einen Totalverlust von acht Millionen Mark erlitten. Häufig war die Tendenz zu Aggressionen aus purem Geltungstrieb. Im Falle von Terroristen-Horoskopen fand ich den Pluto mehrmals im Berufsfeld X oder sehr nahe am Meridian selbst. Bei hervorragend guter Aspektierung zeigten einige Horoskop-Inhaber aber auch ungewöhnliche Popularitätserfolge und wurden weithin bekannt. Aber diese Erfolge wurden durch härteste Willenseinsätze errungen, was die Pluto-Wirkung im Sinne von Bewährungsproben unterstreicht.

Während der Pluto im Kosmogramm mancher Bürger ein Gefahrenmotiv darstellt, spielen die Pluto-Rhythmen eine weit größere Rolle. Hier symbolisieren sie sehr oft Gewalt und Zwang. Im Kosmogramm von Richard Nixon verletzte der Pluto den Mars exakt mit einem Oppositionsaspekt (rücksichtslose Intensivierung des eigenen Erfolgs). Auch Rasputin hatte den Pluto exakt am Aszendenten, Nehru besaß ihn dicht beim Mars. General Franco zeigt in seinem Horoskop den Pluto in Opposition zu seiner Sonne.

In allen Fällen war dies ein Symbol für Machttrieb. Der Stahlkönig Carnegie hatte ihn exakt am Aszendenten; ebenso Cromwell. Der Giftmörder Cesare Borgia und der Massenmörder Landru hatten ihn in der Nähe des Aszendenten, bei Stalin befand er sich in Opposition zum Aszendenten.

Die folgende Pluto-Tabelle zeigt ihn im Jahr 1983 vom 1. Januar bis 5. November in 26 bis 30 Grad Waage. Vom 6. November bis 31. Dezember 1983 wäre der Pluto in 0 bis 1 Grad Skorpion. Dies beträfe also die Geburtstage vom 20. bis 24. Oktober. Die Oppositionsaspekte vom Pluto betreffen dann schließlich die Geburtstage vom 17. bis 21. April. Horoskop-Inhaber mit diesen Geburtsdaten werden gebeten, diese Plutotransite einmal genauer zu beobachten.

Der Eintritt des Pluto ins Marszeichen Skorpion erfolgt mit November 1983 und kann für das Welt-Horoskop gewaltsame Wirkungen haben.

Pluto-Tabellen von 1920 bis 2000

	1. Januar	1. April	1. Juli	1. Oktober
1920	6.48 Krebs	5.42 Krebs	7.23 Krebs	8.48 Krebs
1921	7.39	6.43	8.31	10.01
1922	8.48	7.56	9.31	11.09
1923	10.08	9.06	10.38	12.19
1924	11.20	10.16	11.48	13.27
1925	12.31	11.26	13.30	14.39
1926	13.13	12.38	14.06	15.51
1927	14.59	13.49	15.14	17.04
1928	16.13	15.00	16.30	18.18
1929	17.26	16.12	17.40	19.30
1930	18.41	17.28	18.53	20.45
1931	19.59	18.43	20.07	22.00
1932	21.18	19.59	21.20	23.17
1933	22.31	21.08	22.31	24.32
1934	23.55	22.31	23.51	25.55
1935	25.16	23.50	25.08	27.14
1936	26.37	25.14	26.29	28.32
1937	28.00	26.34	27.43	29.52
1938	29.26	27.56	29.05	1.16 Löwe
1939	0.51 Löwe	29.19 Krebs	0.28 Löwe	2.42
1940	2.14 Löwe	0.59 Löwe	1.49 Löwe	4.05 Löwe

Quartals-Ephemeriden 1941-2000*)

Jahr:	Tag:	Ø	Jahr:	Tag:	Ø	Jahr:	Tag:	Ø
1941:	21. III.	2° Löwe	1949:	21. III.	15 Löwe	1957:	21. III.	28° Löwe
	22. VI.	3 Löwe		22. VI.	16 Löwe		22. VI.	28 Löwe
	23. IX.	5 Löwe		23. IX.	18 Löwe		23. IX.	1 Jungfrau
	22. XII.	5 Löwe		22. XII.	18 Löwe		22. XII.	2 Jungfrau
1942:	21. III.	3 Löwe	1950:	21. III.	16 Löwe	1958:	21. III.	0 Jungfrau
	22. VI.	4 Löwe		22. VI.	17 Löwe		22. VI.	0 Jungfrau
	23. IX.	7 Löwe		23. IX.	19 Löwe		23. IX.	3 Jungfrau
	22. XII.	7 Löwe		22. XII.	19 Löwe		22. XII.	4 Jungfrau
1943:	21. III.	5 Löwe	1951:	21. III.	18° Löwe	1959:	21. III.	2 Jungfrau
	22. VI.	6 Löwe		22. VI.	18 Löwe		22. VI.	2 Jungfrau
	23. IX.	8 Löwe		23. IX.	21 Löwe		23. IX.	5 Jungfrau
	22. XII.	8 Löwe		22. XII.	21 Löwe		22. XII.	6 Jungfrau
1944:	21. III.	6 Löwe	1952:	21. III.	19 Löwe	1960:	21. III.	5 Jungfrau
	22. VI.	7 Löwe		22. VI.	20 Löwe		22. VI.	4 Jungfrau
	23. IX.	10 Löwe		23. IX.	22 Löwe		23. IX.	7 Jungfrau
	22. XII.	11 Löwe		22. XII.	23 Löwe		22. XII.	8 Jungfrau
1945:	21. III.	8 Löwe	1953:	21. III.	21 Löwe	1961:	21. III.	7° Jungfrau
	22. VI.	9 Löwe		22. VI.	21 Löwe		22. VI.	6 Jungfrau
	23. IX.	11 Löwe		23. IX.	24 Löwe		23. IX.	9 Jungfrau
	22. XII.	11 Löwe		22. XII.	25 Löwe		22. XII.	10 Jungfrau
1946:	21. III.	10 Löwe	1954:	21. III.	23 Löwe	1962:	21. III.	9 Jungfrau
	22. VI.	10 Löwe		22. VI.	23 Löwe		22. VI.	8 Jungfrau
	23. IX.	12 Löwe		23. IX.	26 Löwe		23. XI.	11 Jungfrau
	22. XII.	12 Löwe		22. XII.	27 Löwe		22. XII.	12 Jungfrau
1947:	21. III.	11 Löwe	1957:	21. III.	25 Löwe	1967:	21. III.	11 Jungfrau
	22. VI.	12 Löwe		22. VI.	25 Löwe		22. VI.	10 Jungfrau
	23. IX.	14 Löwe		23. IX.	28 Löwe		23. IX.	13 Jungfrau
	22. XII.	14 Löwe		22. XII.	29 Löwe		22. XII.	15 Jungfrau
1948:	21. III.	13 Löwe	1956:	21. III.	27 Löwe	1964:	21. III.	13 Jungfrau
	22. VI.	14 Löwe		22. VI.	27 Löwe		22. VI.	12 Jungfrau
	23. IX.	16 Löwe		23. IX.	0° Jungfrau		23. IX.	15 Jungfrau
	22. XII.	16 Löwe		22. XII.	1 Jungfrau		22. XII.	17 Jungfrau

Jahr:	Tag:	Ø	Jahr:	Tag:	Ø	Jahr:	Tag:	Ø
1965:	21. III.	15 Jungfrau	1977:	21. III.	13 Waage	1989:	21. III.	13 Skorpion
	22. VI.	14 Jungfrau		22. VI.	11 Waage		22. VI.	13 Skorpion
	23. IX.	17 Jungfrau		23. IX.	14 Waage		23. IX.	17 Skorpion
	22. XII.	19 Jungfrau		22. XII.	18 Waage		22. XII.	18 Skorpion
1966:	21. III.	17 Jungfrau	1978:	21. III.	16 Waage	1990:	21. III.	17 Skorpion
	22. VI.	16 Jungfrau		22. VI.	14 Waage		22. VI	15 Skorpion
	23. IX.	19 Jungfrau		23. IX.	17 Waage		23. IX.	19 Skorpion
	22. XII.	21 Jungfrau		22. XII.	19 Waage		22. XII.	20 Skorpion
1967:	21. III.	19 Jungfrau	1979:	21. III.	18 Waage	1991:	21. III.	20° Skorpion
	22. VI.	18 Jungfrau		22. VI.	16 Waage		22. VI.	18 Skorpion
	23. IX.	21 Jungfrau		23. IX.	20 Waage		23. IX.	22 Skorpion
	22. XII.	23 Jungfrau		22. XII.	22 Waage		22. XII.	22 Skorpion
1968:	21. III.	21 Jungfrau	1980:	21. III.	21 Waage	1992:	21. III.	23 Skorpion
	22. VI.	20 Jungfrau		22. VI.	19 Waage		22. VI.	21 Skorpion
	23. IX.	23 Jungfrau		23. IX.	23 Waage		23. IX.	25 Skorpion
	22. XII.	25 Jungfrau		22. XII.	25 Waage		22. XII.	25 Skorpion
1969:	21. III.	24 Jungfrau	1981:	21. III.	23° Waage	1993:	21. III.	25 Skorpion
	22. VI.	23 Jungfrau		22. VI.	21 Waage		22. VI.	23 Skorpion
	23. IX.	25 Jungfrau		23. IX.	25 Waage		23. IX.	27 Skorpion
	22. XII.	28 Jungfrau		22. XII.	26 Waage		22. XII.	27 Skorpion
1970:	21. III.	26 Jungfrau	1982:	21. III.	26 Waage	1994:	21. III.	28 Skorpion
	22. VI.	25 Jungfrau		22. VI.	24 Waage		22. VI.	26 Skorpion
	23. IX.	28 Jungfrau		23. IX.	23 Waage		23. IX.	0° Schütze
	22. XII.	0° Waage		22. XII.	29 Waage		22. XII.	0 Schütze
1971:	21. III.	29° Jungfrau	1983:	21. III.	29 Waage	1995:	21. III.	0 Schütze
	22. VI.	27 Jungfrau		22. VI.	27 Waage		22. VI.	28° Skorpion
	23. IX.	0° Waage		23. IX.	1° Skorpion		23. IX.	2° Schütze
	22. XII.	2 Waage		22. XII.	2 Skorpion		22. XII.	2 Schütze
1972:	21. III.	1 Waage	1984:	21. III.	1 Skorpion	1996:	21. III.	3 Schütze
	22. VI.	29° Jungfrau		22. VI.	29° Waage		22. VI.	1 Schütze
	23. IX.	2° Waage		23. IX.	3° Skorpion		23. IX.	5 Schütze
	22. XII.	4 Waage		22. XII.	4 Skorpion		22. XII.	4 Schütze
1973:	21. III.	3 Waage	1985:	21. III.	4 Skorpion	1997:	21. III.	5 Schütze
	22. VI.	1 Waage		22. VI.	2 Skorpion		22. VI.	3 Schütze
	23. IX.	4 Waage		23. IX.	6 Skorpion		23. IX.	7 Schütze
	22. XII.	6 Waage		22. XII.	7 Skorpion		22. XII.	6 Schütze
1974:	21. III.	6 Waage	1986:	21. III.	7 Skorpion	1998:	21. III.	8 Schütze
	22. VI.	4 Waage		22. VI.	5 Skorpion		22. VI.	6 Schütze
	23. IX.	7 Waage		23. IX.	9 Skorpion		23. IX.	10 Schütze
	22. XII.	9 Waage		22. XII.	10 Skorpion		22. XII.	8 Schütze
1975:	21. III.	8 Waage	1987:	21. III.	10 Skorpion	1999:	21. III.	10 Schütze
	22. VI.	6 Waage		22. VI.	8 Skorpion		22. VI.	8 Schütze
	23. IX.	9 Waage		23. IX.	12 Skorpion		23. IX.	12 Schütze
	22. XII.	11 Waage		22. XII.	13 Skorpion		22. XII.	10 Schütze
1976:	21. III.	11 Waage	1988:	21. III.	12 Skorpion	2000:	21. III.	13 Schütze
	22. VI.	9 Waage		22. VI.	10 Skorpion		22. VI.	11 Schütze
	23. IX.	12 Waage		23. IX.	14 Skorpion		23. IX.	15 Schütze
	22. XII.	14 Waage		22. XII.	15 Skorpion		22. XII.	13 Schütze

Die Transite des Neptun sind, wie eingehende Beobachtungen ergeben haben, nicht in jedem Kosmogramm spürbar. Seine Hauptwirkung mündet mehr in den seelischen Bereich. Empfindsame und sensible Personen haben für diese Neptun-Aspekte eher eine Antenne als etwa ausgesprochene Tatmenschen. Alles hängt von der Konstellation im individuellen Geburtshoroskop ab. Befindet sich der Neptun an einer der Hauptachsen (wie etwa am Aszendenten oder gar am Meridian), werden seine Transite allerdings recht spürbar.

Sehr viele Künstler und insbesondere Musiker haben den Neptun an prominenter Stelle im Geburtskosmogramm; seine Wirkung zeigte sich dann als schöpferische Inspiration, als Intuition oder Phantasie.

Die negativen Aspekte des Neptun wie auch seine zeitlichen Auslösungen hatten sehr oft Bezug zu körperlicher Labilität als Folge von Alkohol- oder Drogensucht, und die Horoskope von Süchtigen wiesen dominante Neptun-Konstellationen auf. Der Lauf des Neptun geht ungeheuer langsam vor sich und kann jahrelange Wirkungen auslösen. Fast immer hatten die negativen Neptun-Aspekte auch Bezug zu Täuschungen, Enttäuschungen, zu Lügen und manchmal zu Skandalaffären. Mindestens untergruben sie die berufliche Position oder die engeren Bindungen (je nach Konstellation im individuellen Kosmogramm).

Der Neptun läuft 1983 von 26 bis 29 Grad Schütze, kommt also über den Sonnenort der Geburtsdaten vom 19. bis 22. Dezember und überpendelt die Oppositionsstelle der Sonne für die Geburtsdaten vom 8. bis 21. Juni. Diese Transitdaten sollten genau beobachtet werden.

Zeichen am Himmel –
ungewöhnliche Konstellationen von 1981 bis 2000

Die Jahrhundertkonstellation:
Jupiter Konjunktion Saturn

Fünf Monate lang kamen 1981 die beiden Großgestirne Jupiter und Saturn miteinander in eine scheinbare Konjunktion im Zeichen Waage. Von der Erde aus gesehen waren sie an ein und derselben Stelle auszumachen, in Wirklichkeit aber waren beide Gestirne fast sechshundert Millionen Kilometer voneinander entfernt. Zur kosmischen Sensation wurde diese Königsgestirnung (wie man sie seit dem Jahr sieben vor Christus nennt), weil sie enormen Seltenheitswert hat (sie wurde daher auch als sogenannte »Messias-Konstellation« bezeichnet). Zwischen diesen großen Konjunktionen liegen oft mehrere Jahrhunderte. Das seltene Auftreten ist nicht die einzige Besonderheit dieser faszinierenden Planetenkonstellation, denn eine Rückschau auf die vergangenen zweitausend Jahre beweist mit auffallender Deutlichkeit: diese Zeichen am Himmel kündigen bedeutende Veränderungen in der Menschheitsgeschichte an. Man sprach damals vom Stern von Bethlehem und meinte damit jene große Konjunktion, die im Jahr sieben vor der Zeitrechnung neun Monate lang am Firmament leuchtete. Genau ein Dreivierteljahr standen Jupiter und Saturn, die beiden größten Planeten unseres Sonnensystems, in 21 Grad Fische, dem Zeichen des Messias.

Das ungewöhnliche Ereignis wurde von den Gelehrten jener Zeit auf Keilschrift-Tontafeln festgehalten, und die heutigen Historiker nehmen an, daß in dem betreffenden Jahr Christus geboren sein muß. Der bedeutende Astronom Kepler hat sich ebenfalls eingehend mit der seltenen Planetenkonstellation befaßt, weshalb er sie auch ein Symbol der Zeitwende nannte. Nicht zu Unrecht, denn in der Tat ging das Zusammentreffen von Jupiter und Saturn oft mit spektakulären Umwälzungen in der Geschichte einher:

570 wurde Mohammed geboren, der den Islam begründete.

1186 gilt als geistiger Wendepunkt des Mittelalters; es folgte eine Zeit, die durch religiösen Fanatismus gekennzeichnet war.

1484 wiederum wird als das Jahr der geistesgeschichtlichen Wende der Renaissance angesehen.

1643 markiert die letzte Phase im Dreißigjährigen Krieg, der die Spaltung der Christenheit in Katholiken und Protestanten besiegelte.

1921 begann der Zerfall von Währungen; Inflation, Wirtschaftskrisen.

1940/41 faßte Hitler seinen folgenschweren Entschluß zum Angriff auf die Sowjetunion.

1981 standen wir wieder an der Schwelle zu neuen historischen Entwicklungen. Wir erlebten nicht nur eine Neugeburt des Islam, sondern auch internationale Wirtschaftskrisen und den neu beginnenden Rüstungswettlauf der Supermächte.

Was verkündet hierbei der Saturn? Astrologisch ist er das Symbol der Begrenzung, der Erschwernisse, der Widerstände und der Zeitkrisen. Außerdem deutet er auf die Übersteigerung der Machtpolitik im Leben der Völker sowie auf Massenarbeitslosigkeit hin.

Was verkündet der Jupiter? Er ist das Symbol für Frieden, Reichtum, Finanzen. Sein Jahrhundert-Zusammentreffen mit dem Saturn hat folglich eine klare Bedeutung: Wirtschaftsrezessionen, schwere Wirtschaftskrisen, Arbeitslosigkeit. Ein Beispiel mag dies verdeutlichen: Man hat lange Jahre den Aktienmarkt beobachtet und zum Gegenstand statistischer Auswertungen gemacht. Dabei ergab sich, daß die sogenannten Saturn-Jupiter-Aspekte mit langwierigen Baisse-Perioden zusammenfielen. Auf 1981 bezogen, kann dies nur heißen: Die große Konjunktion weist auf schwerwiegende wirtschaftspolitische Veränderungen hin, die im weiteren Verlauf des kommenden Rüstungsbooms Währungskrisen auslösen können.

Es gibt aber noch eine Deutung des Zusammentreffens von Jupiter und Saturn: Danach kommt es zu geistig-religiösen Umbrüchen, in deren Verlauf erstarrte Konfessionen durch neue Systeme ersetzt werden. Der Islam zum Beispiel, der dem Saturn zugeschrieben wird, könnte sich erneut in ungeahnter Weise ausdehnen. All diesen Umbrüchen liegt der Zwang zum Umdenken zugrunde, so daß wieder einmal eine Weltensekunde heraufdämmert, die zur Selbstbesinnung zwingt.

Die Beobachtung derartiger Zeichen am Himmel ist übrigens nicht neu. Es gibt eine ganze Reihe astrologischer Geschichtsforscher – allen voran der französische Kardinal Pierre d'Ailly (1350-1420) –, die in den großen Konjunktionen eine Periodik der Weltgeschichte erkannten.

Wer also die Zeichen der Zeit beobachtet, ahnt, daß wir wieder einmal am Vorabend großer Ereignisse stehen. Wie bedeutend diese Jahre sein werden, geht auch aus der Tatsache hervor, daß sich die nächste große Konjunktion erst in 254 Jahren ergibt.

Erheblichen Wirbel verursachte das im Jahr 1974 in New York erschienene Buch »Der Jupiter-Effekt«. Die Verfasser waren der Mathematiker und Astronom der amerikanischen Weltraumbehörde NASA, Stephan Plagemann, und der Astronom und Redakteur der wissenschaftlichen Zeitschrift »Nature«, John Crippen.

Die Fakten dieser Dokumentation sind folgende: 1982 findet eine spektakuläre Massenkonjunktion von neuen Gestirnen statt, die (von der Erde aus gesehen) wie an einer Perlenschnur hintereinander aufgereiht erscheinen. Diese Bemerkung ist übertrieben, denn die Gestirne befinden sich keinesfalls exakt hintereinander, sondern zeigen sogar Abweichungen bis zu 95 Winkelgrade. Solche Konjunktionen finden nur alle 179 Jahre statt. 1982 fielen sie zeitlich gesehen in das Frühjahr, wobei sich der Mars zusätzlich vier Monate in Erdnähe befindet und durch das Zeichen Waage pendelt. Eine vergleichbar kosmische Kräfteballung ergab sich schon einmal im Jahr 1962 im Zeichen Wassermann. Damals zeigten sich gewaltige geophysikalische Störungen:

Am 16. Februar 1962 gab es in Hamburg eine Sturmflut von ungewöhnlichem Ausmaß, die Riesenschäden verursachte.

Am 6. März 1962 erlebte die nordamerikanische Küste eine Sturmflut wie schon lange nicht mehr.

Am 31. Juli 1962 verzeichnete Kolumbien ein schweres Erdbeben.

Am 2. September 1962 brachte ein Erdbeben in Persien große Bevölkerungsverluste und schwere Schäden in Städten und Dörfern.

Extreme Marskurven fielen in der Vergangenheit schon mit markanten Ereignissen zusammen:

April 1935: Einführung der allgemeinen Wehrpflicht,

1937: Ausbruch des japanisch-chinesischen Krieges, Hinrichtung hoher russischer Generäle, Streiks in den USA,

1939: Beginn des Zweiten Weltkriegs,

1941: Vormarsch deutscher Panzerverbände auf Moskau, 360 000 gefangene Russen;

Februar 1948: Ermordung Gandhis – Ermordung des Königs von Jemen.

Mai 1952: Wiederbeginn der deutschen Aufrüstung,

September 1956: Suezkonflikt,

März 1965: Kurdenaufstand in Syrien,

April/Mai 1967: Staatsstreich in Athen – Flucht des Königs; blutige Kämpfe in Peking;

11. Dezember 1979: Aufstand im Iran.

24. Dezember 1979: Überfall Moskaus auf Afghanistan.

Die beiden amerikanischen Astronomen folgern nun hinsichtlich der neuerlichen Planetenkonjunktionen, daß sich die Erde erneut im Zentrum kosmischer Kräfte befindet und daß infolge der entfesselten Gravitationsstörungen wir möglicherweise vor Erdbebenkatastrophen stehen, da sich die Erde etwa in der Mitte der Linie zwischen Jupiter-Saturn einerseits und der Sonne auf der anderen Seite befindet. Mehrere Astronomen befürchten hierbei Zerstörungen der Erdkruste, die die bekannten Erdbebenherde zu neuen Ausbrüchen aktivieren können. Diese Erdbebenherde befinden sich bekanntlich im berüchtigten St.-Andreas-Graben (San Francisco), auf den japanischen Inseln (auch Tokio), ferner in den italienischen Vulkangebieten.

Weitere Auswirkungen der Alinierung von neuen Planeten ergeben Störungen im Magnetfeld und damit auch des Funkverkehrs. Nicht völlig absehbar ist die Rückwirkung auf den sogenannten Van Allenschen Schutzgürtel unseres Planeten – möglicherweise können UV-Strahlen ungehindert in die Erdatmosphäre eindringen. Wenn dieser Planetenanhäufung auch noch der Vollmond im Herbst 1982 gegenübersteht, konzentriert sich die Katastrophenkonstellation etwa auf Mitte Oktober bis ca. 6. November 1982. Ein gewisser Schwerpunkt liegt noch auf dem 18. Oktober 1982, wenn die Konjunktion von Saturn und Pluto in 25 Grad Waage stattfindet, ein Aspekt, der das Kollektiv betrifft und manchmal schon politische Krisen ausgelöst hat. Betroffene Gebiete: Israel, arabische Länder, Nahost.

Soweit die amerikanischen Astronomen über den Jupiter-Effekt. Aber auch Professor Kaminski von der Sternwarte in Bochum erwartet kosmische Störungen: »Das Ereignis wird sich langsam entwickeln, und die starken Gravitationskräfte werden die Erde regelrecht auseinanderziehen.«

Im Jahr 1980 machten Wissenschaftler entlang der kalifornischen Küste (St.-Andreas-Graben) eine alarmierende Entdeckung: Der Meeresgrund zeigte ungewöhnliche Bodenveränderungen – eine Art gigantische Erdschwellung, die sich seit etwa drei Jahren mit einer Ausdehnung von über 60 000 Quadratkilometern verachtfachte. Die NASA rechnet speziell in diesem Raum 1982, spätestens aber 1983 mit einer Katastrophe. Atomphysiker der NASA erwarten ferner eine Veränderung des Einfallwinkels kosmischer Strahlen in die Iono- und Stratosphäre, woraus sich als Folgeerscheinung eine Veränderung der Eismassen an den Polen ergäbe. Die Winter würden härter, frostreicher (was sich bereits 1981 ergab) als in den vorhergehenden zwanzig Jahren. Eine zusätzliche Veränderung des magnetischen Nordpols ist nicht ausgeschlossen, wodurch meteorologische Extremfälle eintreten könnten. Zu dieser Prognostik der NASA muß hinzugefügt werden, daß diese »Weltuntergangstheorie« nicht von Astrologen, sondern in erster Linie von den wissenschaftlichen Astronomen gestartet wurde. Allerdings soll sich der Mitautor Crippen von seinen seinerzeitigen Prognosen bereits etwas distanziert haben.

Internationale Atomphysiker sprechen hinsichtlich der Folgen solcher Massenkonjunktionen der Gestirne auch noch vom sogenannten Polsprung, nämlich jener Katastrophe, wenn sich die Pole gegenseitig vertauschen, d. h., wenn der Nord- zum Südpol wird und umgekehrt. Über diese Möglichkeit erschien im Scherz Verlag bereits ein Buch von Gerd von Hassler: »Wenn die Erde kippt«. In der Geschichte unseres Planeten ist dieser Poltausch mehrfach vorgekommen und brachte damit eine Veränderung im Stand der Erdachse. Die Folgen solcher Polsprünge sind in dem erwähnten Buch genau geschildert.

Sieht man vom Jupiter-Effekt ab und betrachtet die wichtigsten Planetenverbindungen 1982/83, so zeigt sich gegen Anfang November 1982 eine Gestirnverbindung von Saturn mit dem Pluto. Diese Konstellation kann Gewaltmaßnahmen, aber auch enorme Schwierigkeiten für einige führende Politiker andeuten. Das Motiv der gespannten Weltlage klingt auch durch den langanhaltenden erdnahen Mars-Einfluß immer wieder an, wenn auch die Katastrophentendenz der erwähnten Planetenkonjunktionen wesentlich abgeschwächt wird, weil sich die Gestirne heliozentrisch nicht absolut in einer Reihe hintereinander befinden.

Die Saturn-Pluto-Konjunktion
im Zeichen Waage

Diese Konjunktion von Saturn mit Pluto gehört zu den echten Krisenkonstellationen; sie betrifft nicht ein einzelnes Volk oder einen einzelnen Staat, sondern wirkt weltweit. Die letzte Konjunktion beider Planeten fand im August/September 1947 statt. Vorher war sie im Frühjahr 1915 festzustellen. Sie wiederholt sich nun im November 1982, sehr massiv aber zwischen Mai bis August 1983. Interessant ist hierbei die Tatsache, daß in erster Linie auch das Staatshoroskop der UdSSR (vom 30. Dezember 1922) eine denkbar schwierige Krise aufzeigt. Persönlich betroffen ist in erhöhtem Maß auch Breschnew.

Insgesamt ist die Verdichtung von ungewöhnlichen Planetenansammlungen in Verbindung mit dem lang andauernden Mars-Einfluß, ergänzt von einer Gefährdung durch den Saturn-Pluto-Transit, eine nicht zu unterschätzende Gefahr für die kommenden Jahre. Auch die Mars-Pluto-Verbindungen waren noch immer Symptome für Aufregungen, staatliche Gewaltmaßnahmen. Ab Herbst 1982 konzentrieren sich die Saturn-Pluto-Verbindungen auf eine ganze Reihe von Kosmogrammen führender Politiker. Im individuellen Horoskop beobachte man das Zusammentreffen der Saturn-Pluto-Konjunktion im Oktober 1982 bei Geburtsdaten um den 19. bis 21. Oktober, und im Juni 1983 bei Geburtsdaten vom 18./19. Juni.

Die Eklipsen und ihre Wirkung

Seit altersher wurden auch in der politischen Astrologie die Eklipsen beobachtet – insbesondere dann, wenn sich eine totale Sonnenfinsternis in Verbindung mit dem Sonnenort zur Zeit der Geburt zeigte. Beispielsweise starb der Astrologe Alfred Max Grimm exakt unter einer solchen Eklipse an Herzversagen und hatte diesen ominösen Einfluß bereits vorausberechnet. Allerdings kann eine Eklipse ebensoviele Monate vor- oder nachwirken, wie sie Stunden gedauert hat. In der Regel zeigen Eklipsen geophysikalische Wirkungen, im individuellen Kosmogramm aber gesundheitliche Gefahren an.

Im individuellen Kosmogramm von Leonid Breschnew beispielsweise (19. Dezember 1906) befinden sich Sonne (26 Grad Schütze) und Pluto (22 Grad Zwillinge) mehrmals im Bereich einer Eklipse, die 1982 in 23 Grad Schütze stattfindet, wobei sich übrigens eine Annäherung seiner Pluto-Opposition bis auf 1 Grad ergibt. Die schwierigsten Transite im individuellen Kosmogramm von Breschnew zeigen sich aber durch die permanenten Neptun-Belastungen, die seinen Sonnenort transitieren (Herzschwäche).

Hinsichtlich dieser Eklipsen beobachte man die Geburtstage vom 15. Dezember (Sonne in 23 Grad Schütze), ferner vom 11. Juni (Sonne in 19 Grad Zwillinge) und vom 4. Dezember (Sonne in 11 Grad Schütze). Die erstgenannte Eklipse im Jahr 1982, die letztgenannten im Jahr 1983. Ferner wäre noch zu beobachten der 30. Mai (Sonne in 9 Grad Zwillinge) im Jahr 1984 und der 22. November (Sonne in 0 Grad 50 Min. Schütze) im Jahr 1984. Diese Hinweise auf gewisse Geburtsdaten sind keinesfalls kritisch zu verstehen, dienen lediglich Forschungszwecken.

Schon 1981 begannen die umfangreichen Vorbereitungen für die weltweite Beobachtung des Halleyschen Kometen, der am 9. Februar 1986 der Sonne am nächsten kommt und dies zum neunundzwanzigstenmal. Der nach dem britischen Astronomen Edmond Halley benannte Komet umkreist alle sechsundsiebzig Jahre die Sonne – sein letztes Erscheinen war im Jahr 1910. 1983 wird er den Saturn und 1986 den Jupiter passieren.

Im Jahr 240 v. Chr. wurde der Komet erstmals von den Chinesen beobachtet. Seine Fluggeschwindigkeit beträgt 250 000 Kilometer in der Stunde, sein Schweif erreicht eine Länge von hundert Millionen Kilometern, der Kopf umfaßt mehrere hunderttausend Kilometer mit einem zehn Kilometer starken Kern aus kondensiertem Eis, der älter als die Sonne ist. 1986 werden Hunderte von Teleskopen, Ballons und Raketen mit Beobachtungsinstrumenten, vermutlich auch Kosmonauten in Raumstationen und mehrere Satelliten in den Weltraum geschickt. Erstmals werden chemische Zusammensetzungen und physikalische Beschaffenheit der Kometenteilchen gemessen.

Seit altersgrauen Zeiten werden Kometen als »kosmische Boten« bezeichnet, deren Auftauchen stets mit Kriegen, Seuchen oder umstürzenden Ereignissen zusammenhängt. Die statistischen Beobachtungen zeigten mehrfach Großereignisse auf unserem Planeten an:

451 stand ein Komet am Himmel, als Attila mit seinen Hunnen in Europa einfiel.

1341 kam die große Pest, die Europa fast völlig entvölkerte.

1618 war der Beginn des Dreißigjährigen Krieges.

Bei seinem letzten Erscheinen im Jahr 1910 flog der Komet ohne besondere Ereignisse an der Erde vorüber. Er wird daher auch 1986 keinesfalls terrestrische Veränderungen auslösen können. Er sollte hier lediglich innerhalb der Reihe ungewöhnlicher kosmischer Ereignisse erwähnt werden. Übrigens hatte man schon in der Antike Kenntnis von einem großen Kometen, der nur in Abständen von Jahrtausenden in die Nähe der Sonne gelangt. Dieser kosmische Irrläufer verursachte gewaltige Katastrophen, er wurde sowohl bei den Griechen als auch früher schon in altbabylonischen Texten erwähnt. Seine Wiederkehr soll in das Ende dieses Jahrhunderts fallen.

Am Beginn des Wassermann-Zeitalters:
Die Ursachen der Zeitenwende

Alle Welt spricht vom New Age – dem Beginn eines neuen Weltzeitalters, das – wie alle Umbrüche – durch den tiefsten Punkt hindurchgeht, um schließlich nach Chaos und Vernichtung eine neue Weltsekunde einzuleiten. Das Fanal der ersten Atombombe auf Hiroshima, die darauf folgende Satellitenperiode mit den Weltraumfähren und Orbiter-Stationen, das Raketenzeitalter mit seinen irrsinnigen Rüstungen – dies alles wäre der tiefste Punkt (dem aller Wahrscheinlichkeit nach noch einige weitere Katastrophen folgen werden) und würde jene negative Phase im Umbruch zweier Weltzeitalter symbolisieren, wie sie bei den Geburtswehen prähistorischer Zyklen ebenfalls schon auftraten. Die geistige und materielle Revolutionsperiode des Zerstörers und Umwandlers Uranus ist in vollem Gang. Im soziologischen Bereich bis hinunter in die einst festgefügten Bande der Familie geht der Umbruch vor sich: Emanzipation der Frau, Umbruch im Sexbereich, Freiheitsdrang der Jugend mit Auszug aus dem Elternhaus, Kampf der Parteien und Weltanschauungen, Umbruch im Bereich der Kunst (Malerei, Bildhauerei), aber auch der beiden großen Religionen (Kirchenaustritte, Anwachsen der Sekten), schließlich die Eskalation auf dem Gebiet der Vernichtungswaffen, die längst imstande sind, die gesamte Menschheit zu vernichten.

Dies alles sind Fanfaren des New Age, vor dessen Etablierung die Verachtung des Alten, Überholten ein unabdingbares Gesetz darstellt – erhärtet an den Abläufen der einstigen Widder-Fische-Zeitalter, wobei das Fische-Zeitalter bereits im Abklingen befindlich ist. Dieser Zyklus der Zeitalter untersteht der sogenannten Präzession: Alle 2160 Jahre wandelt der Frühlingspunkt durch eines der zwölf Zeichen, die dem Zeitgeist, aber auch dem äußeren Geschehen ihren Stempel aufprägen.

4700 v. Chr. trat der Frühlingspunkt (aus den Zwillingen kommend) ins Zeichen Stier ein. Es reichte bis zum Jahre 2500 v. Chr. Diese Zeit entsprach der altbabylonischen Kultur: der Gott Baal oder der Heilige Stier (Gott der Fruchtbarkeit) regierte. Unter das Stier-Zeitalter fällt auch noch der altägyptische Apis-Kult. Ihm folgte dann das Widder-Zeitalter und schließlich 350 v. Chr. das Fische-Zeitalter (christliche Kultur), das nun allmählich zu Ende geht.

Mit dem Wassermann-Zeitalter beginnt eine neue Weltsekunde der Erfindungen, der Überschreitungen von Raum, Zeit und Materie, der

Radioaktivität und des Atomzerfalls, der Sprengung der Materie. Ein völliger Umbruch in den bisherigen Kenntnissen der Physik wie auch der Kosmologie steht bevor. Es ist das Zeitalter eines geistigen Auf- und Umbruchs, in dem man nicht mehr glauben, sondern wissen will. Das uranische Geschehen hängt eng zusammen mit der Pluto-Periode, die mit dem Beginn des Zweiten Weltkrieges immer auffälliger in Erscheinung trat. Kernexplosionen mit unterirdischen Zerstörungen, Radioaktivität und Kernspaltungen vernichten, verwandeln den Stoff und nicht zuletzt die Elemente.

Vielfach werden diese Zeitläufe auch das brutale Zeitalter genannt, das doch mit den humanen, friedfertigen Ideen des Wassermann in keinem Einklang steht. Hierzu ist zu sagen, daß die Inkubationsperiode des Wassermann Jahrzehnte dauern kann, bis die Talsohle der Übergangsperiode durchschritten ist.

Eine auffallende Wassermann-Konstellation ergibt sich übrigens um den 29. Januar 1998: Die beiliegende Konjunktionsfigurine zeigt die Planetenhäufung im Wassermann, wobei dann auch noch die Sonne in Konjunktion mit dem Uranus steht. Nicht weniger als sieben Gestirne befinden sich zu diesem Zeitpunkt im Wassermann. Damit kann der endgültige Beginn dieser neuen Ära symbolisiert sein. Einen abrupten Übergang eines Zeichens in das nächste gibt es jedoch nicht. Jeder neue Entwicklungsabschnitt im Leben der Völker geht nur unter schwersten Erschütterungen vor sich.

Eine ungewöhnliche Konstellation: Am 29.1.1998 befinden sich fünf Gestirne im Zeichen Wassermann, darunter Uranus exakt bei der Sonne, zudem Neumondphase am 28. 1. (Eklipse).

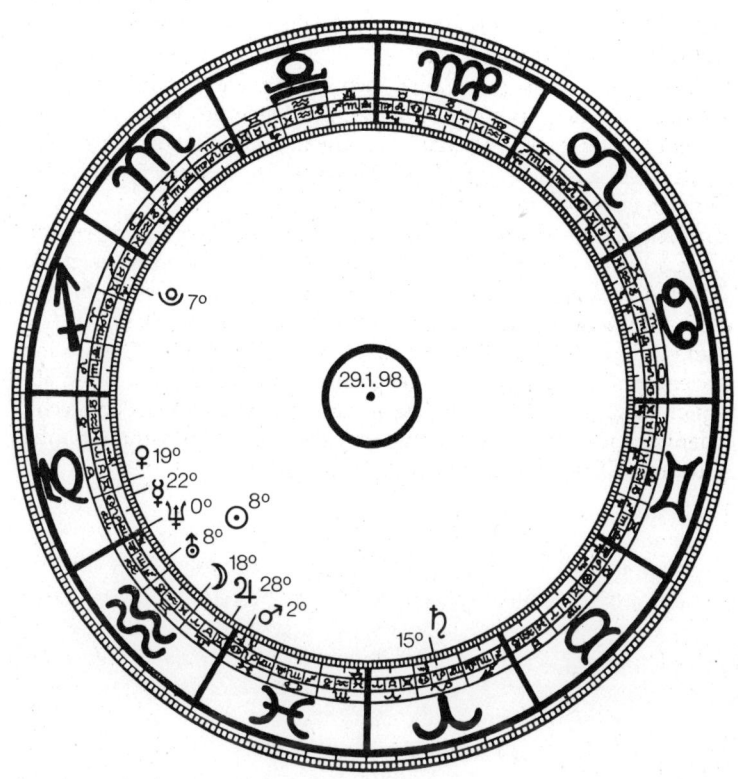

Fixstern-Konstellationen
im individuellen Kosmogramm

In der klassischen Astrologie wurde den Fixsternen noch eine außerordentliche Bedeutung zugemessen. Im Laufe der jahrzehntelangen Forschung und Beobachtung konnten bei Fixsternen erster Größe gewisse Wirkungen dann beobachtet werden, wenn Gestirne mit wichtigen Aspekten anderer Gestirne oder mit den Hauptachsen des Kosmogramms (Aszendent oder Meridian) im Konjunktionsaspekt befindlich waren. Menschen mit ungewöhnlichem Schicksal, Personen in weithin sichtbaren öffentlichen Positionen zeigten sehr häufig im individuellen Kosmogramm eine Verbindung mit Fixsternen. Der Abstand auf der Ekliptik muß allerdings sehr genau sein – mit einer Distanz von einem Grad, wobei auch noch die Deklinationsunterschiede und die Helligkeitsstufen zu beachten wären.

Einer der bedeutendsten Fixsterne ist der *Regulus,* der sich in 29 Grad Löwe bis 0 Grad Jungfrau befindet und den man schon in alten Zeiten den königlichen Stern nannte. Statistisch zeigte sich eine besondere Wirksamkeit, wenn er sich in Konjunktion zur Sonne oder zum Aszendenten befand. Es besteht dann eine Tendenz zu großer Popularität, zu beruflichem Aufstieg, weithin sichtbarer Beachtung der Persönlichkeit und Ehrungen.

Der zweitwichtigste Fixstern erster Größe wäre *Spica* in 23 Grad Waage. Dieser Fixstern symbolisiert Aufstieg im Beruf wie auch im sozialen Bereich selbst aus kleinsten Anfängen. In Verbindung mit Sonne oder Aszendent hebt er aus der Masse heraus. Interessanterweise hatte Hitler diesen Fixstern am Aszendenten und auch noch in Konjunktion mit dem Uranus. Es muß hier erwähnt werden, daß Fixsternbindungen kein Kriterium für die Persönlichkeit sind, lediglich bedeutsam für den Aufstieg.

Der dritte Fixstern wäre der *Sirius* – wiederum ein Stern erster Größe und auch noch Doppelstern in 13 Grad Krebs, der ebenfalls als königlicher Stern galt. Fast immer Aufstieg durch Protektionen und Glück, aber auch durch ungewöhnliche Fähigkeiten. Einstein besaß ihn beispielsweise exakt am Aszendenten, ebenfalls der Physiker Marconi; Hermann Hesse hatte ihn bei der Sonne.

Es finden sich jedoch auch Fixsterne mit ausgesprochen negativer Wirkung. Die Beobachtungen ergaben, daß der Fixstern *Algol* in 25 Grad Stier im Sternbild Perseus eine ausgesprochen kritische Tendenz aufweist, wenn er mit Sonne, dem Aszendenten oder dem Meridian in

Konjunktion befindlich ist. Die Auswirkungen bezogen sich insbesondere auf den körperlichen Bereich (chronische Erkrankungen), oft war Gewalt im Spiel. Robespierre hatte diesen Stern in Konjunktion zur Sonne, die Massenmörder Kürten, Haarmann und Landru dicht am Aszendenten. Kurt Eisner hatte ihn exakt bei der Sonne, das polnische Staatshoroskop zeigt ihn in Opposition zur Sonne, Bormann besaß ihn in Konjunktion zum Mars.

Der zweite negativ wirkende Fixstern wäre der *Aldebaran*, ebenfalls erster Größe und in 9 Grad Zwillinge. Er brachte häufig ungewöhnliche Schicksale, die plötzlich, unvorhergesehen eintraten. Eine ganze Reihe von Unfallopfern im Verkehr (mit dem Auto) besaß diesen Fixstern an einer markanten Stelle im Horoskop.

Antares (Fixstern erster Größe) in 9 Grad Schütze im Sternbild Skorpion, wäre der dritte, der ebenfalls eine beachtliche negative Wirkung aufwies. Die Statistik zeigte bei Konjunktion mit der Sonne oder dem Aszendenten Lebenskämpfe, manchmal Sturz von der Höhe, Augenleiden, Vermögensverluste, Schwierigkeiten mit einem Elternteil in der Jugend.

Der Astrologe Krafft (ermordet im KZ) hatte ihn in Konjunktion mit dem Jupiter, General Schleicher (auf Befehl Hitlers ermordet) hatte ihn am Aszendenten, Göring besaß ihn in Konjunktion zur Sonne, Bormann hatte ihn exakt am Meridian.

In der modernen Astrologie ist die Fixstern-Statistik vernachlässigt worden. Die erwähnten Wirkungen sollten in Einzelhoroskopen nachgeprüft werden. Die meisten Treffer fand ich bei Algol und Spica, der sich insbesondere in Künstlerhoroskopen bestätigte.

Nachprüfbare Urteile über die Astrologie

Die wissenschaftliche Astrologie ist von vielen ehrlichen Forschern, die sich damit tatsächlich über Jahrzehnte hin beschäftigten, anerkannt worden. Bei manchen Skeptikern erst nach einer ganzen Reihe von statistischen Untersuchungen.

Die umfangreichste Statistik lieferte der Franzose Michel Gauquelin, Professor an der Pariser Sorbonne, der ursprünglich die Astrologie entlarven wollte, dann aber nach der Auswertung von Zehntausenden von Horoskopen (mit genauen Geburtsstundenangaben) zu einem Verteidiger der Astrologie wurde. Er wertete diese Untersuchungen in achtzehn Bänden aus (Traité d'Astrobiologie, Paris 1939, und L'Influence desastre, Paris 1955). Ein weiterer französischer Astrologe, Choisnard, kam zum gleichen Ergebnis nach Tausenden von Reihentests über Astrologie. Auch Professor Michelson (USA) brachte eine umfangreiche Statistik über die Konstellationen und Aspekte in der Astrologie heraus.

In Deutschland waren es eine ganze Reihe von Ärzten und Fachwissenschaftlern, die den Wahrheitsgehalt astrologischer Thesen bestätigt fanden: So zum Beispiel Dr. F. Schwab (Sternenmächte und Mensch, 1923), ferner der Nervenarzt und Neurologe Dr. Lomer (Das hohe Lied des Himmels), der Arzt Dr. Feerhow (Astrologie als Grundlage der Heilkunst), der Münchener Arzt Dr. Müller-Freywardt (Astrologische Gesundheitsfibel), der auch die Astrologie in seine Diagnosen einbezieht.

Der Astronom Erich Maria Winkel (Naturwissenschaft und Astrologie, 1927) erforschte die Tierkreisprobleme, der deutsche Physiker R. Tomaschek (Kosmische Kraftfelder und astrale Wirkung, 1959) brachte eine Fülle von Bestätigungen für die astrologischen Thesen, Dr. Sigrid Strauss-Kloebe (Kosmische Bedingtheit der Psyche, 1968) zeigte die Verbundenheit des Mikrokosmos mit dem Makrokosmos auf.

Bekenntnisse zur Astrologie lieferten ferner der Naturwissenschaftler Ernst Daquée, Graf Hermann Keyserling, Professor Verweyen. Der Schweizer Astrologe Karl Ernst Kraft berechnete Zehntausende von Horoskopen und wertete sie statistisch aus.

Der Schweizer Psychologe C. G. Jung bestätigte die Richtigkeit der Astrologie in seinem Buch »Seelenprobleme der Gegenwart« (1931). Die Versuche des menschlichen Geistes, Typen zu konstruieren und damit Ordnung in das Chaos der Individuen zu bringen, sind – man kann es ruhig sagen – uralt. Den ältesten, nachweisbaren Versuch dieser Art hat die dem alten Orient entstammende Astrologie in den sogenannten Trigonen der vier Elemente Luft, Wasser, Erde, Feuer unternommen. Es ist die älteste Auffassung, daß, wer in diesen Trigonen geboren ist, Teil habe an ihrer luftigen oder feurigen Natur und ein entsprechendes Temperament und Schicksal aufweise. Diese physiologische Typologie steht in engstem Zusammenhang mit den noch älteren kosmobiologischen Anschauungen. Was sich früher durch Tierkreisbilder darstellte, wurde nunmehr in der physiologischen Sprache der alten Ärzte ausgedrückt, nämlich durch die Worte phlegmatisch, sanguinisch, cholerisch und melancholisch, wobei sich diese Typenbezeichnungen mindestens an die 1700 Jahre hielten.

Was aber die astrologische Typologie anbelangt, so steht sie zum Erstaunen der Aufklärung immer noch aufrecht da und erlebt sogar heute eine neue Blüte. Nicht zu Unrecht wies der deutsche Astronom Dr. Hans Hermann Kritzinger (Mysterien von Sonne und Seele, 1922) auf die Worte Goethes hin: »Nach meiner Überzeugung hat Goethe mit seinen orphischen Urworten ganz recht, man soll ihn nur sorgfältig lesen:

»Wie an dem Tag, der dich der Welt verliehen, die Sonne stand zum Gruße der Planeten, bist also bald und fort und fort gediehen nach dem Gesetz, wonach du angetreten. So mußt du sein: Dir kannst du nicht entfliehen. So sagten schon Sibyllen, so Propheten, keine Zeit und keine Macht zerstückelt geprägte Form, die lebend sich entwickkelt.«

Weiterhin bemerkte Dr. Kritzinger: »Untersuchungen von ärztlicher Seite, worüber bereits Veröffentlichungen vorhanden sind, zeigen, daß sich Charakteristika beim Menschen nach Sonnenzeichen und Aszendent (hinsichtlich geistiger und körperlicher Merkmale) angedeutet finden. Auch bei der Umkehrung des Verfahrens, bei noch nicht mitgeteilter Geburtsstunde den Aszendenten zu erraten, hat es in Dutzenden von Fällen weit mehr Treffer ergeben, als der Zufall erlaubte. So finden wir hier als Gegenstück zu der lang periodischen Einwirkung der Sonne auf die Völker auch eine fast wie eine momentane Regung aussehende Einwirkung des Tagesgestirnes. So werden wir schließlich dem nahekommen, was unser großer Vorgänger Kepler sich als Lieblingsthema erkoren hat, der Weltharmonik.«

Und was sagt die Kirche zur Astrologie?
Universitätsprofessor und protestantischer Theologie Dr. Köberle (Universität Tübingen) sagte in seinem Vortrag vor der Evangelischen Akademie in Tutzing am 14. Januar 1951: »Im Zusammenkommen

zwischen Kirche und Astrologie liegt Bedeutsames für die Zukunft! Wir stehen in einer schweren Krise der Medizin und der Seelenkunde. Die Astrologie müßte den Weg weisen in das Neuland. Die leidenschaftliche Ablehnung astrologischer Entsprechungen ist ein Zeichen für den Mangel an Naturverbundenheit. An jedem von uns haben nach dem Willen Gottes auch Sternkräfte mitgebaut. Aus solcher Erkenntnis wird die Ehrfurcht vor Gott nur noch größer.«

Benediktinerpater Professor L. Kunibert Mohlberg, als Wissenschaftler in aller Welt bekannt, Professor am Päpstlichen Institut für Christliche Archäologie in Rom, Redakteur des grundlegenden Handschriften-Kataloges der Zentralbibliothek Zürich, schreibt in seinem Buch: »Briefe an Tschü«, Zürich 1948: »Vorausschauend läßt sich heute bereits sagen, daß die Astrologie berufen zu sein scheint, alle anderen Wissenschaften aus den Sackgassen des geistlosen Rationalismus und Materialismus herauszuführen, in die sie sich seit etwa hundert Jahren verrannt haben, d.h., eine Plattform zu schaffen, auf der die seit Jahrhunderten so heiß ersehnte Versöhnung der Wissenschaft mit dem Glauben Wirklichkeit werden könnte. Eine solche Entwicklung wäre eine der wesentlichen Voraussetzungen für die Überwindung der gegenwärtigen geistigen Krise, die die Kultur des Abendlandes mit endgültigem Untergang bedroht.«

In der neueren Zeit machte ein Teilgebiet der Kosmobiologie, nämlich die Astrobiologie von sich reden. Die Ergebnisse bewogen beispielsweise Dr. Eysenck vom Psychiatrischen Institut der Universität London, sich mit der Astrologie auseinanderzusetzen. Er kam damit zum gleichen Ergebnis wie C. G. Jung: »Unabhängig vom Erbteil der Eltern wird das äußere Erscheinungsbild eines Menschen auch durch kosmische Einflüsse geprägt. So kann die Astropsychologie den charakterologischen Rohstoff beschreiben, mit dem ein Mensch auf die Welt kommt. Diese neue Wissenschaft vom Menschen verhilft jedem einzelnen dazu, die Pfunde, mit denen er wuchern kann, zu erkennen.«

Von der Astrologie zur Psychologie – oder: Vom Einklang der inneren mit der äußeren Welt

Wer sich wie der Autor jahrzehntelang mit der angewandten Psychologie als Lebensberatung befaßte, weiß sehr genau, daß für einen Großteil labiler Menschen (die zuweilen auch noch abergläubisch sind) dieser Blick hinter die Kulissen des Schicksals keineswegs als ein Erkenntnismotiv im Sinne der geistigen Erweiterung bezeichnet werden kann.

Die Fragen an den Autor konzentrierten sich am häufigsten auf die Vulgärebene von Glück, Geldzufluß (Lotterie besonders), Liebe und Heirat. Wenig gefragt waren indessen die seelischen und geistigen Entwicklungschancen, die charakterologischen Grundlagen und Befähigungen wie überhaupt die Selbsterkenntnis.

Zwei gegensätzliche Gruppen waren festzustellen: Die absoluten Gegner, die Rationalisten und Naturwissenschaftler, aber auch die grundsätzlichen Ignoranten, die ohne jede Fachkenntnis urteilenden und schließlich noch die orthodoxen Kathedergelehrten mit dem Autoritätsanspruch eines Intelligenzquotienten, der selbstherrlich Maßstäbe setzt.

Eine zweite Gruppe aber bringt selbst Astrologen und Psychologen zur Verzweiflung: Es sind jene fanatisch Gläubigen, die ihr gesamtes Alltagsleben vom Horoskop her geleitet sehen möchten. Es sind jene, die hinsichtlich Operationsterminen, risikolosen Flug- sowie Umzugs- und Vertragsterminen, Positionswechsel, Ehekrach und Liebeskummer sofort einen kompetenten und wegweisenden Ratschlag verlangen.

Die vernünftigste Schicht der Astrologie-Interessenten gruppiert sich um die geistig Suchenden, die nach einem Kompaß, einer Lebenshilfe verlangen, im tiefsten Sinne aber nach einem Wissen um sich selbst. Schicksalhafte Ausweglosigkeit oder Verzweiflung am Wahnsinn des Lebens treibt sie zum Psychologen oder Astrologen, und hier handelt es sich keinesfalls um Labile, Abergläubische oder Zwangsneurotiker.

An dieser Nahtstelle zwischen Astrologie und Psychologie begegnen wir jenen hintergründigen, aber mächtig wirkenden Seelenkräften, deren Ursachen im Einklang (oder der Dissonanz) der inneren mit der äußeren Welt begründet liegen.

Das individuelle Kosmogramm zeigt dies symbolisch in den positiven oder negativen Spannungsaspekten der Gestirne untereinander auf.

Es ist nichts weiter als eine Art Bestandsaufnahme jenes Fundus, den ein Mensch mit ins Leben bringt.

Von diesem Standort aus gesehen, ist Ihr Horoskop nur ein Spiegelbild ohne jede schöpferische Dynamik. Sie werden erkennen, daß jener vielfach zitierte Schicksalsbegriff, der der Astrologie anhaftet, nur Rohstoff andeutet, der von Ihnen selbst geformt werden will.

Wer zum ersten Mal mit seinem Horoskop konfrontiert wird, begibt sich in die Werkstatt des Schicksals, das in den Gestirnkonstellationen symbolisiert ist. Diese bewirken fortlaufend neue Ursachen und daher auch wiederum neue Schicksalsanlässe, denn alles Geschaffene, zum Leben Erweckte zeigt fortlaufend Wirkungen, also neue Spiegelbilder. Aber der Mensch ist durchaus in der Lage, seinen Standort geistig zu verändern, in eine neue Phase aktiver Schicksalsgestaltung einzutreten. Indem er in seine Gedankenwelt und seine Gemütsinhalte Ordnung und Harmonie zu bringen versucht, verändert er automatisch Ansichten, Auffassungen, Handlungen und Reaktionsweisen, ja sogar Willensrichtungen.

Von einer glücklichen Minute Ihrer erstmaligen Selbstbesinnung hängt es ab, den selbst geschaffenen Kreidekreis von Gewohnheiten, Leidenschaften, negativen Handlungen zu durchbrechen und Neues, Besseres zu schaffen. Als logische Folge verblassen die alten Spiegelbilder. Mancherlei Ereignisse, die Sie vorher mit voller Wucht trafen, werden abgeschwächt, verlassen die materielle Ebene und können nunmehr im Geistigen bezwungen werden.

Der Einklang der inneren mit der äußeren Welt ist jener Zustand der Harmonie und des Friedensschlusses mit sich selbst, der im Horoskop etwa als Trigonalaspekt zwischen Sonne und Mond erscheint. Wo die Arbeit an sich anzusetzen hat, wo die Grenzen liegen, aber auch die möglichen Entfaltungen, wann ein neuer Entwicklungsabschnitt einsetzt und wie er zu nützen wäre – dies gehört zu den gesicherten Aussagen eines individuellen Kosmogramms.

In die Werkstatt des Schicksals zu gehen (also sein Horoskop zu analysieren), heißt: neue Voraussetzungen zu bewirken, begangene Schuld abzutragen. Es ist der einzige Weg zur wirklichen und dauerhaften Harmonisierung und Erleichterung des Lebens. Sie müssen sich wieder erinnern, daß Sie Bürger zweier Welten sind und daß eine Einbeziehung der geistigen Welt in Ihren Alltag unabänderlich auch eine Neuordnung Ihres bürgerlichen Lebens nach sich ziehen muß! Die heutige Vorherrschaft des rein Materiellen hat die absolutistischen Diktaturen der Machtgier hervorgebracht. Im Leben des einzelnen wie der Völker führen sie zum Zusammenbruch und damit zum Chaos – diesem Spiegelbild unserer Zeit.

Wie analysiert man ein Kosmogramm?

1. Voraussetzung jeder exakten Analyse ist das individuelle Kosmogramm, berechnet nach der exakten Geburtsstunde. Schwanken die Angaben über die Geburtsstunde um etwa dreißig Minuten bis zu einer Stunde (oder gar mehr), muß die Geburtszeit anhand von Ereignisdaten aus der Vergangenheit (Todesdaten der Eltern, Heiratsdatum, Operationsdaten, größere Berufsveränderungen) korrigiert (= rektifiziert) werden. Diese Methode ist umständlich und zeitraubend, benötigt verschiedene Berechungsarten, deren Ergebnisse dann auf einen gemeinsamen Nenner gebracht werden müssen.

2. Der Horoskop-Aufriß zeigt nun die Verteilung der Gestirne in den einzelnen Einflußfeldern, die Aspekte unter sich selbst, die Schnittpunkte (oder Halbsummen), wobei besonders die Schnittpunkte wie etwa Mars-Saturn oder Mars-Uranus oder Sonne-Mond eine besondere Bedeutung aufweisen. Alle Konstellationen an den Eckfeldern des Horoskops (I, IV, VII, X) oder nahe den Hauptachsen wirken stärker, nachhaltiger auf Charakter und Schicksal ein als in den Zwischenfeldern (II, III, XI, XII, VIII, IX, V, VI), zumal diese Felder infolge der verschiedenen Häusersysteme nicht immer gleich sind.

3. Jedes Gestirn wird einzeln für sich analysiert hinsichtlich Felderstellung, Aspektierung zu anderen Gestirnen, insbesondere auch hinsichtlich der Zeichenbesetzung. Hierbei beachte man besonders die sogenannten Zeichenherrscher. Sonne im Widder besitzt Mars-Tendenz, denn Mars ist der Herrscher im Zeichen Widder. Man kombiniere also die Widder-Konstellation zur Sonne mit der Konstellation des Mars. Wie wichtig dies ist, geht daraus hervor, daß beispielsweise eine Sonne im Zeichen Widder wesentlich schwächer wirkt, wenn ihr Zeichenherrscher Mars etwa in den Fischen konstelliert wäre. Ebenso wichtig sind die Konjunktionsaspekte der Sonne mit anderen Gestirnen. Befindet sie sich beispielsweise im labilen Zeichen Fische, aber schon in Konjunktion mit dem Mars, so wird sie hinsichtlich der Aktivität wesentlich aufgewertet. Umgekehrt: Eine Sonne im Zeichen Löwe verliert ganz wesentlich an Autorität und Führungswillen, wenn sie etwa in Konjunktion oder negativen Aspekten mit dem Saturn befindlich wäre. Der Saturn dämpft die Durchschlagskraft einer Löwe-Sonne ganz erheblich.

Eine Sonne im Merkur-Zeichen Zwillinge wirkt nur dann vielseitig und geistig lebendig bis wendig, wenn der Zeichenherrscher Merkur selbst günstige Aspekte erhält, seinerseits eine gute Konstellation aufweist oder gar mit der Sonne in einem Schnittpunkt befindlich wäre. Befindet sich dieser Merkur aber seinerseits mit dem Saturn im Aspekt, verliert die Zwillinge-Sonne ihre Lebhaftigkeit, Veränderungsliebe zugunsten größerer Konzentration, aber auch größerer Anfälligkeit im Nervensystem (Depressionstendenz).

Der jeweilige Zeichenherrscher der Sonne (oder auch eines anderen Gestirns) gibt individuell Auskunft, wie die Dynamik der Sonne selbst wirkt. Man beachte hierbei die folgende Tabelle der jeweiligen Zeichenherrscher:

im Zeichen Widder = Mars
im Zeichen Stier = Venus
im Zeichen Zwillinge = Merkur
im Zeichen Krebs = Mond
im Zeichen Löwe = Sonne
im Zeichen Jungfrau = Merkur
im Zeichen Waage = Venus
im Zeichen Skorpion = Mars — Pluto
im Zeichen Schütze = Jupiter
im Zeichen Steinbock = Saturn
im Zeichen Wassermann = Uranus
im Zeichen Fische = Jupiter/Neptun

Ein Beispiel: Eine im Krebs konstellierte Sonne bezieht ihre Wirkungskraft von der jeweiligen Mondposition im Horoskop (über Aspekte oder Felderstellung). Zuzüglich müssen aber auch alle weiteren Aspekte auf die Sonne genau analysiert werden. Befindet sich aber ein Gestirn in seinem eigenen Zeichen (wie etwa Sonne im Löwen oder Saturn im Steinbock), so schlägt diese Wirkung maximal durch.

4. Erhält ein Gestirn überhaupt keinen Aspekt, so kann es immerhin noch in einem Schnittpunkt (oder Halbsumme) mit anderen Gestirnen befindlich sein. Solche Schnittpunkte ergänzen die Aspektaussagen oder ersetzen sie.

5. Die Aspekte auf ein Gestirn können die spezifische Wirkung dieses Gestirns völlig verändern. Beispiel: Saturn im negativen Aspekt auf die Sonne mindert die Kraft der Sonne ganz erheblich und damit beispielsweise auch die Vitalität (da die Sonne Symbol für die Vitalität ist).

6. Man achte von vornherein auf die Dominanten im individuellen Kosmogramm – sie übertönen andere Gestirnwirkungen ganz wesentlich. Daher wurde in diesem Buch der Dominantenlehre eine besondere Aufmerksamkeit gewidmet.

7. Beachten Sie die zeitliche Wirksamkeit der Gestirne gemäß ihren

Positionen in den vier Quadranten des Kosmogramms. Der Quadrant vom Aszendenten bis zum Feld X (östlicher Quadrant) symbolisiert die Jugend und das erste Lebensdrittel. Feld X: der Zenit des Lebens. Westlicher Quadrant (Feld IX bis Feld VII) nach der Lebensmitte. Feld VI bis Feld IV: das reifere Alter (Feld IV, der Lebensabend).

8. Wichtig sind vor allem auch Planetenballungen in der linken Horoskophälfte: Sie symbolisieren eine frühe Entwicklung der Persönlichkeit und auch rasche Entfaltungsmöglichkeiten. Häufungen von Gestirnen in der rechten Horoskophälfte zeigen eine Verzögerung des Schicksals bis nach der Lebensmitte, Haupterfahrungen also in der zweiten Lebenshälfte bis ins reife Alter (Feld IV).

9. Größere Gestirnansammlungen über der Horizontalachse sind psychologisch gesehen ein Symbol für Extraversion: nach außen lebend, Aktivitätssymbol. Gestirnansammlungen in der unteren Horoskophälfte symbolisieren Introversion: nach innen lebend, Gefühls- und Gemütssphäre stärker entwickelt.

Ein Symbol größerer Selbstbehauptung und persönlichen Durchsetzungsvermögens kann aber auch angedeutet sein durch eine Massierung von Gestirnen in den sogenannten Kardinalzeichen: Verlangen nach Leitung, Führung, Autorität und Durchsetzung.

Von den verschiedenen Prognosesystemen, für deren Beherrschung es eines Spezialstudiums bedarf, ist die Transitlehre (Übergang eines Gestirns über andere Gestirne oder deren Aspekte) die einfachste und überzeugendste, da Transite sehr oft die Direktionen überhaupt erst auslösen. Von den Direktionssystemen selbst haben sich die Sonnenbogen-Direktionen am meisten bewährt.

Obgleich eine Reihe bekannter Astrologen zeitliche Vorhersagen grundsätzlich ablehnt, sollte man sie doch anhand größerer Ereignisse im Schicksal nachprüfen, da sie zuweilen die astrologischen Thesen verblüffend genau bestätigen. (Siehe auch die zeitlich genauen Transitberechnungen beim Attentat auf den Papst.) Ferner hat die nach langer Zeit wieder eingetroffene Jupiter-Saturn-Konjunktion des Jahres 1981 exakt bestätigt, was dieser Konjunktion seit altersher zugeschrieben wird: Wirtschaftsstagnationen, Börsenkräche, erhöhte Arbeitslosigkeit, Währungsschwierigkeiten. Man beachte daher auch die weiterhin fälligen großen Gestirnkonstellationen der Jahre 1983 bis 1989.

Literaturhinweise

Astrologische Fachwerke der neueren Zeit

Th. Ring: »Astrologische Menschenkunde« (3 Bände), 1969; »Astrologie-neu gesehen«, 1977; »Astrologie ohne Aberglauben«, 1972

D. Rudhyar: »Astrologie der Persönlichkeit«, 1979

Sementowsky-Kurilo: »Astrologie«, 1979

A. Schult: »Astrosophie« (2 Bände), 1971

F. Sakoian/L. Acker: »Das große Lehrbuch der Astrologie«, 1973

W. Reinicke: »Praktische Astrologie«, 1977

B. A. Mertz: »Psychologische Astrologie« (2 Bände), 1981

M. Sorge: »Transzendente Astrologie«, 1981

von Klöckler: »Kursus der Astrologie« (3 Bände), 1980

E. von Xylander: »Lehrgang der Astrologie«, 1971

R. Ebertin: »Sterne heilen«, 1981; »Kombination der Gestirneinflüsse«, 1981; »Kosmopsychologie«, 1981; »Kosmologische Entsprechungen«, 1973

Fritz Brunhübner: »Pluto«, 1979

A. von Pornay: »Die große Partnerschafts-Analyse«, 1979; »Und die Sterne haben doch recht«, 1976; »Helfen Horoskope hoffen?«, 1973; »Das große Transitbuch«, 1977

W. Döbereiner: »Astrologisch-medizinische Diagnose und Homöopathie, 1980

Strauss-Kloebe: »Kosmische Bedingtheit der Psyche«, 1968

G. Wachsmuth: »Kosmische Aspekte von Geburt und Tod«, 1974

Wilhelm Knappich: »Geschichte der Astrologie«, 1967